湖南省高等职业教育精品在线开放课程配套教材
高等职业教育公共基础课新形态一体化教材

大学生心理健康教育

（慕课版）

主　编　万秋红　李　萍　谢　妮
副主编　杨　琦　何　信　阳　帆
参　编　马灵秀　李　佳　李　平
　　　　胡　宁　姚　景　颜玉平

机械工业出版社

本书是湖南省高等职业教育精品在线开放课程"大学生心理健康教育"的配套教材。全书分为10个模块，分别是大学生心理健康概述、大学生自我意识培养、大学生人格塑造、大学生学习与创造、大学生情绪管理、大学生压力与挫折应对、大学生人际交往、大学生恋爱与性心理、大学生生命教育与心理危机应对、大学生职业心理素质训练。每个模块包含相应的任务点，每个任务点都配有心理活动体验，让学生在活动中体验、在体验中感悟、在感悟中成长。

本书配有34个微课视频，读者通过扫描书中二维码即可观看。

本书配有电子课件，凡使用本书作为教材的教师可登录机械工业出版社教育服务网www.cmpedu.com下载。咨询电话：010-88379375。

本书可作为心理健康教育课程的教材，也可作为大学生和其他读者心理调适的自助读物。

图书在版编目（CIP）数据

大学生心理健康教育：慕课版/万秋红，李萍，谢妮主编.—北京：机械工业出版社，2022.2（2025.9重印）
高等职业教育公共基础课新形态一体化教材
ISBN 978-7-111-71114-8

Ⅰ.①大…　Ⅱ.①万…②李…③谢…　Ⅲ.①大学生–心理健康–健康教育–高等职业教育–教材　Ⅳ.①G444

中国版本图书馆CIP数据核字（2022）第114721号

机械工业出版社（北京市百万庄大街22号　邮政编码100037）
策划编辑：杨晓昱　　　　　责任编辑：杨晓昱
责任校对：史静怡　王明欣　封面设计：马精明
责任印制：单爱军
中煤（北京）印务有限公司印刷
2025年9月第1版第5次印刷
184mm×260mm・14.25印张・318千字
标准书号：ISBN 978-7-111-71114-8
定价：49.00元

电话服务　　　　　　　　　网络服务
客服电话：010-88361066　　机　工　官　网：www.cmpbook.com
　　　　　010-88379833　　机　工　官　博：weibo.com/cmp1952
　　　　　010-68326294　　金　书　网：www.golden-book.com
封底无防伪标均为盗版　　　机工教育服务网：www.cmpedu.com

前　言

社会的飞速发展给人们的心理适应带来了巨大的挑战。大学校园是社会的缩影，大学生作为社会的一分子，也面临着社会快速发展和变化带来的压力，而大学生的心理发展水平正处在逐渐走向成熟但又未完全成熟的阶段，内心世界充满着各种各样的矛盾，心理变化异常剧烈，呈现出青年期特有的动荡、脆弱的心理状态，甚至出现严重的心理健康问题。同时大学生正处于价值观形成和确立的关键时期。因此，加强大学生心理健康教育，提升高校心理健康教育质量，促进大学生身心健康、全面发展，具有十分重要的意义。

心理健康教育是德育与思想政治教育工作的重要组成部分，是全面落实教育规划纲要、促进学生健康成长、培养高素质技术技能型人才的重要途径，也是加强和改进大学生思想政治教育的重要任务。党和国家十分重视大学生心理健康教育。2011年，教育部制定了《普通高等学校学生心理健康教育课程教学基本要求》，要求各地结合本地区、本学校的实际，制定科学、系统的教学大纲和教学计划，组织实施教育教学活动。2018年，《高等学校学生心理健康教育指导纲要》提出，根据大学生健康成长与和谐发展的需要，开设心理健康必修课。2021年，教育部办公厅发文《关于加强学生心理健康管理工作的通知》，要求高校要面向本专科生开设心理健康公共必修课，原则上应设置2学分（32~36学时）。党的二十大报告也明确提出"推进健康中国建设"，强调"重视心理健康和精神卫生"。2023年5月教育部等十七部门印发《全面加强和改进新时代学生心理健康工作专项行动计划（2023—2025年）》，提出五育并举促进心理健康、加强心理健康教育等主要任务。

本书编写团队成员均为从事大学生心理健康教育和思想政治教育的一线专业教师。编写团队秉承"学生为中心，发展为核心"的编写理念，遵循心理健康教育教学特点，根据学生的认知特点和实际心理需求，经过近五年的调研，融入教学改革成果，编写了本书。

本书集心理知识传授、心理活动体验与行为训练于一体，有如下几方面特色。

一是坚持立德树人，关注学生身心健康与全面发展，注重活动体验，从而激发学生的学习兴趣。

二是模块化设计，以任务为载体组织教学，突出职业性和实用性。全书分为大学生心理健康概述、大学生自我意识培养、大学生人格塑造、大学生学习与创造、大学生情绪管理、大学生压力与挫折应对、大学生人际交往、大学生恋爱与性心理、大学生生命教育与心理危机应对、大学生职业心理素质训练共10个模块。每个模块包含3~4个任

务;每个任务都设有情境导入、知识准备、心理活动体验、活动评价等环节;完成所有任务后,有自主测试和课后巩固。整体设计有助于学生在活动中体验、在体验中感悟、在感悟中成长。

三是数字资源丰富。本书为湖南省高等职业教育精品在线开放课程"大学生心理健康教育"的配套教材,学生通过扫描书中二维码可观看相应资源,有利于学生自主学习,实现高效教学。

本书在编写过程中,参考、借鉴了心理学和大学生心理健康教育等方面的书籍,吸收了许多心理学专家和同仁的观点,在此一并表示感谢!

鉴于编者能力有限,书中难免有疏漏与不足之处,敬请专家读者批评指正。

编 者
2023 年 8 月重印

微课二维码索引

微课	二维码	页码	微课	二维码	页码
1-1 什么是心理素质		003	2-5 有效的自我调控		042
1-2 心理健康的标准		005	3-1 认识人格		047
1-3 大学生心理健康的标准		006	3-2 人格偏差		058
1-4 解密心理咨询		019	3-3 人格完善的途径和方法		062
1-5 精神分裂症		024	4-1 做一个主动的学习者		071
2-1 何为自我意识		030	4-2 学习动力不足的心理调适		075
2-2 自我意识的发展		032	4-3 学习效率低下的心理调适		077
2-3 正确认识自我		041	5-1 认识情绪		089
2-4 积极悦纳自己		041	5-2 大学生情绪调节案例		096

（续）

微课	二维码	页码	微课	二维码	页码
5-3 情绪管理之合理宣泄法		100	8-2 走出失恋的阴霾		155
5-4 情绪管理之认知调整法		101	9-1 认识生命		161
6-1 压力知多少		106	9-2 追寻生命的意义		162
6-2 应对压力与挫折技巧		117	9-3 心理危机的应对		173
6-3 提升抗压和承挫能力		118	10-1 生涯发展与规划		182
7-1 人际交往的心理效应		126	10-2 什么是职业心理素质		184
7-2 人际交往的技巧		135	10-3 装备制造大类岗位(群)职业心理素质培养		208
8-1 认识恋爱		143	10-4 财经商贸大类岗位(群)职业心理素质培养		215

目 录

前言
微课二维码索引

模块 1　健康从健心开始——大学生心理健康概述

  任务 1.1　了解心理健康的含义与标准 001
  任务 1.2　认识大学生心理发展的特点与影响因素 012
  任务 1.3　积极维护大学生心理健康 017
  任务 1.4　了解精神障碍 021

模块 2　做更好的自己——大学生自我意识培养

  任务 2.1　了解自我意识 029
  任务 2.2　认识大学生自我意识的发展与问题 034
  任务 2.3　培养健全的自我意识 040

模块 3　培养良好的个性——大学生人格塑造

  任务 3.1　认识人格及大学生的人格特点 046
  任务 3.2　认识人格偏差的类型与表现 057
  任务 3.3　掌握大学生人格培养的途径和方法 061

模块 4　成为主动的学习者——大学生学习与创造

  任务 4.1　了解学习与大学生的学习特点 070
  任务 4.2　掌握大学生常见的学习心理问题与调适方法 073
  任务 4.3　在学习中尝试创新 082

模块 5　做情绪的主人——大学生情绪管理

  任务 5.1　认识情绪 088
  任务 5.2　了解大学生的情绪特征及常见困扰 092
  任务 5.3　学会调控情绪 098

模块 6　"逆袭"让人生更精彩——大学生压力与挫折应对

任务 6.1　认识压力与挫折 105
任务 6.2　分析大学生的压力与挫折 108
任务 6.3　有效应对压力与挫折 113

模块 7　社交达人养成记——大学生人际交往

任务 7.1　认识人际交往和人际关系 121
任务 7.2　掌握大学生人际交往的常见问题及调适方法 127
任务 7.3　掌握大学生人际交往原则与技巧 132

模块 8　话说最浪漫的事——大学生恋爱与性心理

任务 8.1　培养爱的能力 140
任务 8.2　维护性心理健康 148
任务 8.3　培养健康的恋爱观与性心理 152

模块 9　绽放生命之美——大学生生命教育与心理危机应对

任务 9.1　认识生命及其意义 159
任务 9.2　了解大学生心理危机 164
任务 9.3　预防与干预大学生心理危机 168

模块 10　人职匹配——大学生职业心理素质训练

任务 10.1　了解大学生生涯规划与发展 176
任务 10.2　训练职业心理素质 184
任务 10.3　培养工程制造类岗位职业心理素质 203
任务 10.4　培养商务贸易类岗位职业心理素质 210

参考文献 219

模块 1
健康从健心开始——大学生心理健康概述

学习目标

1. 能说出心理健康的含义，列出大学生心理健康的标准。
2. 能知晓大学生心理发展特点与影响因素，了解常见精神障碍。
3. 能在日常学习、生活中，有效维护自身的心理健康，保持健康心态。

任务 1.1 了解心理健康的含义与标准

情境导入

　　黄洋，男，复旦大学 2010 级硕士研究生，耳鼻喉科专业。黄洋 1985 年出生，四川自贡荣县人，是家里的独子。2013 年，黄洋考取博士。他因喝下饮水机里被投放有毒物质的水，经抢救无效，于 2013 年 4 月 16 日 15：23 在附属中山医院去世。警方介入调查后，从该生寝室饮水机检测出有毒化合物，并锁定同寝室学生林森浩有投毒嫌疑。2014 年 2 月 18 日，投毒者林森浩（1985 年出生，事发前刚获得直升博士生机会）被一审判处死刑。

　　因为与同学人际关系不好就嫉恨同学并投毒，真的是令人痛心不已。这启示我们，如果不注意维护自己的心理健康，我们的心理健康水平就会下降，甚至有可能产生病态心理。所以应该努力调整自己的心理，使心理健康提高到较高水平。现代社会的竞争已不单纯是智力和体力的竞争，更重要的是心理素质的竞争，我们应积极维护自身心理健康，提升心理健康素养，更好地适应社会生活。

要拥有良好的心理素质，首先要了解心理健康，维护心理健康。

知识准备

经过六月的洗礼与漫长的等待，怀着梦想，怀着激情，怀着亲人殷殷的嘱托，年轻的朋友们步入了向往已久的大学殿堂，步入了放飞青春梦想的地方。人的灵魂是思想，而思想的基础是人的心理。大学生活，应从"心"开始，不断提升心理素质应该成为当代大学生的首要追求。心理健康不仅是大学生身心健康发展的需要、大学生适应社会的需要，更是大学生成功发展的需要。只有心理健康的人，才能把握自己，适应环境，面向未来，自强不息，才能显示出生命的价值。而心理健康教育的目的正是提高大学生的心理素质，那么什么是心理素质？心理健康的标准又有哪些呢？

一、心理与心理素质

人的眼睛能看到五彩缤纷的世界，耳朵能听到优美的乐曲，大脑可储存大量的信息，能用自己的思维和想象去探索自然和社会的奥秘；人有七情六欲，会喜怒哀乐；人还会为了自己的目的，通过行动去满足自己的需要。这些人们在生活中与周围环境、事物相互作用而产生的这样或那样的主观活动和行为表现，就是人的心理活动，简称心理。人的一切活动都与心理现象的存在和变化密不可分。在心理学家看来，人的心理现象由心理过程和个性心理两个方面组成（见图1-1）。心理过程和个性心理是人的心理活动的基本形式，也是人的心理活动表现的重要方面。

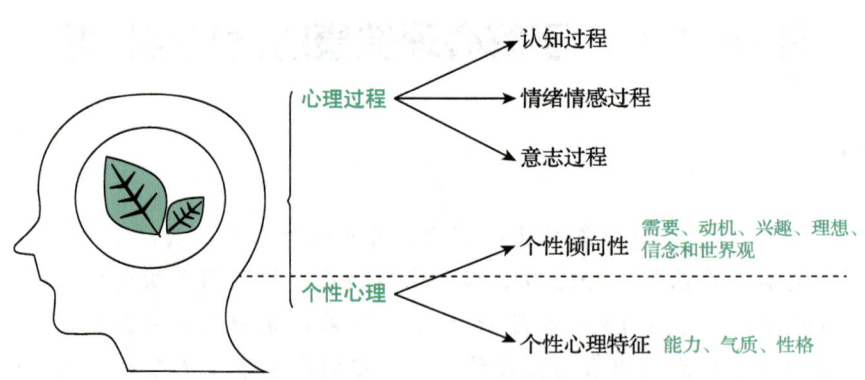

图1-1　人的心理现象

人的心理过程就其性质与功能的不同，分为认知过程、情绪情感过程和意志过程。①认知过程是人接受、储存、加工和理解各种信息的过程，即人脑对客观事物的现象和本质的反映过程。它包括感觉、知觉、记忆、思维和想象。②情绪情感过程指人们抱着自己的某种需要去认识和反映客观事物，在认识过程中产生的一种态度上的体验。如满足了需要，达到了目的，则产生一种愉快的、肯定的、积极的态度体验；反之，则产生一种不愉快的、否定的、消极的态度体验。这种由于需要是否满足而产生的态度上的体验，就是情绪情感过程。情绪情感过程包括低级的情绪过程和高级的情绪过程。③意志过程是人们为了实现目的，驱动自己从事克服困难的活动的心理过程。人类不仅要认识世界，还要改造世界。在改造世界的活动中，总是带有一定的目的性。为了实现既定目的，就要想方设法去克服困难。这种为了实现目的克服困难的活动则构成心理过程中的意志过程。意志是自觉地确定目的，并根据目的来支配、调节自己的行动，克服各种困难，从而实现预定目的的心理过程。

认知、情绪情感和意志这三种心理过程作为人脑反映客观现实的形式，是人类共有的。但是，并不是说人在反映客观现实时都表现出同样的行为模式。每个人在反映客观现实时，都表现出每个人不同的行为特点和方式。这些不同的特点与方式构成了人与人之间心理上的差异，即个性差异，也称个性心理。个性心理主要表现在两个方面：个性倾向性和个性心理特征。①个性倾向性是指一个人所具有的意识倾向和人对客观事物的稳定的态度，主要包括需要、动机、兴趣、理想、信念和世界观。②个性心理特征是一个人身上经常表现出来的本质的、稳定的心理特点，这种稳定的心理特征是个性倾向性稳固化和概括化的结果，主要包括能力、气质和性格。

心理素质是人的心理过程和个性心理所体现的心理品质的总和，也是人的智力因素与非智力因素所体现的品质的总和。智力类的心理素质包括注意力、观察力、记忆力、思维力、想象力等一般能力，也包括表现在方方面面的特殊能力，如表达能力、社交能力、组织能力等；非智力类的心理素质包括需要、动机、兴趣、情绪、情感、意志、态度、理想、信念等。从本质上看，心理是人脑对客观现实的能动反映，心理素质是人脑机能的体现，是人在社会实践活动中逐步形成的。

二、心理健康的一般标准及大学生心理健康的标准

心理素质健康发展，即心理健康，对每一个人的成长和发展都有重要影响。那么人的心理怎样才算是健康的呢？

心理健康是科学健康概念的一个重要组成部分。1989年，世界卫生组织将健康定义为"躯体健康（physical health）、心理健康（psychological health）、社会适应良好（good social adaptation health）和道德健康（ethical health）"，要求人们从这四个方面综合评价一个人的健康（见表1-1）。

微课1-1

所以，健康不只是指身体无疾病。吃饭香，身体壮不一定就健康，一个人健康与否应该按以上四方面来评价。

《心理学大辞典》指出，符合下列标准，可视作心理健康：（1）情绪稳定，无长期焦虑，少心理冲突；（2）乐于工作，能在工作中表现自己的能力；（3）能与他人建立和谐的关系，且乐于和他人交往；（4）对自己有适当的了解，且有自我悦纳的态度；（5）对生活环境有适当的认识，能切实有效地面对问题，解决问题，而不是逃避问题。

表 1-1 健康的定义

健康	躯体健康	人体的结构完整，生理功能正常
	心理健康	在身体、智能及情感上与他人的心理健康处于不矛盾范围内，将个人心境发展到最佳状态
	道德健康	在稳定的道德观念支配下能按照一贯的社会道德规范行事
	社会适应良好	能胜任个人在社会生活中的各种角色，能立足角色创造性地开展工作并取得成就，贡献社会，实现自我
	健康四方面的关系	躯体健康是其他健康的基础；心理健康与躯体健康相互作用；以心理健康为基础发展起来的道德健康高于单纯的心理健康；社会适应良好是心理健康的充分体现，是健康的最高境界

　　国内外心理学家在研究和探索过程中提出了一系列心理健康标准。综合国内外专家学者的研究，我们提出以下心理健康的一般标准及大学生心理健康的标准。

　　我们从人的心理过程和个性心理，即知、情、意、个性等四个方面来概括心理健康的一般标准。我们认为，心理健康的人应该具有比较正确的认知、良好的情绪情感、坚强的意志品质与健康的个性心理。

　　第一，比较正确的认知。人们的认知包括客观认知和主观认知。客观认知又包括对自然的认知、对社会的认知。心理健康的人要正确地认识自然和社会，就必须智力正常，这是最基本的要求。主观认知包括对各种思想观点的认知和对自我的认知。只有确立了科学的世界观和方法论，才可能对各种思想观点进行正确的分析，使主观与客观相统一。心理健康的人还要求有良好的自我意识。良好的自我意识首先表现在"自知"，就是要能正确认识自己，然后要能"自尊、自爱"，再次是在"自知、自尊、自爱"的基础上能自我调控自己，并具有充分的、真实的自信心。

　　第二，良好的情绪情感。稳定愉快的情绪和丰富深刻的情感是心理健康的重要标志。而要保持良好的情绪情感就必须有良好的应对方式。人的一生始终处于不断地追求、不断地选择、不断地失意、不断地受挫之中，因而人们可能常常感到焦虑和痛苦，于是会自觉或不自觉地采用各种方式方法来应对这些痛苦。一个心理健康的人应该有健康合理的并适合于自己的有效的应对方法，以减轻、排解或解除痛苦，始终保持乐观向上的生活态度，并有幸福感。

　　第三，坚强的意志品质。意志的自觉性、果断性、坚持性和自制性是良好意志品质的基本特征。每个人都要锤炼良好的意志品质，提高个人的社会功能。社会功能是指一个人在社会上生存和发展的能力。首先，人际交往是最基本的社会功能。其次，社会适应能力是很重要的社会功能。再次，一定的创造力是知识经济社会生存和发展不可缺少的一种社会功能。具有良好社会功能的人，行动才会具有自觉性、果断性、坚持性和自制性。

　　第四，健康的个性心理。首先，良好的人生态度很重要。一个人良好的人生态度首先来自于健康向上的人生观、价值观,这是人生的航标。只有树立了健康向上的人生观、价值观,才能明确人生的目标和方向,人生才有动力,人才能拥有良好的人生态度。其次,要有完整统一的人格,要将自己的需要、愿望、理想、目标与自己的行为统一起来,人格才完整,若二者分离,将导致人格分裂。再次,应具有优良的意志品质,自主性和协作意识,这样才能克服人生困难,与人和谐相处,与社会协调发展,永葆乐观向上的人生态度。

微课1-2

参照心理健康的一般标准,结合现代社会对人才素质的要求以及我国现阶段大学生身心发展的实际,我们认为大学生心理健康标准可以概括为如下方面:

一是智力正常。正常的智力是大学生进行正常的学习、工作和生活的最基本的心理条件,是衡量心理健康的最重要的方面。从智力测验的角度来看,智力正常的标准应当是智力商数在70以上,低于70为智力落后。我国的大学生一般都是经过高考录取入学的,智力基本上在中等水平以上,极少有落后的情况。

二是情绪情感积极稳定。情绪是衡量心理健康与否的一个显著标志。心理健康的大学生积极的情绪远多于消极的情绪,主导心境是愉悦、乐观和平静的,且能正确地、恰如其分地表达情绪。情感是和人的社会需要相联系的一种较高级而稳定的体验。心理健康的大学生有较强烈的社会责任感和集体荣誉感,并能珍惜友谊,探索和追求真理,欣赏并向往美好事物,在学习、工作和生活中积极创造美,并有幸福感。

三是意志、行为健全协调。意志健全主要表现在意志品质上。心理健康的大学生意志的自觉性、果断性、坚持性和自制性都获得了协调的发展。他们学习、生活的目的明确,能根据现实的需要调整行动的目标,能尊重、听取别人的意见,但又独立思考,不盲目服从;能果断地做出决定并执行决定;能专注于学习或其他活动,并在活动中勇于克服各种困难,坚持不懈地实现目标而奋斗;能为实现目标而自觉地约束自己,抑制自己不合理的欲望,抵制各种外部诱惑。行为协调主要表现在行动的计划性、一贯性、统一性以及言谈的逻辑性等方面。

四是自我意识良好,个性完整统一。心理健康的大学生有积极向上的人生观、价值观和世界观,有理想、抱负和坚定的信念。他们能把需要、动机、态度、理想、目标和行为统一起来,做到态度与行为相一致,不为眼前利益而放弃远大目标,不为私欲而背弃良心。同时,心理健康的大学生对自己的能力、性格以及优缺点都能做出比较客观的评价。能把"理想的我"与"现实的我"有机地统一起来,而且"理想的我"总能在"现实的我"中得到体现,能根据自己的认识和评价来调控自己的行为,使自己与环境保持平衡。

五是社会适应良好。心理健康的大学生能正确客观地认识、评价自己所生活的环境,能坦然面对并接受现实。他们明确自己所处的位置,怀有高于现实的理想和愿望,又不沉湎于不切实际的幻想和奢望中。在环境不利时,既不逃避,也不怨天尤人和自暴自弃,而是通过自己的努力主动去适应环境,积极改造环境。心理健康的大学生的言行基本符合社会规范。当他们发现个人的行为偏离了社会的要求时，能够及时纠正，同社会要求趋向一致。心理健康的大学生有积极的交往态度，能掌握一定的交往方法和技巧，在交往中做到诚实守信，和善友爱，宽容尊重，关心合作，能与大多数人都建立良好的人际关系。

六是心理活动特点符合年龄、性别和角色特征，并无心因性生理异常现象。心理健康的人，其一般心理特点应该与其所属年龄阶段的人的共同心理特征相一致，与其性别及在不同环境所扮演的角色相符合。心理健康的大学生充满青春活力、朝气蓬勃、积极向上、敢想敢干、勤学好问、探索创新。在性别特点方面，男性大学生表现相对主动勇敢、刚强果断、爽直大方，而女性大学生则相对温柔细致、富于同情心等。在角色特征方面，能够根据自己所处的场合，正确把握自己所扮演的角色。心理健康的大学生还应该没有诸如头痛、失眠、注意力不集中、强迫行为等生理异常现象，因为健康的生理是健康心理的基础。

微课 1-3

值得注意的是，心理健康的标准是相对的。我们在理解和运用心理健康的标准时，应把握以下几点：

（1）心理健康与否与心理活动和行为表现不能等同　心理不健康是指一种持续的不良状态。我们不能仅根据一人、一时、一事而简单地给自己或他人下心理不健康的结论。一个人偶尔出现一些偏离正常的心理活动或行为表现，并不意味着这个人就一定是心理不健康，应具体问题具体分析。例如，一个平时活泼可爱的女生，近来突然变得郁郁寡欢，有时半夜啼哭。她的表现是心理不健康吗？如果知道她的亲人刚去世了，或者她最近失恋了，你又会怎么想？

（2）心理健康与否不是泾渭分明的，而是一种连续或交叉的状态　人的心理健康水平可以分为不同等级（见图 1-2），从严重的精神疾病到轻度的心理障碍、心理冲突，再到心理健康状况良好，这是一个连续的过程。在许多情况下，异常心理与正常心理、变态心理与常态心理这两极之间只有相对标准，没有绝对的界限。

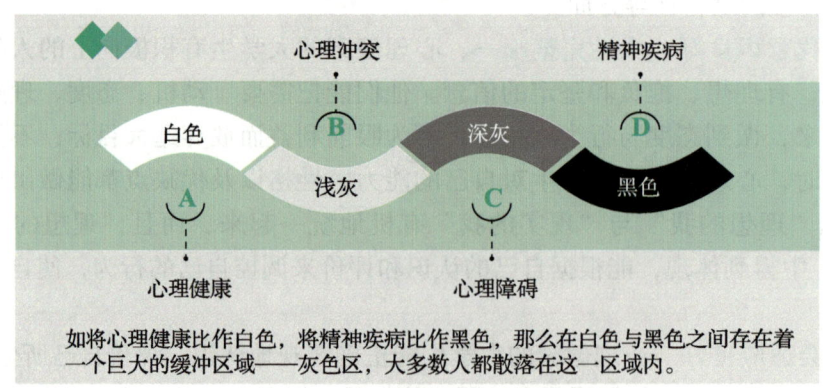

图 1-2　心理健康的不同等级

（3）心理健康状态具有动态性　心理健康的状态并非静止的、固定的，而是动态的变化过程。如果人们不注意心理保健，经常处于焦虑、抑郁的心理状态，其心理健康水平就会下降，甚至出现心理变态或患上心理疾病；反过来，如果出现心理失衡，能及时自我调整和寻求心理咨询的帮助，就会很快恢复到心理健康的状态。随着自身的成长，经验的积累，环境的改变，心理健康状况也会有所改变。

（4）心理健康的标准是种理想的尺度　它不仅为我们提供了衡量心理是否健康的标准，而且为我们指明了提高心理健康水平的方向。心理健康说到底是一种人生态度。心理健康的人，一般都能以积极的眼光看待世界，看待周围事物，富有利他精神，能在付出、发展自己的过程中增强自我价值感。他们追求高尚的生活目标，但又没有做"完人""超人"等超出其自身能力的念头。

活动体验

【心理活动体验一：你的心理素质如何】

1. 活动目的

帮助学生了解自己的心理素质，正确认识心理素质。

2. 具体操作

以下有 8 道心理素质测试题，每题只能有一个选择，选择完之后，请根据计分方法将每题的分数累加起来，看看总分是多少，就能大致了解自己的心理素质。

（计分方法：选 A = 0 分，选 B = 5 分，选 C = 2 分）

1. 你骑车闯红灯，被警察叫住，后者知道你急着要赶路，却故意拖延时间，这时你（　　）

    A. 急得满头大汗，不知怎么办才好

    B. 十分友好地、平静地向警察道歉

    C. 听之任之，不作任何解释

2. 在朋友的婚礼上，你未料到会被邀请发言，在毫无准备的情况下，你（　　）

    A. 双手发抖，结结巴巴说不出话来

    B. 感到很荣幸，简短地讲几句

    C. 很平淡地谢绝了

3. 你在餐馆刚用过餐，服务员来结账，你忽然发现身上带的钱不够，此刻，你会（　　）

    A. 感到很窘迫，脸发红

    B. 自嘲一下，马上对服务员实话实说

    C. 在身上东摸西摸，拖延时间

4. 假如你乘坐公共汽车时忘了买票，被人查到，你的反应是（　　）

    A. 尴尬，出冷汗

B. 冷静，不慌不忙，接受处理

C. 强作微笑

5. 你独自一人被关在电梯内出不来，你会（　　）

   A. 脸色发白，恐慌不安

   B. 想方设法自己出去

   C. 耐心地等待救援

6. 有人像老朋友似的向你打招呼，但你一点也记不起他（她）是谁，此时你（　　）

   A. 装作没听见似的不搭理

   B. 直率地承认自己记不起来了

   C. 朝他（她）瞪瞪眼，一言不发

7. 你从超市里走出来，忽然意识到你拿着忘记付款的商品，此时一个很像保安人员的人朝你走过来，你会怎么办？（　　）

   A. 心怦怦跳，惊慌失措

   B. 诚实、友好地主动向他解释

   C. 迅速转身去补付款

8. 假设你从国外回来，行李中携带了超过规定的烟酒数量，海关官员要求你打开行李检查，这时你会（　　）

   A. 感到害怕，两手发抖

   B. 泰然自若，听凭检查

   C. 与海关官员争辩，拒绝检查

结果解释：

0~25分：你承受压力的心理素质比较差，很容易失去心理平衡，变得局促不安，甚至惊慌失措；

25~32分：你的心理素质比较强，性情还算比较稳定，遇事一般不会十分惊慌，但有时往往采取消极应付的态度；

32~40分：你的心理素质很好，几乎没有令你感到尴尬的事，尽管偶尔会失去控制，但总的来说，你的应变能力很强，是一个能经常保持镇静，从容不迫的人。

【心理活动体验二：你的心理健康状况如何】

1. 活动目的

帮助学生了解自己的心理健康状况，正确认识心理健康，从而主动维护心理健康。

2. 具体操作

以下是症状自评量表（Symptom Checklist 90，简称SCL-90），共有90道题。根据症状的不同分为五个等级：

①从无：自觉无该项症状问题；②轻度：自觉有该项问题，但发生得并不频繁、严重；③中度：自觉有该项症状，其严重程度为轻到中度；④偏重：自觉常有该项症状，

其程度为中到严重;⑤严重:自觉常有该项症状,频度和程度都十分严重。

请仔细阅读每一条,然后根据最近一星期内下述情况影响你的实际感觉,在 5 个方格中选择一格,划一个"√"。为了保证检测结果的准确性,请不要漏掉其中的任何一题。

	没有 1	很轻 2	中等 3	偏重 4	严重 5
1. 头痛	□	□	□	□	□
2. 神经过敏,心中不踏实	□	□	□	□	□
3. 头脑中有不必要的想法或字句盘旋	□	□	□	□	□
4. 头昏或昏倒	□	□	□	□	□
5. 对异性的兴趣减退	□	□	□	□	□
6. 对旁人求全责备	□	□	□	□	□
7. 感到别人能控制你的思想	□	□	□	□	□
8. 责怪别人制造麻烦	□	□	□	□	□
9. 忘性大	□	□	□	□	□
10. 担心自己的衣饰整齐及仪态的端正与否	□	□	□	□	□
11. 容易烦恼和激动	□	□	□	□	□
12. 胸痛	□	□	□	□	□
13. 害怕空旷的场所或街道	□	□	□	□	□
14. 感到自己的精力下降,活动减慢	□	□	□	□	□
15. 想结束自己的生命	□	□	□	□	□
16. 听到旁人听不到的声音	□	□	□	□	□
17. 发抖	□	□	□	□	□
18. 感到大多数人都不可信任	□	□	□	□	□
19. 胃口不好	□	□	□	□	□
20. 容易哭泣	□	□	□	□	□
21. 同异性相处时感到害羞不自在	□	□	□	□	□
22. 感到受骗、中了圈套或有人想抓住你	□	□	□	□	□
23. 无缘无故地突然感到害怕	□	□	□	□	□
24. 自己不能控制地大发脾气	□	□	□	□	□
25. 害怕单独出门	□	□	□	□	□
26. 经常责怪自己	□	□	□	□	□
27. 腰痛	□	□	□	□	□
28. 感到难以完成任务	□	□	□	□	□
29. 感到孤独	□	□	□	□	□
30. 感到苦闷	□	□	□	□	□

	没有	很轻	中等	偏重	严重
	1	2	3	4	5
31. 过分担忧	☐	☐	☐	☐	☐
32. 对事物不感兴趣	☐	☐	☐	☐	☐
33. 感到害怕	☐	☐	☐	☐	☐
34. 感情容易受到伤害	☐	☐	☐	☐	☐
35. 别人能知道你的想法	☐	☐	☐	☐	☐
36. 感到别人不理解自己	☐	☐	☐	☐	☐
37. 感到人们对你不友好,不喜欢你	☐	☐	☐	☐	☐
38. 做事必须做得很慢,以保证做得正确	☐	☐	☐	☐	☐
39. 心跳得很厉害	☐	☐	☐	☐	☐
40. 恶心或胃部不舒服	☐	☐	☐	☐	☐
41. 感到比不上他人	☐	☐	☐	☐	☐
42. 肌肉酸痛	☐	☐	☐	☐	☐
43. 感到有人在监视你、谈论你	☐	☐	☐	☐	☐
44. 难以入睡	☐	☐	☐	☐	☐
45. 做事必须反复检查	☐	☐	☐	☐	☐
46. 难以做出决定	☐	☐	☐	☐	☐
47. 怕乘电车、公共汽车、地铁或火车	☐	☐	☐	☐	☐
48. 呼吸有困难	☐	☐	☐	☐	☐
49. 一阵阵发冷或发热	☐	☐	☐	☐	☐
50. 因为感到害怕而避开某些东西、场合或活动	☐	☐	☐	☐	☐
51. 脑子变空了	☐	☐	☐	☐	☐
52. 身体发麻或刺痛	☐	☐	☐	☐	☐
53. 喉咙有梗塞感	☐	☐	☐	☐	☐
54. 感到前途没有希望	☐	☐	☐	☐	☐
55. 不能集中注意力	☐	☐	☐	☐	☐
56. 感到身体的某一部分软弱无力	☐	☐	☐	☐	☐
57. 感到紧张或容易紧张	☐	☐	☐	☐	☐
58. 感到手或脚发重	☐	☐	☐	☐	☐
59. 想到死亡的事	☐	☐	☐	☐	☐
60. 吃得太多	☐	☐	☐	☐	☐
61. 当别人看着你或谈论你时感到不自在	☐	☐	☐	☐	☐
62. 有一些不属于你自己的想法	☐	☐	☐	☐	☐
63. 有想打人或伤害他人的冲动	☐	☐	☐	☐	☐
64. 醒得太早	☐	☐	☐	☐	☐

	没有 1	很轻 2	中等 3	偏重 4	严重 5
65. 清点数目或触摸某些东西后，必须反复洗手	□	□	□	□	□
66. 睡得不稳不深	□	□	□	□	□
67. 有想摔坏或破坏东西的冲动	□	□	□	□	□
68. 有一些别人没有的想法或念头	□	□	□	□	□
69. 感到对别人神经过敏	□	□	□	□	□
70. 在商店或电影院等人多的地方感到不自在	□	□	□	□	□
71. 感到任何事情都很困难	□	□	□	□	□
72. 一阵阵恐惧或惊恐	□	□	□	□	□
73. 感到在公共场合吃东西很不舒服	□	□	□	□	□
74. 经常与人争论	□	□	□	□	□
75. 单独一人时神经很紧张	□	□	□	□	□
76. 别人对你的成绩没有做出恰当的评价，因此你感到愤怒或不开心	□	□	□	□	□
77. 即使和别人在一起也感到孤单	□	□	□	□	□
78. 感到坐立不安、心神不定	□	□	□	□	□
79. 感到自己没有什么价值	□	□	□	□	□
80. 感到熟悉的东西变得陌生或不像是真的	□	□	□	□	□
81. 大叫或摔东西	□	□	□	□	□
82. 害怕会在公共场合昏倒	□	□	□	□	□
83. 感到别人想占你的便宜	□	□	□	□	□
84. 为一些有关"性"的想法而很苦恼	□	□	□	□	□
85. 认为应该因为自己的过错受到惩罚	□	□	□	□	□
86. 感到要赶快把事情做完	□	□	□	□	□
87. 感到自己的身体有严重问题	□	□	□	□	□
88. 从未感到和其他人很亲近	□	□	□	□	□
89. 感到自己有罪	□	□	□	□	□
90. 感到自己的脑子有毛病	□	□	□	□	□

活动评价

评价内容		评价标准	是/否
活动完成情况	活动一	能了解自己的心理素质现状	
		能正确认识心理素质、增进提升心理素质的意识	
	活动二	能知晓自己的心理健康现状	
		能根据大学生心理健康标准主动维护自身心理健康	

任务 1.2 认识大学生心理发展的特点与影响因素

情境导入

小薇刚进入大学没多久,一方面对大学学习和生活有着新鲜感和好奇心,另一方面也面临很多适应的问题。这天,班主任正在给班里的同学开班会,班会的主题是讨论大学阶段的学习目标和成长目标是什么。

学习目标对于小薇来说很容易——好好学习专业知识,扩展自己的人际交往圈子,在社团里面锻炼一下自己的综合能力。但是成长目标对于小薇来说就很陌生了,可以说从来没有考虑过这个问题。课堂上大家的发言很踊跃:"我要独立,和妈妈分别的时候再也不流泪。""我要学习自己照顾自己。""我要主动和人交往,建立良好的人际关系。""我要谈一场恋爱。""我要学习面对挫折。""我要探索自我,认识自我。""我要自己挣钱,养活自己。"……上了大学,你的成长目标是什么?你是不是也和小薇一样,说到成长,并没有去仔细地思考过?在大学里要怎么成长?究竟大学生有哪些心理发展任务?让我们一起来了解一下吧。

很多发展心理学家认为,分离个体化是青少年阶段的一个主要发展任务,心理学家强调青少年必须摆脱对原生家庭的依赖,脱离父母的影响,并作为成人世界中一个独立的个体开始发展。那么要提高大学生的心理健康水平,必须了解大学生个体的生理心理发展规律,认识大学生年龄段心理发展的特点及影响因素。这也是有针对性地开展大学生心理健康教育的前提。

知识准备

一、个体的生理心理发展规律

在人的成长过程中,生理和心理状况随时间推移而不断变化发展。个体的身心发展在成长的岁月中呈现出一定的规律性。而对个体生理发展过程及心理发展特点的探索与研究,将使人们更清楚地了解自我成长特点,以便更好地发展。

个体的生理发展过程是一种个体按照自身预定的程序和节奏而自然成熟、成长的过程。从生理学角度分析,人的一生可分为胎儿期、婴儿期、童年期、青年期、成年期和老年期。在人的生长发育过程中,一般说来有两个生长发育的高峰时期,第一个高峰期是人体形成的重要时期——胎儿期;第二个高峰期是人体成熟的时期——青春期,它也是人体发育的转折时期和定型时期。从青春期开始,我们认识到自己开始长大了;体态发育基本稳定;体内机能趋于完善;性器官、性机能基本发育成熟;大脑及神经系统也基本发育成熟。心理是人的大脑及神经系统的机能,大学生身体发展特别是大脑生长的状况，为心理的进一步发展和完善提供了物质基础。

关于个体心理发展，一般认为，个体心理发展中会表现出一定的年龄特征，人的一生心理发展阶段是：胎儿期、新生儿期、婴儿期、幼儿期、童年期、少年期、青年期、中年期和老年期。人的心理机能的发展呈现阶段性：婴儿期是人的动作和言语发展的关键期；幼儿期是人的智力发展的关键期；童年期和少年期是人的个性形成和培养学习品质、道德品质的关键期；青年期是人的价值观、人生观形成的关键期；在中年期，人的认识方式趋于稳定，思维习惯得以形成；而进入老年期，人的心理机能会逐渐衰退。美国精神病学家爱利克·埃里克森（Erik Erikson）认为，个体还必须成功地通过一系列的心理社会性发展阶段，每个发展阶段都会出现一个主要冲突或危机（见表1-2），虽然每个危机不会完全消失，但如果个体想要成功应对后面发展阶段的冲突，就需要在特定阶段充分地解决这个主要危机。同时，个体的心理发展也是一个社会化的过程。社会化过程是个体掌握和积极再现社会经验、社会联系和社会关系的过程，是人类学会共同生活和彼此有效交互作用的过程，也是个体与社会环境交互作用的过程。可以说，生理发展促进心理发展，而正常的心理发展，有利于生理发展。两者相互依存，互相促进。

表1-2 埃里克森的人格发展八阶段理论

序号	年龄阶段	冲突	发展的关键	美德
1	0~1岁	信任对不信任	婴儿发展与看护者之间的依恋与信任关系	希望
2	1~3岁	自主对羞怯、怀疑	幼儿习得对自己身体的自主控制并知道对自己的选择感到羞愧或怀疑	意志
3	3~6岁	主动对内疚	儿童尝试完成新事物、激发新想法，并不为失败所击倒	方向、目的
4	6~12岁	勤奋对自卑	儿童必须学习文化技能，克服自卑情绪	能力
5	12~18岁	同一性对角色混乱	青少年确定自我意识，学习社会角色规范	忠诚
6	18~30岁	亲密对孤独	成人寻求与他人建立亲密的关系，为事业定向	爱
7	30~60岁	繁殖对停滞	通过创造性的生产活动造福于下一代	关心
8	60岁以后	智慧对绝望	对自己的一生进行回顾，如能愉快接受自己，便可以面对和接受死亡，否则陷于绝望	智慧

二、大学生心理发展的阶段及特点

从发展心理学的角度看，大学生的心理发展处于个体心理发展的青年期。这一时期是大学生在心理上逐步走向成熟但还没有真正成熟的时期。在大学阶段，大学生开始设计自己的未来，人生观、世界观开始形成，个体真正开始成为独立的社会成员。知识的扩充、认知的发展和自我意识的成熟，使这一时期成为人的一生中最具活力、最有朝气、最富想象的时期。

整个大学阶段，大学生的心理发展又可分为适应准备阶段、稳定发展阶段、走向成熟阶段。大学新生一般处在适应准备阶段，他们遇到的新问题最多，各方面会产生诸多的不适应。但大学生心理发展过程中适应准备阶段的时间长短是因人而异的，短则两三个月，长则一两年。适应准备阶段之后，大学生的心理发展会进入稳定发展阶段。大学生在这个阶段并非没有心理问题，如大二学生学习问题最突出，其次是人际关系问题，也不乏恋爱问题的困扰；大三学生的未来发展成为突出问题。只不过在这一阶段，他们已适应大学的生活和学习环境，容易取得社会支持，并有了一定的自我调适能力。稳定发展阶段之后，大学生的心理发展会进入走向成熟的阶段。处于这一阶段的大学生基本上能较好地处理自己遇到的困惑或问题，而在碰到自己难以解决的问题时，会选择正确的求助方式。

当代大学生表现出与以往任何一个年代大学生都不尽相同的心理面貌、心理矛盾、心理问题和心理发展优势。当代大学生的心理面貌出现了三大转变，即从闭锁转向开放，从依赖转向独立，从关心书本转向关心社会。以往任何一个年代的大学生都没有当代大学生这样思想开放；21世纪的大学生不像20世纪六七十年代的大学生那样服从领导、依赖学校，而有了很强的独立意识；更不像以往大学生那样"两耳不闻窗外事，一心只读圣贤书"，而转向关心社会，特别是关注社会对自我发展的影响。当代大学生的心理面貌突出表现为价值观念多元化、需要结构多样化、个性发展自主化、学习行为实用化。

当代大学生是一个充满心理矛盾的青年群体。由于他们的人生经历基本上是从学校到学校，缺乏必要的社会生活经验和实践锻炼，在心理发展过程中存在着明显的两面性，而且各方面的心理发展很不平衡，往往容易产生各种各样的心理矛盾与冲突。他们普遍存在的内心矛盾主要有：闭锁性所导致的孤独感与强烈的交往需要之间的矛盾，渴求自主独立与情感、物质依赖之间的矛盾，强烈求知欲与识别能力不强之间的矛盾，情绪情感冲动与理智调控约束之间的矛盾，美好的愿望与当前现实不如意之间的矛盾，强烈的性意识、性冲动与正确处理异性之间关系、性道德之间的矛盾。同时，他们的心理矛盾具有复杂性。面对各种压力和诱惑，当代大学生心理世界的双趋冲突、双避冲突和趋避冲突比比皆是，往往是多重的心理矛盾交织在一起。由于心理矛盾的多样性、复杂性和心理冲突的加剧，使当代大学生在心理上也出现了一些发人深省的新问题。心理幼稚者、自我中心者、人格分裂者、网络成瘾者、精神空虚者都在他们中出现了，这些问题既影响他们精神生活的质量，也影响其智力的发挥。

当然，当代大学生中也不乏自信自强、乐于奉献、意志坚强、思想进取的优秀者，大学生的心理状况基本上是好的。我们清醒地认识到，青春期是人们智力因素发展的黄金时期，也是非智力因素发展的关键时期。大学生较其他年龄段的人们更有其心理发展的优势。作为当代大学生，我们既不必沾沾自喜于自己心理上的种种优点，也不必忧心忡忡于自己心理上存在的种种不足和缺点，因为这都是社会和时代的产物。我们应抓住青春期的心理发展优势，跟随时代前进的步伐，扬优弃劣、扬长避短。

三、影响大学生心理健康的因素

影响大学生心理健康的因素体现在多方面，归纳起来可以分为个人内在因素和外在环境因素。

（一）个人内在因素

1. 个人生理方面的因素

（1）**遗传因素**　遗传是生物界共有的普遍现象。一般来说，心理活动是不会遗传的，它主要是在后天的社会环境影响下，在社会实践活动中形成和发展起来的。然而，作为一个整体的人与遗传的关系又十分密切，尤其是一个人的体形、气质、神经系统的活动特点及能力等的某些成分直接受到遗传因素的影响。

（2）**身体健康状况**　躯体各种疾病会使人烦恼，敏感多疑，行为控制力下降，尤其是慢性病或久治不愈的疾病，更容易导致严重心理障碍的产生。

（3）**内分泌系统**　青春期是内分泌腺体活动加剧、激素分泌旺盛的阶段，某一种腺体活动失调会影响人的心理活动。青春期的性发育也是影响人的心理健康的一个不可忽视的因素，性发育给青少年带来最初的性心理冲击。

2. 个人心理方面的因素

（1）**人格因素**　人格是个体在与环境相互作用过程中所表现出来的独特的行为模式。一个人在其成长发展过程中，如果受到家庭、学校、社会不良因素的影响，则可能出现人格发展缺陷（某方面过分发展，某方面发展不够等），严重的可能出现病态人格。心理学的研究表明：人格（个性）结构存在严重缺陷的人，社会适应力低，心理健康水平低；在遭遇外部刺激时，常会产生严重应激反应，产生心理问题。

（2）**心理素质**　大学生活也不是一帆风顺的，所谓"人生逆境十之八九，顺境十之一二"，大学生随时都会在学习、生活、交友、恋爱、择业等方面遇到各种各样的困难。心理脆弱，尤其是缺乏自制力与挫折承受力的人，容易导致心理问题的发生。

（二）外在环境因素

1. 社会因素

人的心理品质的形成是与特定的社会条件相适应的。当社会生活条件发生变化，人不能做出相应的调整而出现社会文化关系失调时，就有可能导致心理问题发生。社会经济制度的巨大变革，多元化文化价值观念的冲击，社会的竞争激烈，以及知识更新快、成才周期缩短等因素，给大学生带来了巨大的心理压力。对于大学生来说，社会、家庭寄予他们很高的期望，这种高期望对大学生的压力也是巨大的。在这些巨大的压力之下，他们又常常觉得缺少社会的支持，因此自然会感到压抑、苦闷、茫然。

2. 家庭因素

家庭的影响主要包括家庭的氛围、父母的教养态度、家庭结构及家庭经济状况四个方面。家庭是人生的奠基石，父母是孩子的第一任教师，对学生的成长与成才的影响是长久而深远的。家庭的氛围是良好心理素质形成的前提，家庭成员间的语言及人际氛围，直接影响着家庭中每个成员的心理，对个性逐渐成熟的大学生的影响更具有特别的意义。父母的教养态度和教育方法直接影响孩子的行为和心理，民主、平等而非命令、居高临下的，开明而非专制的，潜移默化而非一味娇宠的教养态度与教育方法有利于学生心理的健康发展。家庭结构的变化，如单亲家庭、重新组合家庭等因素必然会对正在读书的大学生心理有一定影响。家庭经济状况不佳，特别是困难甚至贫困家庭的学生易产生心理不适感。

3. 学校因素

学校环境是大学生日夜生活的场所，因而校园文化对大学生心理健康的影响是直接而深刻的，体现在以下方面：

一是人际关系的复杂化。大学生活往往是集体生活，然而一些大学生常以自我为中心，容易造成人际间的摩擦。同时，大学生心理的闭锁性，在寻求友谊中表现出对他人的苛求、交流的被动性等会造成人际间的疏离；在人生观方面流露出消极性，如认为人是自私、虚伪的等，也妨碍着人际交往的进行。

二是学习生活的紧张化。大学生心理上的紧张和压力一方面来自繁重的学习任务以及需要应付的各种考试，另一方面来自同学之间的竞争以及社会责任感等。适当的紧张与压力对一个人成才是必要的，但如果超过一定限度，成为一种心理负担时，就会影响心理健康。

活动体验

【心理活动体验三：设定成长目标】

1. 活动目的

根据大学生的心理发展任务为自己设定三个在大学阶段主要的成长目标。

2. 具体操作

发展心理学家哈维格斯特（R. J. Havighurst）就青春期的发展课题进行了系统的论述，他认为青春期主要有以下心理发展任务：①建立青春期的同龄团体，a. 学习与同龄男女之间新的熟练的交往方式；b. 学习作为男性或女性的社会任务及角色。②发展独立性，a. 认识自己的身体构造，有效地使用自己的身体；b. 从精神上独立于父母或其他人；c. 具有在经济上自立的自信；d. 选择职业及为其做准备；e. 做结婚及家庭生活的准备；f. 发展作为社会一员所必须具备的知识和态度。③发展人生观，a. 追求并完成附有社会责任的行动；b. 学习作为行动指针的价值观和伦理体系。

请根据大学生的心理发展任务为自己设定在大学阶段三个主要的成长目标，并填写下表。

成长目标	完成情况	阻力	如何打破阻力实现成长目标

活动评价

评价内容		评价标准	是/否
活动完成情况	活动三	能明确大学阶段的心理发展任务	
		能根据实际设定成长目标	

任务 1.3　积极维护大学生心理健康

情境导入

小玉是大三的学生，前一段时间小玉的男朋友提出分手，小玉因此一直闷闷不乐，情绪低落。最近同学们发现小玉的行为有些异常，不参加集体活动，经常一个人在宿舍待着、哭泣，早上起来很晚，经常和同学说"活着没意思"之类的话。同学们将小玉的情况反映给了班主任和心理中心的咨询老师，经过心理咨询老师初步评估，小玉可能患抑郁症，有一定的危险性。于是班主任将情况如实告诉了小玉及其父母，希望她的父母能带小玉就医，但小玉的父母却认为她没病，"我们家小玉身体好好的，怎么可能得抑郁症，失恋没什么大不了，她就是太娇气了，从小太顺利，没经受过挫折和打击，过段时间自然就会好了，不用去医院。"

小玉的父母认为小玉情绪低落的原因是太娇气，过段时间就会好，并且他们认为只要身体健康就没什么问题了。在生活中，我们是不是对健康也有像小玉父母那样的误解？人们通常会关注身体健康，但是却很容易忽略心理健康，心灵也会"感冒"。因此，我们需要关注自我心理健康，并且维护心理健康，保持一种积极向上、高效而满意的、持续的健康心态。

> 知识准备

总体来说，大学生均具有良好的心理品质和阳光心态。只要他们树立科学的健康观，自觉维护和增进自身的心理健康，学会积极寻求外界帮助，他们就有能力调节和处理成长过程中所遇到的各种压力和问题，成为社会和时代所需要的复合型人才。那么如何积极维护大学生心理健康呢？

一、掌握一定的心理卫生知识

一是阅读心理卫生相关的书籍、报刊，浏览相关网络信息等。

二是认真学习"大学生心理健康教育"课程，积极参加主题讨论。通过课程教学可以帮助大学生树立科学的健康观念，增强心理健康意识，提升心理调适能力，提高心理健康素质，促进心理健康发展。

三是参加校内外各种心理健康方面的社团及实践活动，如心理沙龙、心理健康主题班会、心理剧表演、心理知识竞赛、"5·25"大学生心理健康节教育月活动、"10·10"世界精神卫生日宣传教育活动、心理素质拓展、团体心理辅导及心理健康普查等。

二、对自我进行积极调整

1. 树立符合实际的奋斗目标

大学生要摆脱心理上的困惑，就要为自己设定一个远大的目标。当然，目标并非越大越好，如果目标大到做不到，目标本身就失去了价值和意义。对这个目标，大学生既要有能达到的把握，又要有适度的风险意识；既能通过自己的努力得以实现，又能在实现后使自己有成就感。

2. 了解自我，悦纳自我

一是学会多方面、多途径了解自己，不盲目自信，也不妄自菲薄。

二是学会从周围获悉对自我的真实反馈。如果大学生对于从周围同伴获取的有关自我的信息不能进行正确的分析，就会造成自我认识误差，不能客观、正确地了解自我。

三是学会从社会生活经验中去了解自我。积极参加各种社会实践活动，在实践中锻炼自己的能力，并扩大自己的社会接触面，积累经验，增加自我了解。

四是学会热爱生活。五彩缤纷的生活是快乐的源泉，大学生不要用不切实际的标准来奢求生活，而要用合理的标准来对待生活，看待自己，做到"知足常乐"，唯有如此，才能始终保持心情的舒畅和精神的振奋。

五是避免用唯一标准来衡量自己。"金无足赤，人无完人"，每个人都不是十全十美、白璧无瑕的。要正确对待得与失，以免引起不必要的自卑和自我拒绝情绪。

3. 学会管理和调整情绪

一是培养乐观主义精神。积极乐观的精神能促使人保持良好的情绪状态，从而轻松、从容地应对生活。

二是学会合理宣泄。合理宣泄的方法很多，如向朋友、亲人或老师倾诉，伤心难过时不妨痛哭一场，如果不愿意找人诉说，也可以用文字发泄。当然，也可以参加一些运动，在运动中调节自己的情绪，疏泄自己的压力与不快。

三是培养自己的各种兴趣爱好。在大学阶段，学生可以根据自己的性格特点和条件，培养一些兴趣和业余爱好，积极参与有益活动，扩大自己的生活领域，丰富自己的精神生活，培养自己开阔的胸怀。

4. 建立良好的人际关系

一是培养优秀的个性品质。在了解自己的性格特征后，发展乐观、热情、诚实、宽容等良好的性格特征，努力克服和改造不良的性格特征。

二是与人交往时对他人期望不要过高，不要处处盲目与人竞争。坚持诚实、宽容和谅解的原则，学会包容别人。

5. 养成良好的生活习惯

健康的心理与健康的身体密不可分，良好的生活习惯是一个人身心健康的重要保障。一般来说，一个良好习惯多、不良习惯少的人，往往是心理健康的人。良好的生活习惯使人精力充沛，而不良的生活习惯对人的身心健康则会造成危害。对大学生而言，健康的生活方式主要有：生活有规律、膳食平衡、用脑科学、积极参加体育锻炼等。世界卫生组织认为，有害健康的不良生活方式主要有：吸烟、饮酒过量、体育运动不够或突然运动量过大、吃热量过高和多盐的食物及饮食没有节制、破坏人体生物节奏和精神节奏、对社会压力产生适应不良的反应等。

三、寻求心理帮助

当你在生活中遇到困扰、挫折与打击，感到压抑、焦虑、绝望时，当你的心理压力过大无法自我调节时，接受心理咨询和心理治疗是最好的选择。

1. 什么是心理咨询

心理咨询是心理咨询师协助求助者解决各类心理问题的过程。心理咨询的完整概念为：心理咨询师运用心理学的原理和方法，帮助求助者发现自身的问题和根源，从而挖掘求助者本身潜在的能力，来改变原有的认知结构和行为模式，以提高对生活的适应性和调节周围环境的能力。

微课1-4

2. 心理咨询适应的人群

心理咨询的主要对象可分为两大类：一是心理正常，但遇到了与心理有关的现实问题并请求帮助的人群，或者是希望在某一方面做得更好的人群；二是有心理问题，但是并非精神异常的人群。

心理咨询最常见、最主要的对象是健康人群，或者是存在心理问题的亚健康人群，而不是人们误会的"病态人群"。病态人群是指如精神分裂症、抑郁症等患者，他们是精神科医生的工作对象。

3. 哪些问题可以通过心理咨询解决

健康人群会面对诸如婚姻家庭、择业、亲子关系、子女教育、人际关系、学习、恋爱与性心理、自我发展、情绪管理、压力应对等问题，他们会期待做出理想的选择，顺利地度过人生的各个阶段，求得内心平衡，以及自身能力的最大限度发挥和寻求良好的生活质量。这时，他们就可以寻求心理咨询。

个体碰到的问题分为两种：发展性问题和障碍性问题。

（1）发展性问题　指在某一发展阶段遇到的问题。如果不能顺利完成这个发展阶段的任务，就可能会出现问题，这些问题是常人都可能会遇到的。每个人都需要适应发展阶段的任务，增进身心健康，提高生活质量，实现自我价值，这是心理咨询的宗旨。而生涯规划、恋爱关系、新生入学适应、人际关系等，这些都属于发展性问题。

（2）障碍性问题　指人们在生活、学习、工作及各种人际关系中，出现的困难和烦恼，心理难以适应，导致较严重的心理障碍问题。

心理咨询主要解决的是发展性问题。心理咨询帮助来访者了解自己处在什么样的发展阶段，需要发展哪些心理品质，以及怎样发展这些心理品质，以便顺利地发展自己，以取得更大成功。重点在帮助来访者更好地认识自己和社会，增强社会适应能力，充分开发潜能，促进人的全面发展，促进早日成功和成才。

4. 对心理咨询的误解

（1）"心理咨询就是聊天，不如找朋友聊"　咨询不是简单的聊天，而是有技术含量的"聊天"。咨询师的任务不是说服你，而是助人自助。

（2）"心理咨询就是浪费时间，没用"　所谓磨刀不误砍柴工，有时候打破了心结，做事效率会高很多。

（3）"心理脆弱的人才会寻求心理咨询"　求助是强者的行为，成功人士往往都懂得求助。

（4）"有问题扛一扛就过去了，不用寻求心理咨询"　关注今天的心理健康就是为明天的健康买保险，不要等到问题严重了才去解决它。

（5）"去找心理咨询师的人都是不正常的人"　心理咨询师面对的大部分工作对象是正常人，是那些希望获得更多成长，或在某方面表现得更好的人，这部分工作对象和疾病一点儿关系都没有。

（6）"一个人有心理问题就完蛋了，要躲他远远的"　关注他人的心理健康就是为建设和谐生存环境做贡献，对他人伸出援助的手，接纳和尊重他人，就是在为自己的和谐生存环境做贡献。

活动体验

【心理活动体验四:案例分析"黄洋投毒案"】

1. 活动目的

了解大学生心理健康的重要性,增进心理健康意识,自觉维护心理健康。

2. 具体操作

(1)请同学观看复旦大学"黄洋投毒案"的视频或阅读文字材料。

(2)引导学生小组讨论:怎样看待这一事件?为什么会出现这样的事情?如果是你,你会怎样做?

(3)小组内交流自己的思考,大组分享。

3. 教师总结

其实都是同学之间的生活琐事和小摩擦,可是后来竟发展到不可收拾的地步,投毒者林森浩把自己的犯罪根源归结为自己的性格不完善,专家认为林森浩性格偏执。因此,大学生要增进心理健康意识,自觉维护心理健康,培养良好的自我意识,塑造健全的人格。

活动评价

评价内容		评价标准	是/否
活动完成情况	活动四	能积极参与案例分析并发表自己的看法	
		能说出大学生心理健康的标准	
		能列出自我维护心理健康的方法	

任务 1.4　了解精神障碍

情境导入

小强是张政的室友,他最近心情很糟糕。也不知道怎么了,小强总觉得很压抑,整天茶饭不思,精神萎靡不振。明明就快考英语三级了,他拿着复习资料只知道发呆,看不进书,非常痛苦。虽然考试在即,但在别人眼里,小强并不着急。张政觉得小强最近变"懒"了,变邋遢了。以前小强可是宿舍的学霸型人物,别人在玩游戏,他戴着耳机背单

词;别人给女朋友打电话聊天,他在楼道里读英语。现在,他整天睡到中午,起床后脸也不洗,床上乱得一团糟,也不见他背单词了,整天躺在床上,也不知道是睡着了,还是没睡着。张政觉得很纳闷,他到底是怎么了?

最后,小强被同学送到了学校心理咨询中心。小强起初不愿意去,认为自己扛一扛就好了,可是扛了一个月也没好。咨询师怀疑小强可能得了抑郁症,需要去专科医院进行诊治,介绍小强去市精神疾病专科医院。小强一听要去精神疾病专科医院,立刻摇头,说"打死也不去"。其实小强是被精神疾病专科医院给吓住了,认为自己的问题很严重,同时又觉得很丢人。张政说:"老师都让你去,你就去吧。我陪你一起去。"

后来小强被诊断为中度抑郁,医生建议服药治疗,同时结合心理治疗。

人的心理也和人的躯体一样,会出现疾病。躯体疾病有明显的症状,如发烧、呕吐等,大学生容易识别这些症状,并能主动求医;而对心理与疾病,很多大学生却不甚了解。因此,了解常见精神障碍的有关知识,珍惜生命,学会求助与预防,对预防和克服大学生常见精神障碍,提高生命质量,是很有必要的。

知识准备

一、精神障碍不可怕:什么是精神障碍

精神障碍,又称心理疾病或精神疾病,是一类具有诊断意义的精神方面的问题,特征为:认知、情绪、行为等方面的改变,常伴有痛苦体验或功能损害。习惯上把焦虑症、强迫症、恐惧症、躯体形式障碍、神经衰弱以及恶劣心境称为轻型精神障碍。轻型精神障碍是个体对外部环境刺激的异常反应,即个体没有能力按社会认为适宜的方式行动,以致其行为后果对本人或社会是不适宜的。而精神分裂症、心境障碍、精神发育迟滞等则被称为重型精神障碍。重型精神障碍是一类具有诊断意义的精神方面的问题,以情绪、认知、行为方面的改变为特征,伴有痛苦体验和功能损害。

二、精神感冒来袭:大学生常见精神障碍

随着社会的发展,竞争日益激烈,生活节奏越来越快。大学生正处在求学择业、恋爱、社会适应等重要的人生选择时期,面对的矛盾多,内心压力大,情绪波动大,加之他们的心理调节能力还不完善,很容易产生各种精神障碍,在得不到及时有效的预防和干预时,可能发展成为严重的精神疾病。

要预防心理疾病,大学生首先需要培养良好的品质,提高自身对挫折的认识水平和承受能力,建立科学的世界观和人生观,积极参加各项实践活动,丰富人生阅历;其次,通过对课堂上心理健康知识的学习和对课外心理学知识的涉猎,了解基本的心理健康知

识，掌握一定的心理调适方法，在遇到各种困惑时，能正确分析问题产生的原因，用自己所学，进行必要的自我调适，将一些不良的情绪消灭在萌芽状态，维护身心的健康；再次，在出现心理问题而自己又没办法调整过来的时候，应该主动寻求帮助，避免负性情绪的累积和逐渐加重；最后，对于患有精神障碍的大学生，要从思想上正确看待疾病本身，积极主动寻求医生的帮助，坚信疾病能够治愈，提高自己对治疗的依从性，改善治疗效果。

大学生中常见的精神障碍包括：神经症、心境障碍、精神分裂症、人格障碍、性心理障碍等。下面介绍神经症、心境障碍及精神分裂症及其防治。

1. 神经症及其防治

神经症（Neuroses），以前也被称为神经官能症，是一组精神障碍的总称。其共同特征为：起病常与心理社会因素有关；发病前多有一定的易患素质基础和个性特征；症状主要表现为脑功能失调症状、情绪症状、强迫症状、疑病症状、多种躯体不适感等，这些症状在不同类型的神经症患者身上常常混合存在，没有发现脑和身体的病变。患者对疾病有较好的自知力，疾病痛苦感明显，有求治要求；社会功能相对完好，行为一般保持在社会规范允许的范围之内，病程大多持续迁延。

神经症在大学生人群中的发病率较高，但是至今没有准确的发病率统计数据。在高校心理咨询中，神经症这一精神障碍是排在首位的。神经症主要包括焦虑症、强迫症、恐惧症、躯体形式障碍中的疑病症、神经衰弱等类型。疑为神经症要及时就医，进行心理治疗或药物治疗。

2. 心境障碍及其防治

心境障碍是以显著而持久的情感或心境改变为主要特征的一组疾病，包括躁狂抑郁双相情感障碍、躁狂症、抑郁症等，其中以抑郁症为主。

抑郁症（Depression）是一组以显著的心境低落为主要特征的心理障碍，也称为情感性心理障碍或情感性精神病，常伴有相应的思维和行为改变，个体的忧郁和厌世心理特点表现突出，常有凄凉感，唉声叹气，对人及事物失去兴趣，常头痛、心烦、恐慌多梦、乏力等。此病症严重时，人会感到强烈厌世，甚至有自杀念头。

抑郁症发作以情感低落、思维迟缓、意志活动减退和躯体症状为主。

（1）**情感低落**　主要表现为显著而持久的情感低落，抑郁悲观。个体终日忧心忡忡，郁郁寡欢，愁眉苦脸，长吁短叹。典型病例的抑郁心境具有晨重夜轻的节律特点，即情绪低落在早晨较为严重，而傍晚时可有所减轻。

（2）**思维迟缓**　主要表现为患者思维联想速度缓慢，反应迟钝，思路闭塞，自觉"脑子好像是生了锈的机器""脑子像涂了一层糨糊一样开不动了"。表现为主动言语减少，语速明显减慢，声音低沉，患者感到脑子不能用了，思考问题困难，工作和学习能力下降。

（3）**意志活动减退** 主要表现为患者意志活动呈显著持久的抑制。表现为行为缓慢，生活被动，疏懒，不想做事，不愿和周围人接触交往，常独坐一旁，或整日卧床，不想起来上班，不愿外出，不愿参加平常喜欢的活动和业余爱好，常闭门独居，疏远亲友，回避社交。

（4）**躯体症状** 主要有睡眠障碍，食欲减退，体重下降，性欲减退，便秘，身体任何部位的疼痛，阳痿，闭经，乏力等。

作为重型精神疾病，抑郁症的治疗原则是以药物治疗为主，心理治疗为辅。已有的抗抑郁药在临床上均已取得显著的疗效。对有明显心理社会因素作用的抑郁症患者，在药物治疗的同时常常需要进行心理治疗。支持性心理治疗可以通过倾听、解释、指导、鼓励和安慰等手段，帮助患者正确认识和对待自身疾病，主动配合治疗。认知治疗、行为治疗、人际关系治疗、婚姻及家庭治疗等一系列的治疗技术，能帮助患者识别和改变认知歪曲，矫正患者不良的适应行为，改善患者人际交往能力和心理适应功能，提高患者解决问题的能力和处理应激的能力，从而能减轻或缓解患者的抑郁症状，调动患者的积极性，纠正其不良人格。另外，对于有严重自杀企图的患者及使用抗抑郁药治疗无效的抑郁症患者可采用电抽搐治疗，此方法见效快，疗效好。

3. 精神分裂症及其防治

精神分裂症（Schizophrenia）是一组病因未明的精神疾病，具有思维、情感、行为等多方面的障碍，以精神活动和环境不协调为特征。通常意识清晰，智能尚好，部分病人可能出现认知功能损害。多在青壮年发病，常起病缓慢，病程迁延，有慢性化倾向和衰退的可能，但部分病人可保持痊愈或基本痊愈的状态。

（1）**感知觉障碍** 精神分裂症最突出的感知觉障碍是幻觉，以幻听最为常见。思维及思维联想障碍通常表现为：妄想、被动体验、思维联想障碍、思维贫乏等典型症状。情感障碍主要表现为情感迟钝或平淡，如表情呆板，缺乏变化，自发动作减少，缺乏体态语言；同时，患者对亲人感情冷淡，亲人的伤病痛苦对患者来说无关痛痒。

（2）**意志与行为障碍** 主要表现为意志减退和紧张综合征。意志减退指患者在坚持工作、完成学业、料理家务等方面有很大困难，往往对自己的前途毫不关心，没有任何打算，或者虽有计划，却从不施行。紧张综合征以病人全身肌张力增高而得名，包括紧张性木僵和紧张性兴奋两种状态，两者可交替出现，是精神分裂症紧张型的典型表现。

同样作为重型精神疾病，精神分裂症的治疗主要采用药物治疗，并辅助加以心理治疗。药物治疗不但对幻觉妄想等阳性症状有效，对情感平淡、意志减退等阴性症状也有一定疗效。同时，心理治疗必须成为精神分裂症治疗的一部分。心理治疗不但可以改善病人的精神症状、提高自知力、增强治疗的依从性，也可改善家庭成员间的关系，促进患者与社会的接触。行为治疗有助于纠正病人的某些功能缺陷，提高人际交往技巧。家庭治疗

微课 1-5

使家庭成员发现存在已久的沟通方面的问题，有助于宣泄不良情绪，简化交流方式。

三、别人笑我太疯癫，我笑他人看不穿：精神异常的初步判断

有同学问：如何才能知道自己或者他人精神是不是正常？一个普通人要怎么判断呢？有一些小技巧可以帮助大家进行精神异常的初步判断，通常从以下四个方面进行。

1. 行为

行为是人们表现出的各种举止、反应，是判断是否有心理疾病最为直观和有效的判断指标，可以通过以下行为来初步判断某人是不是精神异常。

1）当事人能否保持正常的学习、生活能力？
2）当事人的行为活动是否与其身份相符？
3）当事人是否表现出他人难以理解的言行举止？
4）当事人的行为活动是否明显地减少或增多？
5）当事人是否保持与周围人群的正常沟通？
6）当事人是否表现出自杀意向、自杀行为或制订自杀计划？
7）当事人是否有威胁周围人群和环境的意向和行为？

2. 情绪

情绪是人的各种感觉、思想和行为的一种综合的心理和生理状态，是对外界刺激所产生的心理反应，以及附带的生理反应，如喜、怒、哀、乐等。情绪是个体的主观体验和感受，在情绪支配下，个体会产生各种行为。情绪本身也会影响到认知，可以通过情绪来初步判断是否精神异常。

1）总体情绪感受如何？
2）当事人的情绪反应是否和环境、诱因匹配？
3）当事人是否存在消极情绪（忧伤、愤怒、焦虑等）？
4）当事人的情绪是否稳定，是否存在波动，波动程度如何？
5）当事人是否存在情感混乱的表现？
6）当事人的情绪是否受其本人的控制，是否有失控的倾向？

3. 认知

认知是指人认识外界事物的过程，即对作用于人的感觉器官的外界事物进行信息加工的过程。潜在危机评估过程中的认知，指的是人的总体思维能力（分析能力、记忆力、注意力等）和个体对问题以及个人的看法，可以通过以下行为来初步判断是否精神异常。

1）当事人对面临问题的解释如何，是否符合实际？
2）当事人是否能够有效地解决所面临的问题？

3）当事人的注意力水平如何，是否能够保持必要的注意力？
4）当事人的记忆力水平如何，是否存在长期、短期记忆力的损害？
5）当事人的逻辑思维能力如何，是否存在思维混乱的现象？
6）当事人的认知范围是否发生变化，是否过于狭窄？
7）当事人的自我认知如何，是否存在自我怀疑、自我否定等现象？
8）当事人是否存在强迫性思维等异常思维表现？

4. 生理表现

生理表现是指一些和心理问题相关联的、可以观察到的生理层面的表现。

1）当事人的睡眠状况如何，是否有入睡困难、睡眠质量不高、早醒等症状？当事人的饮食状况如何，是否存在厌食、拒食、过度饮食、暴饮暴食等？
2）当事人是否存在物质依赖表现，如吸烟、酗酒，或者借助其他物品来消磨意志等？
3）当事人是否有身体不适等感受，如是否抱怨自己身体感觉不好，或其他症状等？
4）当事人的总体生活节奏是否有明显改变？

注：以上只是给大家提供一个初步判断的依据，并非因此而下定论，如果你或者他人有上面的异常情况存在，应该考虑求助心理咨询或治疗。通常情况下，如果这些异常情况持续两周以上，则需要引起关注和寻求心理帮助。

拓展阅读

得了精神疾病该怎么办？

得了精神疾病该怎么办？哪些是正确的做法？

一定要学会心理求助。心理求助是个体遭遇自己不能解决的严重心理困扰时，通过寻求周围社会支持系统的帮助以解除这些心理问题的过程。大学生心理求助途径包括：利用社会支持系统，如老师、家人、朋友等的帮助，求助专业心理咨询机构及专业精神治疗机构的帮助。如果怀疑自己得了精神疾病，一定要及时就医，以免耽误病情。如果被医生诊断为精神疾病，需要做的是：以精神科医生的诊断为主，遵医嘱服药；坚持服药，不要私自停药或者断药。

活动体验

【心理活动体验五：案例分析"小强变'懒'了"】

1. 活动目的

引导学生科学认识精神障碍，识别精神障碍。

2. 具体操作

（1）请同学观看任务 1.4 的情景导入案例《小强变"懒"了》。

（2）引导学生小组讨论：小强在得抑郁症前后的情绪、行为、认知、生理表现有哪些变化？如果你是小强，你会怎样做？

（3）小组内交流自己的思考，大组分享。

3. 教师总结

大学生进入高校后，面临环境适应、学业压力、人际关系、恋爱情感和择业就业等一系列心理问题。这些心理问题一般可伴随大学生的心理发展而自己解决。但由于大学生社会阅历相对不足，独立生活经验欠缺，常常会在突如其来的严重心理问题面前束手无策。因此，大学生应了解常见的精神障碍知识，遇到心理问题时，学会求助与预防。

活动评价

评价内容		评价标准	是/否
活动完成情况	活动五	能科学认识抑郁症等精神障碍	
		能说出抑郁症等精神障碍的处理是及时就医	
		能保持健康心态，维护心理健康，学会自助与助人	

◆ 自主测试

多选题。

1. 人的心理过程有（　　）。

　　A. 认识过程　　　　　　　B. 情绪过程

　　C. 意志过程　　　　　　　D. 情感过程

2. 1989 年世界卫生组织将健康定义为（　　）。

　　A. 躯体健康　　　　　　　B. 心理健康

　　C. 道德健康　　　　　　　D. 社会适应良好

3. 心理健康的标准（　　）。

　　A. 比较正确的认知　　　　B. 良好的情绪情感

　　C. 坚强的意志品质　　　　D. 健康的个性心理

4. 大学生心理健康的标准（　　）。

　　A. 智力正常　　　　　　　B. 自我意识良好、个性完整统一

　　C. 情绪情感积极稳定　　　D. 社会适应良好

5. 影响大学生心理发展的主要因素（　　）。

　　A. 遗传因素　　　　　　　B. 社会环境因素

　　C. 教育因素　　　　　　　D. 个体因素

◆ 复盘

模块 1　健康从健心开始——大学生心理健康概述　复盘表			
任务类别：□ 个人任务　　□ 小组任务			
个人姓名		班级	
小组成员		班级	
复盘：总结本模块任务完成情况，掌握了哪些知识和技能，锻炼了哪些能力，活动体验中获得哪些感悟。			

◆ 课后巩固

1. 课后拓展

一名大学优秀毕业生拟报考某大公司，在公布考试结果时，他名落孙山，得知消息后，他深感绝望，顿生轻生之念。然而自杀失败，只在脖子上留下一道长长的勒痕。正当他神昏意迷之际，忽然传来他被录用的喜讯，原来他名列榜首，只是统计时出了差错。就在他把喜讯告知朋友、准备庆祝一番之时，又有消息传来，他被公司解聘了。讨论分析：你认为公司解聘他的理由是什么？你若是公司负责人，你录用他吗？为什么？

2. 课后作业

写一份个人成长报告

个人成长报告的内容包括：①童年记忆（家庭关系、特殊经历、与老师的关系等）；②少年成长（家庭关系、特殊经历、同伴关系、学习情况等）；③青年成才（高考经历、特殊经历、恋爱经历、同伴关系、生活目标）。重点写你在遇到各种困难时是如何应对的。

模块 2
做更好的自己——
大学生自我意识培养

学习目标

1. 能认识自我，了解自我意识。
2. 能运用自我认识、自我体验、自我调控来解决自我意识偏差，完善自我。
3. 能在日常学习、生活中，培养良好的自我意识。

任务 2.1　了解自我意识

情境导入

佳佳是大一新生，她是个很要强的女孩。进入大学后，她大部分时间都埋头读书，本以为到了期末考试可以拿个好成绩，没想到还没跻身前 10 名。佳佳忍受不了这个结果，找到好朋友哭诉："以前我觉得自己还不错，本想到了大学继续努力会更好、更优秀，可怎么一下就变了？感觉自己一点也不优秀，周围同学都很强，不仅学习好，还能歌善舞，我觉得自己各方面都不如别人，也没有了方向，感到特别迷茫。"

在宁静的夜晚，仰望天空，我们经常会扪心自问："我究竟是怎样的一个人？""我应当成为怎样一个人？""在班级里我究竟处在什么样的位置？""别人怎样看待我呢？""我怎样才能改变现状成为理想中的那种人呢？"通俗地说，这些都是自我意识的内容。

知识准备

一、自我意识及其心理健康意义

1. 自我意识的含义

1890年美国心理学家威廉·詹姆斯（William James）在《心理学原理》中最早把自我意识（self-consciousness）引入了心理学领域，并把它安排在了最重要的位置——"自我是人类心理宇宙的中心"。他还最先认识到自我的二元性，并建议使用不同的术语"主我"（I，指作为环境中主动行为的我）和"宾我"（me，指作为经验客体的我）来区分自我的这两个方面。

詹姆斯将经验自我又分为物质自我、社会自我、精神自我三类，直接对应于今天我们所讲的自我意识的内容：生理自我、社会自我、心理自我。

自我意识是一个结构复杂的心理活动系统（见表2-1），从形式上来看，自我意识又具有认知、情绪和意志三种心理要素。一是自我认识，属于认知范畴，主要涉及"我是一个什么样的人""我为什么是这样的人"等问题，包括自我感觉、自我观念、自我分析、自我批评等。二是自我体验，属于情绪范畴，它以情绪体验的形式表现出人对自己的态度，主要涉及"我是否接受自己""我是否满意自己""我是否悦纳自己"等问题，包括自尊、自爱、自卑、自弃、自恃、自傲、责任感、义务感、优越感等。三是自我控制，属于对自我的意志控制，涉及"我怎样克制自己""我如何改变自己""我如何成为那种人"等问题，表现为自主、自立、自强、自制、自律、自卫等。以上三者之间的和谐程度以及与客观现实的吻合程度，决定了个体自我意识的健康状况。

微课 2-1

表 2-1　自我意识的内容与结构

	自我认识	自我体验	自我控制
生理自我	对自己身高、体重、性别、外貌、衣着、痛苦、饥饿、疲倦等的认识	占有感、支配感、爱护感等	追求身体的外表，物质欲望的满足等
社会自我	对自己的名望、地位、角色、义务、责任、力量等的认识	责任感、义务感、优越感、成就感、自我效能感等	追求名誉地位，与他人竞争，争取得到他人的好感或认可等
心理自我	对自己的智力、性格、气质、兴趣、理想、能力、记忆、思维等的认识	自信、自豪、自尊自恃、自傲或自卑、自责、自贱、自弃等	追求信仰，注意行为符合社会规范，要求智慧与能力的发展等

如果说，自我意识是个体对自己的心理倾向、人格特征、能力以及自身社会价值的自我认识与评价，那么这只是对自我意识狭义的理解，相当于"自我意识"内容的"自我认识"部分。广义上而言，自我意识是指一个人对自己的属性、状态、行为、意识活

动的认识和体验，以及对自身的情感意志活动和行为进行调节、控制的过程，这才是对自我意识结构的完整诠释。

2. 自我意识的心理健康意义

自我意识是人对自身以及对自己同客观世界关系的意识，是一种多维度、多层次的心理系统，是人格调控系统的核心。自我意识是人格的重要组成部分，是使人格各部分整合和统一起来的核心力量。同时，一切社会环境因素对人发生影响，都必须通过自我意识的中介而发挥作用，它在人格的形成和发展中起着不可缺少的重要作用。一方面，自我意识制约着人格的形成发展；另一方面，它在人格的优化中发挥着强大的动力功能。健全自我意识具有促进人格发展、保持心理健康的多重意义。

精神分析理论的代表人物爱利克·埃里克森（Erik Erikson）关于人格形成与发展的理论，实质上就是自我意识形成与发展的理论。埃里克森认为，人的自我意识发展持续一生，在人格发展的过程中，逐步形成的自我意识在个人及周围环境的交互作用中起着主导和整合的作用。人在发展的过程中都体验着生物的、生理的和社会的事件发展顺序，按一定的成熟程度分阶段进行发展。在每一个心理社会发展阶段中，解决了核心问题之后所产生的人格特质都包括了积极与消极两方面的品质，如果各个阶段都保持向积极品质发展，就算完成了这阶段的任务，逐渐实现了健全的人格；否则就会产生心理社会危机，出现情绪障碍，形成不健全的人格。奥尔伯特（G. W. Allport）在健康的人格特征中也强调了自我意识的重要性。

无论是东方还是西方的心理学家，在界定心理健康的标准时，都不约而同地将良好的自我认知作为心理健康的重要指标。例如，心理学家马斯洛（A. H. Maslow）就把有充分的自我安全感、能充分了解自己和恰当估计自己的能力作为两条重要的心理健康标准；奥尔伯特认为健全人格应具备的特点包括扩展的自我、自我接纳与安全感；理查德（Richard）博士在总结归纳前人大量关于心理健康的研究之后，提出心理健康的9条标准，其中三分之一以上都是关于自我意识的。我国学者林崇德也把"了解自我、悦纳自我"作为心理健康的首要指标。

大学生自我认识、自我评价、自我控制如何，直接影响着大学生的社会适应、身心健康、成长与发展。因此，大学生具备良好的心理素质最重要的标志之一就是对自我的接受和认可，即有成熟的自我意识和健康的自我形象。研究发现，自我意识越成熟、越完善的大学生，其自我认识、自我体验和自我控制就越能够协调一致地发挥作用，他们会更加客观地认知学习与生活中遇到的挫折；会更加自我肯定、自我欣赏并能积极地进行自我协调与控制。也就是说，他们表现出较强的自我调节能力，能维持良好的心理健康状况。相反，自我意识不成熟的大学生，由于对自身片面的认识，无法客观地分析、评价自己以及生活中遇到的负面事件，往往会出现情绪反应过激，缺乏行动的动机等情况，因而他们的心理素质较差，心理健康水平也较低。

二、自我意识的形成与发展

1. 自我意识的形成与发展过程

个体的自我意识并不是生而有之,而是在个体发展与社会环境的交互作用中持续形成和完善的。研究表明,个体自我意识从发生、发展到相对稳定和成熟,需要20余年时间。我国心理学家在前人研究的基础上,认为自我意识是从生理自我到社会自我再到心理自我逐渐发展而来的。

（1）**自我意识的萌芽（1~3岁,生理自我发展的开始）** 生理自我是自我意识最初始的阶段。儿童在1岁左右,就开始清晰地意识到自己是行为的主体,把自己和自己的动作、动作的对象区分开来。3岁左右,儿童的生理自我基本形成,但依然会随着个体生理的逐步发展和成熟不断变化。这个阶段的标志性事件是儿童学会用"我"来指代自己,行为主动性不断增强,许多事情都要求"我自己来"。这一阶段,儿童按照自己的想法去解释外部世界,并把自己的想法、情感投射到外部世界中,行为和意识的中心是"自我",因此也被称为"自我中心期"。

（2）**自我意识的形成（3岁~青春前期,社会自我的形成）** 从3岁到青春前期（3~14岁）是个体接受社会文化影响最深的时期,也是学习角色的时期。个体在家庭、学校中游戏、学习、劳动,通过模仿、练习等方式,慢慢认识到自己是社会的一分子,意识到自己在人际关系和社会关系中的作用和地位,逐渐形成各种角色观念,如性别角色、家庭角色、学生角色等,并学会调整自己的行为来适应社会的要求,社会规则、社会文化、社会期待不断内化,社会自我逐渐发展起来。在这个阶段,个体最为关注的是外部世界,因此也被称为"客观化时期"。

（3）**自我意识的发展（15~25岁,心理自我的成熟）** 从青春期开始,个体开始进入生理和心理的急剧变化期,性意识开始觉醒,抽象思维能力显著提高。青少年开始逐渐脱离对成人的依赖,从成人的管制、监护下独立出来,呈现出自我意识的主动性和独立性,强调自我的价值与理想,并试图建立自我认同（selfidentity）。他们开始严肃地思考"我是谁""我从哪里来""我要往何处去"这样的命题,心理自我逐渐形成。人的心理经历过上述发展时期,自我意识经过分化、统一,趋于成熟,个体开始清晰地意识到自己的内心世界,开始有明确的价值探索和追求,强烈要求独立,产生了自我塑造、自我教育的紧迫感和实现自我目标的驱动力。可以说,青少年的世界观、人生观、价值观的形成与确立正是心理自我成熟的标志。个体在此阶段更加关注自己内心的体验、感受和想法,因此也被称为"主观化时期"。

在生理自我、社会自我和心理自我的发展过程中,三者互相联系,有机组合,完整统一,发展成一个人完善的自我意识,即自我同一性形成,主我和宾我、理想我和现实我整合统一。然而,对自我本质的意识,不是意识到个体的生理特性,而是意识到个体的社会特性,意识到个体的社会角色,意识到个体在一定的社会关系和人际关系中的地位和作用,这是自

微课2-2

我意识发展到成熟的重要标志。

2. 影响个体自我意识发展的因素

自我意识是神经系统的高度发展和个体与外界的相互作用相互结合的产物。自我意识的形成、发展与生理的发展密切相关，然而，生理的成熟和发展只是形成自我意识的前提，自我意识的形成和发展还有赖于个体参与社会生活、与他人相互作用。影响自我意识形成与发展的社会因素有社会经济地位、社会文化环境、家庭、他人的评价、参照群体等。可见，自我意识的形成受到个人的成长经历、生活环境、自我态度、他人评价等诸多因素的影响。并且自我意识并不是一成不变的，是随着个体的经验和心理发展而不断地发生变化的。

自我意识发展的信息来源，可以分为以下三个方面。

物理世界：物理世界为我们了解自身提供了手段。如果你想知道自己有多高、有多重，能跑多快、长得怎么样，你都可以运用物理世界中的线索来获得相关的知识。来自物理世界的信息，对于生理自我的形成和发展尤其重要。

社会世界：个体若想了解自己是一个什么样的人，常常需要同其他人进行比较，这个过程被称为社会比较。一般来说，我们倾向于和自己相似的人进行比较，这样所获得的信息是最为可靠的。获得自我认识的另一种重要方式是观察其他人对我们的反应，这种过程被称为反射性评价。可以想象一下，当一个同学在台上进行演讲的时候，他注意到台下的其他同学都在聚精会神地听，他就有理由推断出自己是一个有吸引力的人。

心理世界：除了从外界寻求认识自我的线索以外，我们也可以向内部寻求答案。我们可以通过回忆自己在各种不同场合的情感体验，来了解自己是一个情感丰富的人还是一个冷静理智的人。这种直接考虑自己的态度、情感和动机的过程，被称为内省。但有心理学家认为，我们并不是总能够意识到自己为什么这么做、这么想。有时候，我们和其他人没有什么不同，只是自己行为的观察者，需要通过逻辑性的分析来解释为什么我们的行为会发生，这个过程被称为自我知觉或归因。比如，我为什么坚持在课余时间去图书馆学习？那是因为我喜欢阅读。我为什么这次考试成绩不太理想？那是因为我这次不够努力。

活动体验

【心理活动体验一：父母眼中的我、好朋友眼中的我、自己眼中的我、自己理想中的我】

请根据自己的感觉，在下表中写出"父母眼中的我""好朋友眼中的我"，最后写出"自己眼中的我""自己理想中的我"。比较一下，周围的人对你的认识一致吗？别人对你的认识与你对自己的认识一致吗？是否每个人对你的评价都是客观的？你怎样综合大家的看法和自己的认识，形成一个较为客观和完整的认识呢？

父母眼中的我	
好朋友眼中的我	
自己眼中的我	
自己理想中的我	

活动评价

评价内容		评价标准	是/否
活动完成情况	活动一	能从多个角度认识自己，全面认识自我	
		能对自己形成一个客观的自我概念	

任务 2.2　认识大学生自我意识的发展与问题

情境导入

大伟刚上大学时，各方面表现都不错，他努力学习，性格开朗，为人热情。大一时大伟参加学校和系里学生干部、干事的竞选，没想到都失败了。长这么大，大伟第一次受到如此沉重的打击，一向好胜的他陷入了自我否认的泥潭。大二时大伟参加班干部竞选，因一票之差落选，这让他再度陷入失败的折磨中。有一次，大伟在寝室门外无意中听到同学们议论他："争强好胜，能力不怎么样，还总觉得谁都不如他……"从那以后，大伟变得不爱说话了，不和人交往，对每个室友都充满敌意。每当看到别人高兴地在一起玩或者学习时，大伟内心充满了孤独感，晚上常做噩梦，睡眠出现问题，精神状态不佳，没有胃口，常常不知道自己为什么发脾气，也很难控制自己的消极情绪，变成了同学眼中的另类。

大学阶段是大学生自我意识迅速发展并趋向成熟的关键时期，这个阶段正在经历着一个特别典型的矛盾和整合过程，会表现出：强烈的矛盾性、情绪易起伏、自我中心倾向等特点，通过对"自我"的不断探索，大学生会经历从"旧我"的破碎到"新我"的重建过程。

知识准备

一、大学生自我意识的发展

确立自我认同感是青年期大学生的主要发展任务。大学生在自我意识发展过程中的问题是其阶段性特点所决定的,埃里克森在自我同一性理论中关于"自我意识形成过程中的规律和特点",对于引导和教育大学生正确处理心理矛盾和冲突,最终实现自我、完善自我、超越自我提供了实践指导。

1. 青年期大学生自我意识的发展变化

青年期一般指个体从十七八岁到三十五岁。这一时期的自我意识开始成熟,进入心理自我,个性逐渐形成。大学阶段是自我意识发展的重要时期,其自我意识的发展、变化主要表现在以下三个方面:

一是生理的自我。这一阶段的自我意识,是以身体需要为基础的。随着年龄增大、身体发育、阅历提高以及社会地位的变化,大学生形成了"成人化"的自我意识。"我的容貌、身材、风度是否优美?是否具有某种魅力?"大多数人会在这种意识的支配下,朝着美和健康的方向努力。但也有一些人,尤其是那些先天或后天落下残疾或留有某种缺憾的人,则会感到烦恼与自卑。

二是社会的自我。大学生自我实现的需要和愿望会越来越强烈。"我聪明能干吗?""我是个高尚、有道德的人吗?""我到底怎样做才能成为一个有用的人?"这些有关自己智力、能力和才干方面的探究,以及有关人格与品质的意识,是这一阶段大学生的显著特点。

三是心理的自我。大学生想象力的丰富、性生理的成熟、逻辑思维能力的发展等,会促使他们的自我意识趋于主观化,并形成自己在社会生活中的地位与威信等自我意识。到了大学的高年级,他们会对自己在整个世界和社会中所处的时空位置进行探究,从而寻找到自己的理想位置,探讨人生的意义和价值,形成一定的世界观和人生观。

这些变化渗透在生活的各个方面,会造成自我概念的混乱和不稳定,埃里克森用"同一性危机"(identity crisis)这个概念来描绘青年人在这期间所经历的挑战。他们必须在过去、现在和未来的自我之间寻找连接点,将关于自己的各种想法(比如新的社会角色、来自各种渠道的矛盾信息)整合到统一和稳定的自我概念当中去,并决定他们是谁以及他们想要成为什么样的人。埃里克森认为,当青年人在职业、意识形态(包括宗教信仰、政治倾向和一般性的世界观)、性取向这三个主要的领域做出决定和承诺,他们就获得了"自我同一性"(selfidentity)。对于当代中国的大学生来说,"自我同一性"的形成,就是在高考结束后面临的第一个重要挑战。

大学生自我意识的形成,是经过青年期整个期间的分化、整合过程之后得以最终实现的。自我意识的整合过程,是从"自我"明显地分化为"客体我"和"主体我"开始的。这种分化本身意味着大学生自我矛盾的加剧,造成对自我认识的接纳和排斥、肯定

和否定的矛盾和冲突。"客体我"和"主体我"的矛盾冲突一旦激发，将导致大学生难以确立自我形象，也无法形成恰当的自我意识，从而引起自我评价能力低下、自我情感急剧波动和不能适当地自我接纳或自我排斥，并导致心理的不适应。通过自我接纳和自我排斥的过程，可以使大学生确定自己的存在价值、心理适应状况以及自我意识的发展水平。

2. 青年期大学生自我意识发展的任务

埃里克森提出，自我同一性的确立和防止社会角色的混乱是青年期的发展任务。自我同一性是关于个体是谁、个体的价值和个体的理想是什么的一种稳定的意识。每个人在青年时期都在探索并尝试去建立稳定的自我同一感，即自我认同感。埃里克森认为青年期自我同一感的确立是自我分化和整合统一的过程。

自我分化是把"整体的我"分化为"主体我"与"客体我"，其目的是为了达到"主体我"与"客体我"的统一。"自我"经过一段时期的矛盾冲突，"主体我"和"客体我"便在新的水平上协调一致，即自我的整合和统一。新的整合和统一主要是通过自我接纳和自我排斥的过程实现的。

自我接纳是对自我积极肯定的心理倾向。自我接纳是以积极的态度正确对待自己的优点和缺点，接受自己的长处和短处，以平常心面对自我现实，能根据自己的能力和条件，确定自己的理想目标。自我排斥是对自我消极否定的心理倾向，即否定自己，拒绝接纳自己的心理倾向。自我排斥与自我接纳一样，是自我意识发展过程中不可缺少的心理过程，是个体形成良好的心理品质所必需的心理过程。

青年期经过自我分化，再通过自我接纳和自我排斥等过程之后，自我的发展便得到进一步深化和提高，在新的水平上达到整合统一，形成自我同一感。大多数青年人都能形成并确立自我同一感。

如果"客体我"和"主体我"之间的矛盾难以协调，青年人便难以确立自我形象，也无法形成完善的自我意识。于是，他们在这个过程中会表现出明显的内心冲突，甚至引起自我情感的激烈变化，引发现实的"我"与理想的"我"之间的矛盾冲突，从而导致自我同一性扩散或社会角色混乱，并造成自我同一性危机。

在现实生活中，正是自我意识的分化与矛盾所带来的痛苦不断促进大学生寻求解决方法，以求得自我意识的统一，即自我同一性。自我同一性主要指"主体我"和"客体我"的统一、自我与环境的统一、理想我与现实我的统一，也表现为自我认识、自我体验、自我控制的和谐统一。按照心理健康的标准，不管以哪种途径完成自我同一性，只要统一后的自我是完整的、协调的、充实的、有力的，就是积极和健康的自我意识。

二、大学生自我意识发展中的问题

在自我意识的发展成熟期，大学生通过积极的自我观察、自我探索和自我思考对自己有了更深刻的认识，他们开始从多角度审视自我、调整自我，并向理想自我靠近，建立"自我同一性"。虽然大学生不断进行着自我意识的调整、整合,但他们在处理各种自我矛盾时,由于身心尚未发展成熟,往往面临着因自我意识偏差而产生的诸多情绪和行为问题。

1. 过度的自信(自负)与过强的自卑

大学生的自我评价存在的主要问题是走极端,要么评价过高(自负),要么评价过低(自卑)。自信是大学生的优秀品质,有助于大学生的自我实现。但自信过度就会导致自负,缺乏自信就会产生自卑。自负是一种虚假的自信,即相信自己是天才而不再努力。自负是一种自我欺骗,是自卑的另一种表现形式。自卑与自负二者的平衡点是自信,即一个在自信的上线,一个在自信的下线。过度的自信(自负)与过强的自卑都会影响大学生心理的健全和完善,是不容忽视的自我意识问题。

自负的大学生过高地估计自己的价值与能力,表现出很强的优越感,自命不凡,骄傲自大,看不起别人,听不进师长的教诲和同学的意见,回避或否认自己的缺点,人际交往模式和生活态度属于"我好,你不好"型,较难与他人达成妥协和谅解,最终会陷入孤独和郁闷。与自负相反,有的大学生过度自卑。自卑是由于自我认识偏差等原因形成的自我轻视和自我否定的情绪体验。过度自卑的大学生一般有以下心理缺陷:缺乏稳定的自我形象,喜欢封闭自己,伪装自己;特别敏感,特别容易受挫折;缺乏社会活动的积极性,有严重的孤独感;缺乏竞争意识,回避那些必须领导他人或服从他人领导以及竞争性强的工作等。

自信心来源于积极的自我肯定和自我悦纳,它不是自欺欺人,而是实事求是。自信心包括个人对于周围环境的价值感、成功感和归属感,也是平衡自我心态的突出表现。提高自信心,本质上就是使人通过改变对不利环境的认识来增强自我的良好感觉。

心理学家阿德勒相信心理治疗和儿童教育的目的是给人提出目标定向,这种目标就是追求优越。超越自卑是推动个人追求优越、获取成就的主要推动力。一个人正是感到自卑,才会千方百计地去寻求补偿,否则他就会得心理疾病,甚至失去生活的勇气。因此,羡慕别人、胜过或超过别人、征服别人等都是这种追求优越的人格体现。

不过,追求优越的结果却有两重性。它既可以激励人追求更大的成就,使人的心理得到积极的成长,也会因为追求个人优越而忽视社会和他人的需要,从而产生"自尊情结",使人变得缺乏社会兴趣,妄自尊大。

2. 过分的自我中心与盲目的从众行为

大学生自我意识发展中的第二大问题是:自我意识过强与自我意识太弱所表现出来的过分自我中心与盲目从众行为。

人在生理的自我意识阶段就出现了自我中心。新生儿一切以生理自我为中心,为的是获得生理需要的满足。大学生自我意识发展进入心理自我发展高级阶段,若仍然停留在生理自我中心的水平上,就已经是心理问题。当大学生的自我中心倾向与个人主义、自私自利等不健康思想和过强的自尊心、唯我独尊等心理特征结合时,就会强化自我中心,变成过分注重和强调自己,忽视他人及与他人关系,形成只顾自己不顾别人的自我意识缺陷。

以自我为中心的大学生在追求自我设计、自我完善、自我实现的自我意识发展中，往往只注重个人价值的追求和实现，而忽视其社会意义，走脱离社会自我设计的道路。

与大学生过分的以自我为中心相反的另一种自我意识问题是盲目的从众行为。从众是个体在群体的影响和压力下，放弃自己的意见而采取与大多数人保持一致的自我保护行动，是一种普遍的社会心理和行为现象。比如，学习从众、消费从众、恋爱从众，以及赌博从众、入党从众、择业从众等在大学校园相当普遍。缺乏分析，不独立思考的一概服从多数，随大流，是消极的"盲目从众"。盲目的从众行为反映了部分大学生自我意识弱化，独立性较差，缺乏个体倾向性的世界观、人生观、价值观。具有过强的从众心理的大学生有害怕孤独、缺乏自信等不良心理特征，加之传统的"听话""服从"的教育，会导致在现实生活中丧失自我，缺乏主见，遇到问题束手无策，影响心理健康发展。

3. 行为上低自制力与情绪上迷茫焦虑

自我控制是自我意识的关键环节，是对自己行为、思想和言语的控制，以达到自我期望的目标。良好的自制力意味着既善于激励自己勇敢地去执行采取的决定，又善于抑制那些不符合既定目的的愿望、动机、行为和情绪，需要个体将"知"与"行"有机结合。而心智正处于发展阶段的大学生往往缺乏坚强的意志力，自我控制的能力比较低。很多同学虽然深知"我应该做什么""我应该成为怎样的人""我可以选择如何去做"等自我控制的核心内容，但却无法成功地激励自己果断地付出行动，无法有效地抑制违背理想的行为或情绪。大学生的低自制力主要表现在：无法按照自己制订的学期计划安排规律的作息和自修，往往坚持了一个星期就放弃自我约束和自我监督；无法鞭策自己为阶段目标付出持久的努力，比如，想提高英语听说能力，但做不到每天进行早读和听力训练；无法抵御外界的诱惑，被室友怂恿打网游；无法控制和调适自己的情绪波动，对挫折产生强烈的自卑感等。

随着自我意识的发展，大学生的"自我"理论也进行着确立和整合。在这一过程中，对于自我理论中的一些核心概念，如"什么是我最重要的特质""什么是我未来的目标"等问题，大学生并没有明确的答案，他们尚未发掘出自己最大的优势，也没来得及进行长远而可行的人生或职业规划。在空闲的时间里，他们思考过自己的未来，但往往思而无获。因为大多数大学生心中并没有长期的计划，人生目标也没有完全确定。面对新闻媒体有关职场竞争激烈的大量报道，他们觉得自己即将迎来的职业生涯充满了太多变数和不确定，因为他们并没有看到自己超过他人的特质和优势。这样的思考和顾虑充斥在自我意识发展的过程中，让大学生感到不安、迷茫和焦虑，对未来很没把握，对自己也没有信心。

从以上的分析可以看到，大学生自我意识发展过程中出现的失误、偏差是心理还不成熟的表现，这是由其身心发展状况和成长背景决定的，并不是某个人的缺点，而是所有大学生或多或少都要亲身经历的，是整个年龄阶段的特征，因而是普遍的，正常的，但也是必须调整的。只有认识到这一点，才有可能去面对它，正视它，并争取解决它，以达到自我真正的统一、强大和健康。

活动体验

【心理活动体验二：天生我才】

1. 活动目的

通过自我欣赏和聆听他人的自我欣赏，发现自己与他人的优点，增强自信和对人的信任。

2. 具体操作

（1）请填写以下未完成的语句。

我最欣赏自己的外表是：_____。

我最欣赏自己对朋友的态度是：_____。

我最欣赏自己对求学的态度是：_____。

我最欣赏自己对家人的态度是：_____。

我最欣赏自己做事的态度是：_____。

我最欣赏自己的性格是：_____。

我最欣赏自己的一次成功是：_____。

我最欣赏自己的是：_____。

（2）小组讨论分享

你是否认为每个人都有长处？理由是什么？

当你做了一件事，如帮助一位盲人安全过马路或考试成绩很理想时，你会欣赏自己的行为吗？当你做了一件事，如一次重要的约会你迟到了或考试时你不会回答问题，你会怎样看待自己？会责怪自己吗？为什么？

3. 教师总结

每个人都有长处，都有值得自己或别人欣赏的地方。对于优点应该欣赏，珍惜，继续发扬，对于缺点应该了解并加以改善。这个团体活动的目的是希望同学们在认识自我、悦纳自我、与人沟通和交往方面有显著改善，同时更乐于关怀他人，更有责任感。

活动评价

评价内容		评价标准	是/否
活动完成情况	活动二	能找到自己身上的优点和长处，欣赏自己	
		能够正确评价自我，悦纳自我，更加自信	

任务 2.3 培养健全的自我意识

情境导入

班级里很多同学都讨厌阿明。他几乎没有什么朋友,和同学也很少来往。为什么大家都讨厌他呢?这跟阿明的为人有很大关系。在阿明眼里,大家的思想都特不成熟,行为举止幼稚,他很瞧不起身边的同学。有次上完某位老师的课,室友回来纷纷抱怨该老师照本宣科,讲课枯燥乏味。阿明打断大家说:"学习靠自己,你们这样是给自己的懒惰找借口。"当时寝室的空气都凝固了。

有一次去食堂打饭,阿明看见炒的蔬菜色泽不好,就大声嚷嚷:"这菜喂猪还差不多。"同班两位女生刚打好这个菜,听到他的话,一点食欲都没有了。还有一次,全班同学要去郊游,班委提前和大家商量方案,同学们都想去风景区,可阿明认为那个风景区没有风景,非要将活动安排在另一个地方,结果讨论不欢而散。最后郊游还是去了风景区,但大家都没有通知阿明。

同学们渐渐疏远阿明,阿明自己却很纳闷:自己做错什么了,让人这么讨厌?

一位哲人曾经说过:一个自我意识尚未觉醒的人,不是一个完整意义上的人;一个自我意识不成熟的人,不是一个真正健全的人。那么,进入大学如何才能从"觉醒"到"成熟",不断提升自我意识,做到"更好的自己"?我们可以通过自我认识、自我体验和自我控制三个方面的自我教育来形成良好的"自我"。

知识准备

一、"人贵有自知之明"——正确的自我认识

"人贵有自知之明",全面而正确的自我认识是培养健全的自我意识的基础。印度智者吉杜·克里希那穆提说:"你可能很聪明,可能博览群书,并且很会引用他人的说辞,但如果你不认识自己,你永远不可能超越肤浅的层次。"印度谚语还说:"认识你自己,就能认识整个世界。"正确认识自己的途径通常有以下几种:

第一种:比较法。比较法是指通过与他人比较而认识自我。他人是自己的镜子,与他人交往是个人获得自我观念的主要来源。在与他人比较中认识自己的优势和不足,从而能够吸取他人所长以补自己所短,缩短主观自我与客观自我的差距。比较法虽然是认识自己的重要方法,但是应该注意确立一个合理的参照体系,明确一个合理的立足点。如果比较参照系不恰当,可能还会产生消极的结果。比如,来自农村的大学生,如果认为自己条件不如别人,一开始就置自己于次等地位,自然影响心态和情绪,应在大学毕业

后看行动后的成绩才有意义。还有的大学生和人比较时关注的是身材、家世等不能改变的条件，这其实是没有实际意义的。

第二种：内省法。"吾日三省吾身"。内省法是通过反省分析来了解自己的方法。反省的"镜子"有三面：一是自己眼中的我。个人实际观察到的客观的我，包括身体、容貌、职业、性格、能力等。二是别人眼中的我。1902年，心理学家库利提出了"镜中我"的概念（即通过他人对自己的评价来了解自我。）"镜中我"是一个隐喻，说的是社会好似一面镜子，人们可以从这面镜子中看到自己。在这面镜子面前，我们尽可能地以别人的眼光来审视自己行为的合体性与合理性。三是自己心中的我。对自己的期许，即理想的我。

第三种：实践检验法。社会实践是人的自我意识产生和发展的重要条件，通过活动的效果来了解自己。一是通过自己的成功经验了解自己。通过自己所取得的成果、成就，从做事的经验中了解自己，也是一种学习。二是通过自己的失败经历认识自我。对聪明又善用智慧的人来说，成功或失败的经验都可以促使他再成功。因为他们了解自己，有坚强的人格特征，善于学习，因而可以避免重蹈失败的覆辙。三是在自己的成败经验中获得的自我意识。不经一事，不长一智。成败得失，其经验的价值也因人而异。因此，如果一个人能够从自己的成败经验中获得自我意识，并对所获得的自我意识细加分析和甄别，那么，他才有成功的希望。

在正确认识自我的基础上，大学生还应学会客观评价自己：运用辩证唯物论的思维方式，坚持一分为二地看待自己；善于发现自己的优点和潜力，正视自己的缺点和不足；多多听取师长和朋辈的评价意见等。

二、"天生我材必有用"——积极的自我悦纳

提升自我意识的第二个方面是提升自我体验的水准，重点在于做到积极悦纳真实的自我。积极悦纳自我是无条件地接受自己的一切，包括自己满意的、不满意的，优势和劣势等方面，笃信"天生我材必有用"。具体包括三方面：第一，接受自己的全部，无论是优点还是缺点，无论成功还是失败；第二，无条件地接受自己，接受自己的程度不以自己是否做错事而有所改变；第三，喜欢自己，欣赏自己，体会自我的独特性，在此基础上体验价值感、幸福感、愉快感与满足感。最终达到相信自己存在的价值，认可自己的能力，并在行为上表现出一种与环境和他人积极互动的心理定式。

积极悦纳自我的实现途径：

一是要正确剖析自我，增强自信。要学会做自己的朋友，以诚实的态度列出自己的优点和缺点，理智与客观地对待自己的长处与不足，冷静地看待得与失。承认自己的不完美，不加任何条件地接受自己的全部缺点和优点，既努力扬长，又注意补短，相信自己是有价值的人。

二是要确立能力为本的奋斗目标。能力提高了才有自信的本钱，才能真正自强起来。当前人才的需求标准已由"学历本位"让位于"能力

本位"。因此大学生在设计自我发展的方向时,首先要考虑的是自己如何才能被社会承认和接受,求得生存和发展。为此大学生在校期间一方面要努力学习文化知识,同时更要尽可能地参加各种活动,培养自己的能力,这样自信才不会是空中楼阁。

三是要进行内省或归因训练,增强自信。一般来说,把成功归因于能力和努力等可控的因素可以增强自信,信心来源于实力。把失败归因于自我努力不够,以后积极努力便可避免失败,增强自信,最终才可能取得成功,进而积极悦纳自我。

每个人身上都有着无数的闪光点,重点在于寻找你自己的闪光点并将其构成亮丽的人生风景线。

三、"做更好的自己"——有效的自我控制

自我控制是主动定向改造自我的过程,也是个体对待自我态度的具体化过程。健全自我意识和完善自我的根本途径是进行有效自我控制。如何达到有效自我控制,元认知监控不失为一种科学的管理策略。

元认知监控是主体在进行认知活动的全过程中,将自己正在进行的认知活动作为意识对象,不断地对其进行积极、自觉地监视、控制和调节。在准确了解自我意识的过程中,元认知监控主要有以下几方面的作用:一是在元认知知识和元认知体验的基础上制订计划,有目的、有步骤地提高自我意识的认知能力和水平;二是实行控制,及时评价、反馈认知活动的各种情况,发现认知活动中的不足,及时修正、调整认知策略;三是检查结果;四是采取补救措施。

元认知监控概括起来,包括以下三个方面:

(1)计划 即根据认知活动的特定目标,在一项认知活动之前计划各种活动,预计结果,选择策略,想象出各种解决问题的方法,并预估其有效性。

(2)监视 即在认知活动进行的实际过程中,根据认知目标及时评价、反馈认知活动的结果与不足,正确估计自己达到认知目标的程度、水平;根据有效性标准评价各种认知行动、策略的效果。

(3)调节 即对认知活动结果进行检查,如发现问题,采取相应的补救措施。根据对认知策略的效果检查,及时修正、调整认知策略。一般来说,元认知监控与认知目标、认知课题和情境等因素密切相连。

处于青年时期的大学生,自我的发展与社会的发展往往存在很多矛盾。在改变不了周围环境的情况下,只能理智地选择对自我的调整。因此,根据大学生自我意识发展的特点,设计、输入正确的元认知知识,使其头脑中获得一套相对发达的元认知系统;通过培养大学生元认知的调控能力,对其生理素质、心理素质、社会文化素质及其相互关系进行调控,实现人与环境的良性互动,使其自我意识获得良好的发展,最终形成和谐积极的完美人格。

人本主义心理学认为,人具有一种本能,这种本能总是促使人朝向自我完善和自我实现的方向发展。因此,充分实现自己的人生价值,"做

微课 2-5

一个更好的我"，不断超越自我，应成为大学生身心健康发展的座右铭。

活动体验

【心理活动体验三：案例分析"成长的烦恼——'内心的阴影'"】

1. 活动目的

了解心理健康的重要性，增进心理健康意识，自觉维护心理健康。

2. 具体操作

（1）案例：赵某，男，22岁，某高职学校三年级学生。赵某来自农村，家境不佳，所以他很自卑。赵某希望通过自己的努力改变这一切。他为人真诚、善良，学习勤奋刻苦，同学们都喜欢他，但他始终摆脱不了生活困难的压力和自卑。尤其是大三阶段，同学们谈到找工作的消息时，他就更加为自己的经济状况担忧。他不愿出现在公共场合，故意回避一些活动，看见别人闲聊时就会怀疑是在议论自己。渐渐地，他脱离了同学……这使他更加烦恼和孤独。

（2）引导学生小组讨论：赵某遇到了哪方面的成长的烦恼？应怎样看待这些烦恼？如果是你，你会怎样做？

（3）小组内交流自己的想法，大组分享。

3. 教师总结

过重的自卑使赵某难以接受自己，明明别人都在夸奖自己，却偏偏不承认、不认同，虽然他也想努力改变现状，但始终走不出自卑的阴影。建议：赵某应改变自己的认知方式，一个人外在的优越条件可能是吸引人的，但这绝不是社会认可的核心标准，真正有能力、有创造性的人才是社会公认的佼佼者。

活动评价

评价内容		评价标准	是/否
活动完成情况	活动三	能积极参与案例分析、讨论	
		能识别赵某同学成长的问题并表达改进的建议	
		能自我悦纳、自我调控，培养良好的自我意识	

◆ 自主测试

一、多选题。

1. 自我意识包含的内容有（　　）。

　　A. 生理自我　　　　　　　　B. 心理自我

　　C. 社会自我　　　　　　　　D. 以上都不是

2. 自我意识的结构包括以下哪些（　　）。
   A. 自我认知　　　　　　　B. 自我评价
   C. 自我体验　　　　　　　D. 自我控制
3. 积极悦纳自我包括（　　）。
   A. 无条件接受自己的一切　　B. 接纳自己的优点、缺点
   C. 放纵自己不受约束　　　　D. 坦承自己的不足
4. 大学生自我意识提升的方法有（　　）。
   A. 正确认识自我　　　　　B. 积极悦纳自我
   C. 合理调控自我　　　　　D. 不断超越自我

二、请从下列缺点中找出各自的优点，并填写在横线上。

例：做事拖拉——做事谨慎

不会讲话——_____

没心没肺——_____

做事急躁——_____

成绩差——_____

◆ 复盘

模块 2　做更好的自己——大学生自我意识培养　复盘表			
任务类别：□ 个人任务　　□ 小组任务			
个人姓名		班级	
小组成员		班级	
复盘：总结本模块任务完成情况，掌握了哪些知识和技能，锻炼了哪些能力，活动体验中获得哪些感悟。			

◆ 课后巩固

1. 课后拓展

（1）假如让你写下 20 个 "我是……"，你会写下什么？可以尝试写一下，随便写什么都行。

（2）将内容做以下归类：生理自我、社会自我、心理自我，并在最后面加上正号（＋）或负号（－），（＋）"表达了你对自己肯定满意的态度"，（－）"表达了你对自己不满意、否定的态度"。

（3）看看你的正号与负号的数量各是多少。如果负号很多，你是否过低地评价了自

己?是什么原因使你成为这样的?有没有改善的可能?

我是……	属于哪种自我	+\-
1		
2		
3		
4		
5		
6		
7		
8		
9		
10		
11		
12		
13		
14		
15		
16		
17		
18		
19		
20		

2. 课后作业

联系自己实际,谈谈当前自我意识存在哪些问题,如何解决?

模块 3

培养良好的个性——大学生人格塑造

学习目标

1. 能熟知人格内涵、人格特点和人格偏差的相关知识。
2. 能分析自己的人格优缺点并优化,掌握大学生人格塑造的途径和方法。
3. 能在日常学习和生活中有意识地优化自身人格,塑造健全人格。

任务 3.1　认识人格及大学生的人格特点

情境导入

阅读半杯水故事,然后进行讨论。

杯里盛有半杯水,甲看见后说:"还有半杯水,真好!"

乙看到后说:"只剩半杯水了,真糟!"

丙看到后说:"半杯有水,半杯没水,问题何在?"

丁看到后说:"我不想喝水,我要汉堡包!"

讨论:

- 面对同样半杯水,为什么四个人的反应不同?
- 面对同样的事件,为什么人们的情感或行为反应差异如此之大?
- 我们的行为由什么因素决定?
- 什么使你与别人不同?

我们经常听到这样一句话："态度决定一切，性格决定命运，细节决定成败。"其中"态度"是性格的核心，"细节"是性格的行为方式。由此可见，性格对人的发展具有极端重要性。其实大学生的诸多心理问题是由性格，即人格方面的原因产生的，而其中又与大学生对待人生、对待社会的态度紧密相关。了解人格形成的基础、人格偏差的类型、培养健全人格，对大学生的发展有着非同寻常的意义。

知识准备

一、人格及大学生的人格特点

当你进入大学，开始大学生活，有时静下心来回想起高中最要好的朋友时，脑海里立刻浮现出这个好友的音容笑貌，他的脾气和性格特点以及某些独特的行为表现。这个朋友给你的整体印象就叫作"人格"。通俗地讲，所谓"人格"就是一个人的外貌、气质（脾气）和性格给他人的整体印象。当然，还有些未表现在外的思想和心理隐秘的东西。

1. 人格的含义

"人格"这个词，在我们日常生活中用得很广，常常听说某人的人格高尚，某人的人格卑劣。这种人格的定义是从道德的观点出发给予人的一种评价，只能代表心理学中人格的一部分含义。此外，法学中的"人格"一词，亦有其特指的含义。

"人格"一词来源于拉丁文 persona，原意为戏剧演员所戴的"面具"，用以表现剧中人物的角色和身份。把"面具"指义为人格，实际上说明人既有表现于外的特点，也有些外部未表现的东西。在有些著述中，人格又称为"个性"，但实际上二者是有区别的，"人格"包含了个体中所具有的共性和个性的方面，"个性"则主要指人格中个体突出的特征或个别性明显的方面。

通俗地说，人格就是个体所具有的气质、稳定的态度和行为模式的统一体。其中有与群体相一致的部分，也有个体特有的部分。人格是共同性与差别性的统一，即个体人格与社会人格（个体人格的社会性因素）的统一。如果说某人"个性很强"，就是指个体特有的那部分人格特点很突出或是很特别。

微课 3-1

总之，心理学中的人格，是指一个人的气质特征、稳定的态度和行为模式等心理特征的总和。这个"总和"不一定是均等地表现出来，可能某一方面的表现很突出，就成为个体的"个性特征"。作为一名大学生，了解和把握人格的特性是非常重要的。

2. 人格的特性

（1）独特性　个体人格是在遗传、环境、教育及个体经历等因素的交互作用下形成的。人与人没有完全一样的人格特点。所谓"人心不同，各有其面"，这就是人格的独特性。但是，人格的独特性并不意味着人与人之间的个性毫无相同之处。在人格形成与发展中，也

有社会因素的作用，包括人与人之间在心理、行为上相同的方面，如每个民族、阶层和集团的人都有其共同的心理特点。从这个方面而言，它是个体人格与社会人格的统一体。

（2）**稳定性** 个体偶然表现出来的心理倾向和心理特征并不能表现他的人格。俗话说，"江山易改，禀性难移"，这里的"禀性"就是指人格。当然，随着生理成熟和环境变化，人格也有可能产生或多或少的变化，这是人格可塑性的一面，正因为人格具有可塑性，才能培养和发展人格。人格是稳定性与可塑性的统一。

（3）**统合性** 人格是由多种成分构成的一个有机整体，具有内在统一的一致性，它受自我意识的调控。人格统合性是心理健康的最重要指标。当一个人的人格结构在各方面彼此和谐统一时，他的人格就是健全的。否则，可能会出现适应困难，形成人格偏差甚至人格障碍。

（4）**功能性** 人格决定一个人的生活方式，甚至决定一个人的命运，因而是人生成败的根源之一。当面对挫折与失败时，坚强者能发愤拼搏，懦弱者会一蹶不振，这就是人格功能的表现。

据此，我们可以认为人格是个体在适应环境的过程中所表现出来的系统的独特的反应方式，它由个人在其遗传、环境、经历、成熟和学习等因素交互作用下形成，并具有很大的稳定性。

二、气质、性格与行为模式

"气质"指人的心理活动的动力特征。气质是遗传的，是神经系统的生理功能。它主要表现在心理过程的强度、速度、稳定性、灵活性及指向性等方面。个体情绪体验的强弱、意志力的强弱、感知或思维的快慢、注意力集中时间的长短及转移的难易，以及心理活动是倾向于外部事物还是倾向于自身内部等，都是气质的表现。

"性格"是人对现实的态度和行为方式中比较稳定的心理特征，是后天形成的。诸如诚实或虚伪，勤劳或懒惰，自豪或自卑，勇敢或怯懦，果断或优柔寡断等都属于性格特征。每一个人都有这样或那样的性格特征，有些是和他人相似的，有些是个人独有的，有些是积极的，有些是消极的。一个人的个性特征交织在一起就构成了他的性格。

"行为模式"是个体行为活动发生、进行和完成的某种固有方式。稳定的行为模式叫作习惯，性格往往通过行为模式来表现。人的外貌也是行为模式的一部分，长相和穿着打扮，成为个体人格最表面的成分。在当代社会，人们越来越注重自己的外貌。手术整容、讲究穿着打扮几乎成为时尚，各种各样的"潮人"可以说是层出不穷，但如果只追求人的外在表现而忽视人格的内在修炼，则难免会舍本逐末了。

1. 气质是性格的基础

气质与性格是紧密相连的。气质是性格的基础，是遗传的，是很稳定且难以改变的。性格是后天形成的，是稳定的，但相对气质而言则容易改变一些，但改变的难度仍然较大。

在现实生活中我们常会看到，有的人生来好动，有的人生来好静；有的人脾气温和，有的人性情暴躁；有的人动作麻利，有的人行动缓慢，这都是心理学所称的气质区别。

（1）气质的特点　现代心理学把气质定义为：气质是表现在人们心理活动和行为方面的典型的、稳定的动力特征。有以下几个特点：

第一，气质是个体心理活动和行为的外部动力特点，主要表现在心理活动的速度、强度、稳定性、指向性方面的特征。

第二，气质作为人的心理活动的动力特征，它与人的心理活动的内容、动机无关，即气质特点一般不受个人活动的目的、动机和内容的影响，具有较强的稳定性。

第三，气质受先天生物学因素影响较大，即先天因素占主要地位。气质较多地受神经系统类型的影响。

第四，气质具有相对的可塑性。气质虽然具有先天性，但并不意味着它完全不发生变化。在生活环境和教育条件的影响下，在性格的掩盖下，气质可以得到某种程度的改造。

（2）气质的分类　人的气质是有明显差异的，这些差异属于气质类型的差异。对气质类型的划分，有不同的见解，因而形成不同的气质理论。最早对气质加以分类并被后人广泛应用的是希波克拉底对气质的分类。古希腊医生希波克拉底最早提出气质概念并把人的气质分为四类：胆汁质、粘液质、抑郁质、多血质，这四种基本气质类型在情绪和行为方式以及心理活动方面有不同的典型表现。

胆汁质。这类人反应速度快，情感和行为产生得迅速、强烈，有很明显的外部表现。性情开朗、热情、坦率，但脾气暴躁，好争论。情感易于冲动但不持久。精力旺盛，经常以极大的热情从事工作，但时常缺乏耐心。思维具有一定的灵活性，但对问题的理解具有粗枝大叶、不求甚解的倾向。意志坚强、果断勇敢，注意力稳定而集中，但难于转移。行动利落敏捷，说话速度快且声音洪亮。

粘液质。这类人反应性低，情感和行为迟缓、稳定，缺乏灵活性。情绪不易发生也不易外露，很少产生激情，遇到不愉快的事也不动声色。注意力稳定持久，但难于转移。思维灵活性较差，但比较细致，喜欢沉思。在意志力方面具有耐性，对自己的行为有较大的自制力。态度持重，好沉默寡言，办事谨慎细致，不鲁莽，但行为和情绪都表现出内倾性。

抑郁质。这类人有高感受性，情感和行为都相当缓慢柔弱，容易产生情感，体验深刻，隐晦而不外露，易多愁善感。富于想象，聪明且观察力敏锐，善于观察他人观察不到的细微事物，敏感性高，思维深刻。在意志方面常表现为胆小怕事、优柔寡断，受到挫折后常心神不安，但对力所能及的工作表现出坚忍的精神。具有明显的内倾性特点。

多血质。这类人行动具有高反应性，情感和行为发生、变化快，但较为温和，易于产生情感，但体验不深，善于结交朋友，容易适应新的环境。语言表达力和感染力较强，表现活泼，表情生动，有明显的外倾性特点。机智灵敏，思维灵活，但常表现出对问题不求甚解。注意力与兴趣易于转移，不稳定。在意志力方面缺乏忍耐性，毅力不强。

其他对气质的分类还有德国精神病学家克雷奇默提出的"体型说"、美国生理学柏尔曼提出的"激素说"、日本学者古川竹二等人提出的"血型说"、美国心理学家巴斯提出的"活动特性说"及俄国生理学家巴甫洛夫提出的"高级神经活动类型说"等，对此有

兴趣的同学可以自己查阅了解。

（3）**气质对人的影响** 气质对人的影响在个体心理发展早期阶段表现明显，虽然随年龄增长而略有变化，但基本上是稳定的。气质贯穿在心理活动和行为方式中，对人的各种活动都有一定的影响。

气质对人的发展影响有以下几个方面：

第一，**气质本身没有好坏之分**。它表现了人的神经系统的某种特性，只表明一个人心理活动的动力特征，不涉及心理活动的方向和内容。每种气质类型都有积极的和消极的方面。个体在任何一种气质的基础上，既可以发展良好的性格特征和优异的才能，也可能发展不良的性格特征和限制才能的发展。

第二，**气质不决定个体活动的社会价值和成就的高低**。气质虽然对性格与能力等有一定的影响作用，但不能决定人的社会价值与成就的高低。事实上，在社会活动家、科学家、作家等卓越的人物中，都可见各种气质类型的典型代表。任何一种气质类型的人都有可能发挥自己的才能，对社会做出贡献。

第三，**气质影响人的活动方式与效率**。在各种实践领域中，气质虽不起决定作用，但它对人的工作方式有影响，并在一定程度上影响人的工作效率，因此在职业的选择上，考虑气质因素是十分重要的。

气质特征为一个人从事某种工作或职业提供了可能性和有利条件。气质与职业活动的关系表现在两个方面：一方面要使自己的气质特征适应工作的客观要求；另一方面组织在选择人才和安排工作时，要考虑个人的气质特点。

（4）**性格与气质的区别** 主要表现在以下三个方面：

第一，从起源上看，气质是先天的，一般对个体发展的早期阶段有直接影响，主要表现为神经类型的自然表现。性格是后天的，是人在实践活动中与社会环境相互作用的产物，反映了人的社会性。

第二，从可塑性来看，气质的变化较慢，可塑性小。性格的可塑性较大，环境对性格的塑造作用是明显的，性格的改变相对较易。

第三，气质是人行为的动力特征，与行为内容无关，因而气质无好坏善恶之分。性格主要是人行为的内容，表现为个体与社会环境的关系，因而性格有好坏善恶之分。

（5）**性格与气质相互影响** 主要表现为：

气质对性格的影响。气质赋予每个个体的活动以一定的外貌，例如同样是"骄傲"的性格特点，胆汁质的人可能直接说大话，甚至口出狂言，让人一听就知道他骄傲；而多血质的人很可能先把别人表扬一通，最后表达的观点会略比别人高明一点，骄傲得很婉转；粘液质的人骄傲起来则可能不露声色。

性格对气质的影响。性格在一定条件下可以改造某些气质特征。譬如，胆汁质和多血质的人适于当外科医生，但前者易轻率，后者缺耐心。如果经过专业的学习与训练，他们都能成为合格的外科医生。在实际工作中，这两种不同气质特征都可能经过意志努力而改变。所以，在气质基础上形成什么样的性格特征，在很大程度上取决于性格当中的意志作用。

2. 性格是人稳定的态度和行为模式

性格是人对现实的态度和行为方式中比较稳定的心理特征的总和。性格是个体在社会实践活动中所形成的对人、对事、对自己的态度以及与之相适应的习惯化了的行为方式。性格一词从来就有道德评价的意义。因为，一个人的为人，他做什么和怎么做，必然要直接或间接地影响到他人，所以也必然会得到一定的道德评价。

性格表现为个体对现实的态度和在一定场合下采取的行动，也是最能表现个性差异的心理特征。所以说，性格是人格或个性中具有核心意义的部分。

（1）**性格的特征**　性格具有非常复杂的结构，它包含许多特征，这些特征大体可以概括为四个方面：

第一，**性格的态度特征**。包括对他人、集体和社会，对劳动和工作以及对自己的态度的特征，如忠实、坦率、勤劳、谦逊、自私、狡诈、自信、自满、自豪或自卑等。

第二，**性格的意志特征**。包括对行为目标明确程度、对行为自觉控制水平的特征，以及在紧急或困难的情况下表现出来的意志特征等，如目的性、纪律性、主动性以及镇定、果断、勇敢等。

第三，**性格的情绪特征**。包括情绪对人的行为活动的感染程度和支配程度，以及情绪受意志控制的程度，如有的人热情，有的人冷漠等；也包括情绪的稳定性、持久性方面的性格特征，如情绪的稳定或起伏波动等；还包括主导心境方面的性格特征，如有的人经常精神饱满、欢乐愉快，是乐观主义者，有的人抑郁消沉，多愁善感，是悲观主义者等。

第四，**性格的理智特征**。包括表现在感知方面的特征，如倾向于采取用整体或分析的观察方式，感知的速度和精确性等；表现在思维方面的性格特征，如思维的敏捷性、独创性、深刻性和逻辑性等。

尽管人们的性格各不相同，但许多心理学家在长期研究的基础上力图给性格加以分类。瑞士心理学家荣格根据人活力倾向于自身或外部环境的特点，把性格分成两大类：外倾和内倾。具体可分为八种类型，即外倾思维型、内倾思维型、外倾情感型、内倾情感型、外倾感觉型、内倾感觉型、外倾直觉型、内倾直觉型等。

人的性格是后天形成的。个体在自己性格的形成过程中不是消极被动的，随着年龄的增长，逐渐扩大了与社会的交往，在社会的影响下，青年人会对不同的性格有所评价，并从模仿逐渐过渡到某种程度的追求。为了适应日益广泛的社会生活，大学生需要而且确实也能更深刻地对自己的性格有所认识，并主动改变自己的某些性格特征。培养优良的性格是教育的一个重要组成部分，具有重大的社会意义。

（2）**性格与行为模式的关系**　一般来说，性格与行为模式是相对应的关系，即怎样的性格就表现为怎样的行为模式，但在人的社会生活中却不一定都是这样的。如果个体生活的环境与他的性格相冲突，有的人很可能选择表现为环境要求的行为模式，从而把自己的性格掩盖起来或因此而改变自己的性格，如有些肩负特殊使命或特殊目的的人。如果个体的行为模式与环境要求差距过大，就会产生适应不良的问题。在这种情况下，是改变自己，还是改变环境，是个体不得不面临的痛苦的选择，因为习惯的力量是十分强大的。而这正是许多人经常感到十分纠结的问题，尤其是社会经验不足的大学生群体。

3. 性格与人的发展

性格主要受后天环境的影响而形成与发展，带有价值观的成分。性格一旦形成，就具有相对的稳定性，并在很大程度上影响着一个人的命运。正是由于性格对命运的重要影响，所以要改善自己的生存状态，成功地规划好自己的人生，不仅仅要提高自己的实力，如学历、专业能力，更重要的是完善自己的性格。因为要改变现状，就得改变自己；要改变自己，先得改变我们看待外界的观念。观念是态度与行为的根本，观念决定行为，行为形成习惯，而习惯左右着我们的成败。成功其实是习惯使然。人本主义心理学家马斯洛说：你的心若改变，态度就会改变，态度改变则习惯改变，习惯改变则性格改变，性格改变则人生改变。

每个人都形成了各自的行为模式或者说习惯，习惯从本质上反映了一个人的内涵和素质，而成功者恰恰就是在人生的历程中，不断反思自己，不断摒弃个人习惯中的一个个坏毛病，不断总结提高自身水平，才能一步一步走向成功。

美国心理学家特尔曼从1921年开始对1528名智力超常儿童进行了几十年的追踪研究，其研究结果表明：性格与成就的关系大于智力与成就的关系。特尔曼对在800个男性中成就最大的20%与成就最小的20%进行了比较研究，发现这两组人在智力方面没有什么差异，而最显著的差异在于他们的性格。成就最大的这组人的性格特征是：有理想、谨慎、有进取心、自信和不屈不挠，在最后完成任务的坚持性等方面，都明显高于成就最小的那一组人。

有专家分析国内100名优秀企业家发现，无论是创业型企业家，还是守业型企业家，在性格上，都倾向于坚强、果断、坚毅、开朗，而懦弱、犹豫、封闭的性格较少。坚强的性格能使企业家经受住挫折和打击；果断的性格增强了企业家决策的胆略和魄力；坚毅的性格保证了企业家实现既定目标的坚韧性；开朗的性格扩展了企业家的感染力。因此，坚强、果断、坚毅、开朗是企业家的性格，只有具备了这些性格的人，才有可能成为真正的企业家。

行为科学研究得出结论：习惯构成性格。一个人一天的行为中大约只有5%是属于非习惯性的，而95%的行为都是习惯性的。即便是创新，最终也可以演变成习惯性的创新。由此，足见习惯的力量。一切的想法、做法，最终都必须归结为一种习惯，这样才会对人的成功产生持续的力量。另一个研究结论是：对于一般行为来说，21天以上的重复会形成习惯，90天的重复会形成稳定的习惯。即同一个动作，重复21天就会形成习惯性动作。同理，同一个想法，重复21天，或重复验证21次，就会变成习惯性的想法。所以，一个观念如果被验证了21次以上，它十有八九已经变成了你的信念。

三、个体人格与社会人格

个体人格与社会人格这二者在个体身上是不能分割的，是个体在人格结构中的两个侧面。具体说，社会人格就是个体人格中所具有的社会性，是与大多数人相似的为他人所认可和接纳的人格特质；而个体人格是个体所表现的独特的人格特质，或称之为"这个人"的"个性特征"。一言以蔽之，个体人格与社会人格就是一个人的人格"个性"与"共性"（社会性）的两个侧面。

心理学家卡特尔提出人格可以分"个别特质"和"共同特质"，即人格特质具有个体性和社会性。哲学家、心理学家弗洛姆对人格的社会性有经典的表述："团体的每一个分子都共有的一些人格结构为'社会人格'。个人人格是指个人所具有的全部特征。而社会人格则仅包括一部分特征，这些特征是一个团体中多数分子的人格结构之基本核心。在指定的社会秩序中，如何诱导人类的精力，使其成为一种有生产性的力量。那么我们便得研究社会人格了。"由此可见，社会人格对个体和社会的双重发展是多么重要，大学生的人格培养要同时注重人格两方面的协调发展。

1. 个体人格与心理健康

（1）健全人格的特点　　国内外的研究表明，健全人格是各种人格特征的完美结合，表现为以下几方面的特点：

1）内部心理和谐发展。人格健全者的需要和动机、兴趣和爱好、智慧和才能、人生观和价值观、理想和信念、性格和气质都向健康的方向发展。他们的内心协调一致，言行统一，能正确认识和评价自己的所作所为是否符合客观需求，是否符合社会道德准则，能否及时调整个体与外部世界的关系。如果一个人失去他的人格内在统一性，就会出现认知扭曲、情绪失控、行为变态等问题。

2）能够正确处理人际关系，发展友谊。这样的人在人际交往中显示出自尊和他尊、理解和信任、同情等优良品质。那些嫉妒心很强的人，很难想象他们能在互惠的基础上与人合作；傲慢自大的人也绝不会虚心地倾听别人的意见。人格健全者在日常交往中既不随波逐流，也不孤芳自赏，能够使自己的行为与朋友、同事、同学协调一致。

3）能把自己的智慧和能力有效地运用到能获得成功的工作和事业上去。他们在学习、工作中被强烈的创造动机和热情所推动，并且与他们的能力有效地结合起来，从而使他们勇于创造，善于创造，经常有所发现，有所发明，有所建树。成功又为他们带来满足和喜悦，并形成新的动机和兴趣，使他们能够得到良性发展。

（2）"五因素人格"　　人格健全或心理健康的标准众多，影响最为广泛的有奥尔伯特的"成熟者"模型、马斯洛的"自我实现者"模型和"五因素人格"模型。这里简单介绍"五因素人格"模型，各维度的描述性特质归纳如下：

1）外倾性：正面表现为健谈，好表现，面部表情丰富，并喜欢做出各种姿势；果断，好交友，活泼，富有幽默感；容易激动，好刺激，趋向于好动，乐观。负面表现为沉默寡言，呆滞。

2）宜人性：正面表现为善于为别人着想，似乎总是在与别人互动；富于同情心，直率，体贴人。负面表现为充满敌对情绪，不友好，给人不信任感，缺乏同情心。

3）责任感：正面表现为行为规范，可靠，有能力，有责任心；似乎总是能把事情做好，处处让人感到满意。负面表现为行为不规范，粗心，做事效率低，不可靠。

4）情绪性：正面表现为情绪理性化，冷静，脾气温和，有满足感，与人相处愉快。负面表现为自我防卫，担忧，情绪容易波动，易产生负面情绪及非理性的想法，难以控制冲动，在压力状况下抗压效果比他人差。

5）开放性：正面表现为对新鲜事物感兴趣，尤其是对知识、各种艺术形式和非传统观念的赞赏；勤于思考，善于想象，知识丰富，富于创造性。负面表现为自我封闭，循规蹈矩，喜欢固定的生活和工作方式，不善于创造性思考。

2. 社会人格与人的发展

个体人格特质中要有机地融入社会人格的要素，要有明确的社会人格意识，大学生需要注意以下几点：

1）在大学生个体人格的培育过程中，有一种普遍的现象，即大多数人只是从自我人格出发，而忽视了与社会人格要求的有机联系。这种"闭门思过"或"闭门造车"式的"人格修养"的结果是不适应社会发展对个体人格的要求的。人格是个体的人与社会互动的产物，是人在社会生活实践过程中对自我人格心理的反思结果。个体人格必须与社会人格常模经常对照，根据社会要求对自己的人格缺陷或人格偏差不断加以改进和矫正，才具有真正意义上的健全人格。不然，自认为自己的人格是正常的，走入社会后，就会发现矛盾重重。许多大学生的人格心理矛盾就是这种主观与客观的差距造成的。在心理健康教育过程中，必须自始至终强调社会人格的观念，经常分析社会人格常模，然后将个体人格与其进行比较分析。

2）社会人格是发展变化的。在20世纪下半叶尤其是改革开放以来，我国社会人格发生了巨大变化，我们在把个体人格与社会人格进行联系比较的过程中，也必须"与时俱进"，才能紧扣社会人格的主脉络。

3）社会是复杂的，社会人格也是复杂的。社会进步了，但历史上不良社会人格残余仍会积淀于现实社会之中。大学生由于社会实际经验还很有限，如果不加以仔细甄别，那么在个体人格与社会人格的"接轨"过程中，其效果可能会与理想人格相反。这是要引起大学生高度注意的。

四、当代大学生的人格特点

大学生处于人格的"再造期"或"夹生饭"阶段，是人格发展的一个非常重要的时期，虽然大学生中人格障碍者所占比例极小，但是，作为一个正在成长中的特殊青年群体，大学生在人格上还是有一些明显的偏差的。了解这一时期大学生的人格特征，是非常必要的。

1. 当代大学生的人格优势特征

大学生的人格优势特征是相对而言的，即其中有着矛盾的方面，对这些人格特征，教育者应该是引导而不是压制甚至扭曲，这是高校的教育工作者需要特别注意的问题。

（1）乐于表现自我，自我意识很强　大多数当代大学生是独生子女，成长过程中的心理定式使他们有着以自为中心，乐于表现自己、证明自己，愿意展示自己的才华和才能，甚至有些"自私"行为模式。由于这种心理定式，他们习惯于把自己当成"中心"，而较少考虑到环境和他人对自己的要求。

（2）**思想开放独立，人格高扬且"叛逆"** 当代大学生有着强烈的独立意识，新时代的他们眼界开阔，敢问、敢说、敢闯。社会经济和资讯的高速发展使得他们发育得更早，显得更早熟，知道得更多，对事物都有独立的看法和想法。他们觉得自己已经具备了独立自主的能力和初步的社会处事能力，不希望父母、老师来为自己包办一切。同前辈们相比，他们有着自我人格高扬的特点，同时也明显表现出新时代大学生"叛逆"的人格特征。

（3）**追求自我设计，注重心理发展** 社会改革需要当代大学生自我设计发展方向和前途，这使得他们把追求自我成就放在了非常重要的位置，他们需要认真考虑自己有关个体发展的各个方面，能够深入全面地了解自我的长处与不足。因此，他们关注自己的心理发展和人格健全，主动积极地要求专业人员的心理辅导，努力发掘自己的心理潜能，以便能使自我得到最佳发展。这已成为各类高校非常普遍的现象，也使得心理学近些年来在高校普遍地兴盛起来，心理辅导开展得如火如荼，但仍然远远不能满足大学生的需求。

2. 当代大学生的人格缺陷与不足

由于当代大学生的人格优势特征本身表现出的双面性，他们的人格也存在着某些方面的缺陷与不足。

（1）**人格独立性较差** 我国的大学生，不管生活在城市或农村，大多数人从小学直到大学毕业，经济上大多都依赖家庭，且由于客观上需要长期适应"应试教育"的生活模式，所以虽然他们表面上表现得人格高扬，但实际上他们的人格独立性仍然是较差的。近年来伴随观念的转变，越来越多的大学生通过"打工""家教""勤工助学"等活动在经济上逐渐达到一定程度的独立，导致人格独立性有所提升，这是一个可喜的发展变化。

（2）**社会人格发展滞后** 十几年的校园学习生活，使大学生无法较深入地融入社会，因而对社会的认识与感受比较肤浅。相比起来，一些农村青年或家庭生活困难的青年较早地融入社会，外出打工，感受到了生活的艰辛与不易，因而社会人格发展较早、较好。这就是近些年来用人单位喜欢招收有两年以上工作经验人的原因。

（3）**在社会改革进程中困惑较多** 我国的大学生由于改革开放所带来的各种变化，如文化的多元化、价值观念的多元化、较多的选择机会，因而也就有了较多的困惑。

活动体验

【心理活动体验一：气质类型猜一猜】

1. 活动目的

了解气质类型的特点，针对不同气质类型找优缺点。

2. 具体操作

（1）情境：某剧场门口，演出开始 10 分钟后……四位不同气质的观众迟到，因为演出已经开始，检票员阻止四位迟到者入场。

（2）老师依据气质类型测验结果，请四位相应气质的同学上来扮演四位迟到的观众。

（3）表演结束后请同学们猜一猜他们分别演了哪个气质类型。

3. 教师总结

人的气质只给人的实际能力和实际行为提供了神经系统的基本条件，给人的行为染上不同的色彩，纯属于某一气质类型的人不多，大部分为混合型。决定行为的是性格，性格可以后天形成，可以锻炼改造，扬长避短将使我们更易有所作为。

【心理活动体验二：健康人格小测试】

1. 活动目的

通过健康人格测试了解自己的人格特点，针对不同人格特点找优缺点。

2. 具体操作

健康人格有时可从小动作中表现，请你做一做下面的小测试：

（1）当你站立时，为了舒服，总爱把胳膊放在椅背上吗？

（2）你有咬手指和指甲的习惯吗？

（3）当你与人交谈和倾听别人谈话时，会不停用手指击打桌面吗？

（4）当你站立时，喜欢双臂抱肩吗？

（5）开会时，你总是不断改变姿势，以求坐得更舒服些吗？

（6）当你谈话时：

①你感到抑扬顿挫，眉飞色舞，手舞足蹈；

②你感到有些紧张；

③你把手自然下垂，偶尔有点手势。

（7）聚会时，不论你想不想吸烟，你总爱点上一支吗？

（8）参加宴会时，你总是把眼睛盯在一盘或附近几样菜上吗？

（9）看到别人把大拇指藏在手心拳头紧握时，你害怕吗？

评分：第（6）题回答①得 2 分，②得 1 分，③得 0 分。其余 8 题，答"是"得 1 分，"不是"得 0 分。

结果：

0~3 分：人格健康，不论在什么情况下，都能沉着、坚定、稳重，你的举止表明你是一个沉着老练，遇事不慌，自信、自强，分寸得当，自制力强的人。这种自我控制能力是健康人格的重要特点。

4~7 分：人格健康的状况欠佳。表面上看，你很平静，但常失去平衡。高兴时，信口开河、夸夸其谈；不高兴时，冷眼相看、袖手旁观，情绪变化大。对你来说，至关重要的是学会自我控制，从而达到人格结构的稳定和健全。

8~10分：人格健康问题严重。你很不沉着，如果不学会自我控制、坚定信心，你在哪里都无法安定，总不舒服。也许你自己还不以为然，可在别人看来却很刺眼。关键问题是达到内心的平衡、和谐和安定，同时注意与周围环境相适应。

活动评价

评价内容		评价标准	是/否
活动完成情况	活动一	能辨别不同气质类型	
		能清楚不同气质的优缺点，扬长避短	
	活动二	能了解自己和他人的人格现状	
		能客观看待人格测试结果，并对人格缺点进行完善	

任务 3.2　认识人格偏差的类型与表现

情境导入

小雯是一个长相乖巧、积极向上的女生，是老师眼中的好学生，但她自视甚高，看不起周围的同学，觉得大家都不如她聪明漂亮，认为同学的帮助理所应当，甚至有些盛气凌人。久而久之，同学们都不愿意和她相处，她渐渐形单影只，可是她自己还不明白发生了什么。

大家觉得小雯的人际关系出现问题的原因在哪里？

知识准备

心理健康与人格障碍或人格偏差的关系是复杂的，焦虑症、抑郁症、强迫症、恐惧症等神经症对心理健康的影响是非常明显而直接的，其直接原因是神经症是"自知的"，当事人具有强烈的求医求治的要求。但人格偏差大多是"不自知的"，即使别人指出问题，往往自己也不愿承认，且人格偏差矫正的难度也很大。所以，人格偏差对心理健康的影响对于大学生来说是一个非常重要的问题，值得每一个大学生认真对待。

一、大学生常见的人格偏差

处于青年早期的大学生，有些人出现人格偏差是"正常"的，但必须要高度重视，如果对人格偏差熟视无睹，最终形成人格障碍的可能性就会大大增强，也会对这部分大学

生的未来发展造成不可估量的损失。

1. 人格偏差的含义

"人格偏差"指个体的人格适应有问题，但还未定型，只要加强认识，是很有可能成为正常人格的。这样看待大学生的人格问题，对大学生的人格培育是有益的。由于大学生刚20岁出头，处在"人格再造期"，且其人格问题也没有医学标准的人格障碍那么典型，因此把大学生的人格问题视为"人格偏差"较为妥当。当然，那些极少数典型的人格障碍者除外。

俗话说："金无足赤，人无完人。"几乎所有的人都存在着某种程度的人格偏差，但这种"偏差"只要不影响其生活、工作和社会交往，都可以看作是人格正常的。大学生要认定自己是否有人格偏差，至少要满足这几个条件：

①在思维、情绪或行为模式方面，至少在某一方面与群体有显著差异，这种差异是经常可见的。

②在人际关系上明显不和谐，且经常发生冲突或是异常冷淡。

③认为自己的学习、生活或发展受到"莫名"的影响，经常有令人不愉快的感受但又没有明显的事由。

2. 大学生主要的人格偏差及表现

（1）自卑引起的人格退缩或自负引起的人格膨胀 两者的表现如下：

前者表现为：对自己有不满、鄙视、否定的情感，总觉得自己不行，把弱点无限放大。怀疑别人看不起自己，在任何场合都不敢表现，做什么事总是瞻前顾后，生怕出现坏的结果。胆小不敢与人交往，自我意识弱化，感觉自己越来越弱，对社会有莫名的恐惧感。

后者表现为：总觉得自己相当不错，才华横溢、才能出众或是太靓太帅，周围的人都崇拜倾慕自己。盛气凌人，总是指望他人为自己服务，而自己又不愿意付出。感觉自己鹤立鸡群，高傲看不起人。人际关系恶劣，但总认为是别人对自己羡慕嫉妒恨。自我中心突出，自恋情结明显。

（2）社会疏离与"过度社会化" 两者的表现如下：

前者表现为：性情孤僻，有的是想与人交往，但由于胆怯而不敢交往；有的是主观上不愿意与人交往，在公共场合中有恐惧心理，总担忧别人关注自己而自己的表现又让人看不起。忧郁、紧张、恐惧的心境总是挥之不去，心境恶劣是常态。

后者表现为：年纪轻轻就以"过来人"自居，有玩世不恭的态度，认为人生苦短不如及早行乐。生活方式上总想开风气之先，装扮新潮，社会交往过度。对社会上的新怪东西趋之若鹜，追逐心态强烈。在学校违纪违规成为常态，对批评教育甚至处罚毫不在乎。

（3）过度焦虑或"看破红尘" 两者的表现如下：

前者表现为：对人对事心理警觉度高，总是处于担忧和紧张之中。休息睡眠少，质量差。对前途总是处于莫名的担忧之中，对社会、对自我的感觉都不好。心理敏感度高，好幻想，易做白日梦。容易纠缠于琐事与细节，心胸难以开展。总感觉"墨菲定律"如影随形。忧愁心境是常态。

后者表现为：对人生有悲观态度或是宿命论观念，觉得人生几十年"就那么回事"。严重者悲观厌世，无拼搏奋斗之志，有得过且过之意。有的人幻想命中能巧遇"贵人"，福从天降，不劳而获。对人对事情感冷淡，缺乏热情，更无激情。

（4）自我中心或过分依赖　　两者的表现如下：

前者表现为：凡事只为自己着想，从不考虑别人或集体利益。精于计算，表现自私自利，总是用自己的标准去衡量别人，以己之心度人之腹。有的人自视甚高且防范心重，没有知心朋友甚至根本没有朋友，人际关系冷淡，总觉得别人根本不了解自己。从没有感恩之心，苦恼愤懑的心境是常态。

后者表现为：无主见，让别人为自己做大多数的重要决定。无独立性，很难单独进行自己的计划或做自己该做的事。人际交往或做事情总是很被动，自我评价较低。害怕孤独，总想依附"强者"，而当这种关系终结时，就会感到很悲伤，因而易受伤害，总感觉"伤不起"。

（5）冲动暴躁或麻木不仁　　两者的表现如下：

前者表现为：遇到冲突就爆粗口甚至亮拳头，不考虑后果。思维狭隘，很少考虑过程和全局。处事简单，不瞻前顾后，容易出问题。人际关系一般，缺乏知心朋友。

后者表现为：由于从小的环境因素或生活经历，缺乏情感表达的途径和形式，社会情感尤其缺乏。对人对事冷漠，面部毫无表情甚至让周围的人感到害怕。内心也想与人交往，但总感觉别人都在排斥和看不起自己，长期苦恼。独来独往，形影相吊。

（6）急躁马虎与拖沓延误　　两者的表现如下：

前者表现为：遇到任务或事情，图快不图质量，甚至马虎敷衍。心里放不得事，性子急。说话不经脑子思考，甚至信口开河。表面看似热心、积极，实则责任心不强，做事无计划，反思能力差。

后者表现为：面对生活或工作中必须做的事情、必须解决的问题，心理上总是有意无意地回避，不主动及时地去处理事情，不果断地去解决问题，成为一种牢固的心理习惯和行为习惯。每做一件事就拖延，而且在拖延中有心理负担，感到痛苦和着急。曾有高校做过相关调查，发现半数以上的大学生认为自己"存在拖延的症状"。

还有其他的人格偏差，不在此一一列举。

人格偏差可能是单一存在，也可能是交叉的或混合的，如"人格退缩＋社会疏离"，"自我中心＋人格膨胀"等等；或是某种偏差表现多一些，某种偏差表现少一些，要具体分析其表现特征。

矫正人格偏差没有固定的良方，因为每个同学的经历、家庭、教育环境和所受的社会影响都有差异，原因可能是各种各样的。因此，认为自己有"疑似人格偏差"的同学，除了自我对照分析之外，找心理咨询老师寻求专业方面的帮助，是大有裨益的。

二、大学生人格偏差的成因

了解大学生人格偏差产生的原因，有利于人格偏差的矫正。

人格偏差的成因是多方面的，是由生物、心理、社会文化或主观能动性诸多因素共同作用形成的。

（1）遗传因素和脑发育因素　有一些证据表明，正常人格部分是遗传的，但对人格问题还没有取得满意的遗传证据。这方面因素对大学生而言，主要表现为冲动性人格偏差，重者需要到医院进行生理检查。

（2）心理因素　在人格发育过程中，儿童早期的家庭环境和教育方式被认为是非常重要的因素。如单亲家庭儿童、父母过分放纵或过分严厉的家庭，对儿童人格的发展均有直接的不良影响，父母亲的不良人格会在儿童发育过程中起到负面作用。此外，特别是在学校受教育期间教育环境是否正常，对人格能否正常发展有着关键的意义，在大学的心理咨询中发现，相当多的人格偏差是在中小学期间开始形成的。

（3）社会文化因素　如家庭在社会中的地位、家庭的经济状况、个人生活成长的社会文化环境、所接受的大众传媒的影响以及受教育的机会与条件等。现在，社会文化因素对人格形成的影响越来越受到人们的重视。

（4）个体主观因素　大学生在分析人格偏差形成过程中，特别要注意：外部归因与内部归因都是人格偏差的形成条件，不能只着眼于外部归因，把责任推给社会或家庭，应着重于内部归因，主要从自我方面挖掘根源，才能找到解决人格偏差的"钥匙"。

活动体验三

【心理活动体验三：案例分析"回避型人格偏差的成因与矫正"】

1. 活动目的

了解回避型人格偏差的成因与矫正策略，形成健全人格的意识。

2. 具体操作

（1）案例：小敏，某高职学校一年级学生。入校后便对自己有不满、鄙视、否定的情感，总觉得自己不行，把弱点无限放大。怀疑别人看不起自己，在任何场合都不敢表现。做事总是瞻前顾后，生怕出现坏的结果。胆小不敢与人交往。

（2）学生小组讨论：小敏同学的人格缺陷是哪方面的问题？怎样看待这一问题？如何帮助小敏纠正人格偏差？

（3）小组内交流自己的想法，然后在大组内分享。

3. 教师总结

回避型人格最主要原因是自卑心理。当事人轻视自己，认为自己在某些方面不如他人，这种心理得不到妥善消除，久而久之就形成了人格自卑，造成行为的退缩和遇事回避的态度。建议：正确认识自己，提高自我评价，不要把别人看得十全十美，把自己看得一无是处，认识到他人也会有不足之处；自我暗示，自我鼓励，相信事在人为。常常对自己说："我一定会成功，一定会的。"

【心理活动体验四：分析自我人格】

1. 活动目的

了解"五因素人格"各维度的特质，掌握优化自我人格的方法。

2. 具体操作

（1）根据任务 3.1 中的"五因素人格"各维度的特质，找到自己对应的优缺点，列出条目，然后逐项提出针对性的发扬优点、改进不足的具体方法，分小组进行讨论分析。

（2）小组分享组员们的优缺点，以及找到的有效应对方法。

3. 教师总结

全面认识自我人格，更有助于找到优化人格成长的方法。

活动评价

评价内容		评价标准	是/否
活动完成情况	活动三	能积极参与案例分析、讨论，表达自己的观点	
		能认识人格偏差的表现及影响，识别人格偏差进行矫正	
	活动四	能列出自己人格优缺点	
		能全面认识自我人格，整合各个部分，优化人格，实现个体人格和社会人格的发展	

任务 3.3　掌握大学生人格培养的途径和方法

情境导入

新能源汽车专业大一学生小齐认为自己人格方面有一些缺点，容易自卑，总认为自己不如别人。他进入大学后，不去尝试新事物，故步自封，遇到事情总想着回避。他觉得这样的状态不行，但是又不知道该怎么办，感到非常苦恼。

大学生正处于"人格再造期"，要抓住这个有利时期，在正确的理论指导下，深入全面地理解自我，了解社会，把握自我与社会适应要求的差距，不断改进自己的人格，使自己的人格适应社会要求。升华价值观是培养健全人格的基础和核心，改进思维方式是培养健全人格的必要途径，而积极行动并持之以恒才能真正收到实效。

微课 3-3

一、基本思路与方法

对"人格问题"诊断必须十分审慎，切勿轻率，要特别注重以下几点。

1）不能让自己用医学标准的人格障碍来贴标签对号入座，一般不要认定为典型的人格障碍，可命名为人格偏差或性格偏差。而人格偏差是大多数人或多或少都会有的。

2）大学生的人格偏差是发展过程中的问题，是可以矫正的，不宜刻板看待。人格偏差或性格偏差可追溯少儿时代，追根溯源有利于人格问题的解决。

3）所谓人格偏差是相对的，只要未影响正常的学习、工作和生活，就不宜归为"人格问题"，而是追求人格进一步完善的问题。

4）不宜把由认知方面的问题如道德观、价值观和人生观产生的心理冲突统统归结为人格问题，也不能把人格问题反过来统统归结为认知问题，尽管几乎所有的人格偏差都与主体的认知密切相关。

对大学生人格偏差矫正的基本方法是：

1）要认识到自己的人格有偏差。但人格问题往往是不自知的，所以这一点最难。

2）深入分析人格偏差的形成过程，找准问题的根源。

3）从人格的个体性和社会性两方面进行人格的全面分析，看哪方面是主要问题。从这些年的情况来看，大学生人格的社会性严重缺乏是最典型的人格偏差。当然，个体之间有差异，所以应具体情况具体分析。

4）解决问题要从态度和行为两方面同时入手。目前，在心理学领域和职场用人中，五因素人格模式是经常被采用的，它具有个体人格和社会人格的主要要素。大学生人格偏差的行为矫正可按照五因素人格模式的要素进行操作。

5）需要特别强调的是，人格偏差的形成有一个相当长的时期，所以人格的矫正也需要较长的时间。只要有长期坚持的信心和坚韧的毅力，是可以达到预期的目标的。

二、升华价值观

对于价值观与心理健康的关系，在心理咨询领域，国内目前有两种不同的观点，一派主张在心理咨询过程中要"保持价值观中立"，另一派则主张"价值观介入"。但无论如何，在大学生的心理健康教育过程中是需要价值观介入的，而且通过价值观的升华来培养大学生的健全人格还应是工作的重心。道理很简单，大学生的心理健康教育是人的全面发展教育的一部分，它与医学心理咨询的工作是有一定区别的。在当今多元价值观并存的社会中，大学生的价值观出现摇摆不定、模糊不清的现象是经常可见的。所以，心理健康教育工作不能对价值观问题"袖手旁观"，关键是采用什么样的方式与方法来正确引导和升华大学生的价值观。

1. 了解升华价值观在培养健全人格中的意义

判断一个大学生人格是否正常，主要是看他是否已经成长为一个具有成熟的社会意识、社会观点、社会态度和道德立场的社会的人，他的性格是否符合大多数人的行为模式。我们可以从以下几方面了解升华价值观在培养健全人格中的意义。

（1）价值观是健全人格的核心因素　人格的核心是性格，性格的核心是态度，态度的核心是价值观。因此，升华价值观在培养健全人格中的作用，其重要性怎么强调都不为过分。

（2）价值观的确立与稳定是人格健全的基本标志　判断一个人的人格是否健全主要看他是否已经成长为一个具有成熟的社会意识、社会观点、社会态度和道德立场的社会的人，即看他是不是已经有了明显而稳定的社会定向和道德定向，并依此去行动。只有当一个人形成和确立了稳定的价值观，并在此基础上确定了明确的社会和道德定向时，我们才能说他的人格是较为健全的。

（3）个体表现出来的稳定的行为模式是性格的最明显标志　价值观的确立与稳定的行为模式是人格健全的外部表现，个体的行为模式或生活方式最能体现他的人格特质。个人已确立和稳定了的价值观决定他做什么或不做什么、追求什么或不追求什么，因而直接支配和调节着他的行为模式。可以这样说，一个人有什么样的价值观，就会有什么样的行为模式。正是由于个体价值观的形成与确立，才能更好地调整自己的行为模式，使之更加完善和稳固。

（4）个体价值观的确立与稳定是人格成熟的重要标志　人格的发展过程在一个人的整个生命历程中都在进行，它是一个不断完善的过程。价值观不仅在人格的形成过程中有重要意义，而且在人格的继续发展和完善中也有重要作用。

2. 检查价值观在人格培养中的各项功能

（1）检查个体价值观的定向功能　价值观规定了一个人的行为取向和追求目标，从而也决定了他的发展方向。人们总是追求符合自己价值观的东西，摒弃违背自己价值观的东西，也总是做自己认为有价值的事，不做自己认为无价值的事，因此检查自己的价值观是否符合社会的主流价值观就显得尤为重要。

（2）检查个体价值观的解释功能　价值观是对外部世界的一种内在解释系统。个体在认识、评价事物和关系时，不仅要从外界事物本身的属性出发，往往还要从自己的价值观出发，受其指导和调节。一个人的认识和思想也许不符合外界事物的规律，但往往符合他的价值观。有时候，人还会仅仅从自己的价值观出发，有意无意地歪曲客观事实和外部规律。一个人对事物的认识和理解是否正确，与他的价值观是否正确有很大关系。所以检查自己价值观的解释功能是一项经常要做的事情。

（3）检查个体价值观的过滤功能　个体在现实生活中无时无刻不在面临着选择，以确定接受什么样的影响。在人的选择活动中，价值观起着重要的过滤作用。符合个体价

值观的外部影响容易为他接受，而违背其价值观的外部影响则较难被他接受，甚至会遭到抵制和反抗。价值观就好像人的心理体系中的一个过滤器，现实生活的各种影响都要经过它的筛选和过滤，才能对人发生作用，它保证了人的选择性。所以检查自己价值观的过滤功能也是一项经常要做的事情。

（4）检查个体价值观的调节功能　无论什么人都自觉或不自觉地以其个人价值观来规范和约束自己的社会行为和活动方式。价值观作为人的本质的稳定的态度体系，并不一定都能为个人所意识到，有的人能够以一整套理论表明他的价值观，并自觉地依之去行动，但不少人并不能够向人们表明他的价值观，或者根本就不知道自己有什么样的价值观，他们总是不自觉地按自己的价值观去行动，他们的行为实际上就说明了他们的价值观。因此不管是有意识的，还是无意识的，人的行为和活动总是受其价值观调节的。所以检查自己价值观的调节功能是否处于觉醒状态、是否真正有效也是不可忽视的。

（5）检查个体价值观的操作功能　大学生的价值观要具体化。大学生还没有正式走入社会，也没有正式进入职场，所以价值观就有可能空洞或不切实际。要升华自己的价值观，就一定要明确社会要求大学生具备哪些方面的东西，自己将从事的职业有什么社会价值和个人价值。这就是价值观的具体化或操作功能。只有做到了价值观的具体化和可操作性，才能说真正实现了价值观的升华。

（6）检查和防范个体价值观的反向功能　人有什么样的价值观，就会倾向于把自己塑造成什么样的人格。如果从极端个人主义出发，一味地强调个人的自由和利益，单纯从个人的利益、自由出发进行价值选择，就会发展成不健康的、软弱无力的、低劣的人格品质，甚至误入歧途。历史上和现实生活中这样的例子并不少见。所以防范个体价值观的反向功能也是一项不得不经常要进行的艰巨任务。

三、改进思维方式

大学生的思维方式与其人格偏差是有紧密关联的，如偏执型人格退缩、人格膨胀；被动攻击型过度焦虑、"看破红尘"；依赖型和心境恶劣型自我中心等人格偏差，就与当事人的思维方式有着紧密联系。改进思维方式和心理策略，有利于大学生健全人格的形成。

人格障碍或人格偏差的矫正，迄今为止仍然是心理学研究方面的难题。其根本问题就是神经症是自知的，有躯体症状，当事人有求治要求；而人格障碍或人格偏差没有躯体症状，是不自知的，对此如果没有深入的认识就谈不上主动进行矫正。一般来说，通过学习心理卫生知识并进行认真分析，是完全可以达到自知程度的。大学生通过对自己人格的全面分析，可以知晓个体人格心理哪些方面是好的，应该继续发扬；哪些方面是不好的，应该设法加以改进。对大学生长期心理健康教育的实践经验表明，通过改进思维方式和心理策略来矫治人格偏差，收效快，效果好。那么，大学生如何改进自己的思维方式和心理策略呢？

1. 正确认识自己

想要正确认识自己，首先思路得改，思路决定出路。大学生要勇于解剖自己。大多数人有一个非常坏的习惯就是自我感觉良好（或相反），不考虑如何改变自己。不断地"否定"（扬弃）自己才是自信的表现，是一种优秀的人格品格，也是人格健全培养的必备品格。大学生要认识到自己并不是"天之骄子"，每个人都是平常而平凡的人。从日常生活中的大量观察可知，凡自认为不平凡的人就会有不正常的表现。相对而言，自卑的人也会不正常。自负与自卑形成了人格偏差两极的不同表现特征。每个人都有自己的长处，也有自己的短处，要善于发挥所长而补其所短。不因所长而自负，不因所短而自卑，就会充满自信，人格也就会较为正常。

2. 客观面对现实

现实社会异常复杂，真善美与假丑恶、公平公正与诸多不合理的现象同在。如果纯粹用理想的观点来看待社会现实，就会充满烦恼、沮丧和愤懑，就会怨天尤人，就会在日常生活中表现出许多变态反应。对社会认识过度理想化或持敌对态度的人易产生人格偏差，因为这些人的思维方式与社会大多数人是不一样的。大学生的思想观念仍处于理想化时期，面对社会百态，既要坚持正义，又要实事求是。持比较客观的态度，才会心理平衡，自然会人格正常。

3. 增强事业心和责任感

抱负水平高的人的人格一般比较正常。因为这些人整天忙于学习和工作，没有时间去关注别人对自己的评价与态度，因而也就没有时间去"自寻烦恼"。而那些抱负水平低的人由于心理能量过剩，自然而然会关注很多无关信息，对别人关于自己的评价和态度异常敏感，久而久之就会对外部刺激做出过度反应，最终形成人格偏差。人生、事业与成就都必须经历一个较长的过程，正常人会把大部分精力投入这个过程之中，但有些人完全不是这样，他们不注重过程，只关注结果，还自以为"看破红尘"，既懒于奋进，又愤愤不平。那些"看透社会"或"看破红尘"的人常与社会格格不入，必然导致人格变态。大学生应把主要精力放在学习和对未来事业追求的过程之中，那么对每一小步前进都会感到由衷的喜悦，就会不断有成就感。努力奋进，顺其自然，人格自然会趋于健全。

4. 避免过分计较和过度分析

过分计较利害得失的人易导致变态，此类人纯粹是以自我为中心的，因此大学生不可患得患失，要有拿得起放得下的宽阔胸襟和气魄，自然就会心态平和，人格正常。过多地进行自我心理分析的人也易心理不正常。普通人的专业心理知识非常有限，如果过多地进行自我心理分析，只会导致钻牛角尖，往往空耗时间而于事无补。正确的方法是一旦认定方向、确定策略之后，就要付诸行动并持之以恒。

总之，有抱负、有追求、热爱生活、热爱社会并且积极行动的人，其人格都比较正常。

四、培养良好习惯

改变行为模式、培养良好习惯是培养健全人格最为直接的路线。培养良好的行为习惯要注重以下几个方面：

1. 有解剖自己的勇气

许多大学生心理咨询案例表明，想要健全自己的人格，必须要有一个端正的态度，在专家指导下敢于分析自我，善于分析自我。敢于直面自我人格的真实面目，由于人格问题往往是"不自知"的，那就需要多观察多比较，多方面听取别人对自己的评价，逐渐加深对自我的认识，才能了解自己人格的"真面目"，为培育健全的人格创造前提条件。

2. 有社会适应的观念

大学生在校期间要通过各种途径了解社会。社会是复杂多变的，适应方式也应当复杂多变。适应方式的贫乏与反应的单一性，"以不变应万变"，自作主张，行为完全自控而不接受他控，自我调节能力又差，这些表现正是人格偏差的一种特色。社会本身有其健康、健全与合理的一面，也有其病态与不合理的一面。社会本身是五颜六色的，社会不制造人格偏差，只为人格的形成与发展提供可选择的行为方式与生活方式。因此可以说，一个人是要人格健全还是要人格障碍或人格偏差，实际上是人的发展的一种选择。社会适应的观念会使大学生较快地培养自己良好的社会人格特质。

3. 有坚持不懈的精神

正确认识自己的人格问题之后就要有坚强的意志力来克服和矫正自己的人格偏差。健全人格的养成需要一个较长期的过程，坚持不懈，必有喜人的收获；浅尝辄止，可能收效甚微，甚至落入周而复始的"人格怪圈"。

大学生的人格改进，重在实践中探索，必须使自己行动起来，在社会互动中发现自己的人格偏差或人格缺陷，在社会互动中检验人格改进的成效，在社会互动中使自己的人格逐步走向健全。

拓展阅读

据研究，大脑构筑一条新的神经通道需要21天时间。所以，人的行为暗示经21天以上的重复会形成习惯，而90天以上的重复会形成稳定的习惯。习惯的形成大致分为三个阶段：

第一阶段是1~7天，这个阶段的特征是"刻意、不自然"。你需要十分刻意地提醒自己去改变，你会觉得有些不自然、不舒服，你应该努力克服这些情况。

第二个阶段是8~14天，这一阶段的特征是"刻意、自然"，你已经觉得比较自然，比较舒服了，但是一不留意，你还会恢复到以前，因此，你还需要刻意地提醒自己改变。

第三个阶段是15~21天，这个阶段的特征是"不刻意、自然"，其实这就是习惯，这一阶段被称为"习惯性的稳定期"。一旦跨入这个阶段，你就已经完成了自我改造，这个习惯已成为你生命中的一个有机的组成部分，它会自然而然地不停为你"效劳"。

21天只是一个大概的概念，有些人养成的习惯不同，所需要的天数也会有些差别，但总之，时间越长，习惯就越牢固。

活动体验

【心理活动体验五：了解价值观——火光熊熊】

1. 活动目的

明确自己的价值观，理解他人的价值观

2. 具体操作

（1）学生分小组坐好。

（2）引导小组学生进入情境并进行思考：现在你的宿舍（或家里）正被烈火吞噬，情况危急，时间只够你冲进火海取出3样东西，你会选择哪三样？先后顺序是怎样的？它们对你有什么价值？还有没有重要的物品不在抢救之列？为什么？

（3）在小组内交流，告诉其他人你选择的原因，在做出选择时你的心理感受如何，你平时在生活中如何被价值观引导并做出选择。

3. 教师总结

感受内心真实看重的东西，从而更好地看清自己。当我们拥有时，可能不会去珍惜；而当我们失去时，才感受到它的价值所在，从而能更好地澄清自己的价值体系，并认清价值体系如何引导我们做出选择。

活动评价

评价内容		评价标准	是/否
活动完成情况	活动五	能说出自己最看重的东西，明确自己的价值观	
		能讲出是什么价值观引导自己做选择，用良好的价值观塑造健全人格	

◆ **自主测试**

多选题。

1. 大学生人格培养的途径和方法（　　）。

　　A. 升华价值观　　　　　　　　　B. 改进思维方式

　　C. 养成良好习惯　　　　　　　　D. 我行我素

2. 人格的形成和发展受多个因素的影响，以下不属于影响人格形成和发展的因素的是（　　）。

　　A. 遗传因素　　B. 智力因素　　　C. 环境因素　　　　D. 个人经历

3. 某学生活泼、好动、乐观、灵活，喜欢交朋友，爱好广泛，稳定性差，缺少毅力，见异思迁。他的气质类型属于（　　）。

   A. 粘液质　　　B. 抑郁质　　　　　C. 多血质　　　　　D. 胆汁质

4. 下列属于人格基本特点的是（　　）。

   A. 功能性　　　B. 独特性　　　　　C. 整体性　　　　　D. 稳定性

5. 大学生健全人格的内涵应包括（　　）。

   A. 正确的自我意识

   B. 乐观的生活态度

   C. 良好的情绪控制能力

   D. 和谐的人际关系

6. 抑郁质和抑郁症一样，都是有心理问题的（　　）。

   A. 对　　　　B. 错

◆ 复盘

模块3　培养良好的个性——大学生人格塑造　复盘表			
任务类别：□ 个人任务　　□ 小组任务			
个人姓名		班级	
小组成员		班级	
复盘：总结本模块任务完成情况，掌握了哪些知识和技能，锻炼了哪些能力，活动体验中获得哪些感悟。			

◆ 课后巩固

1. 课后拓展

21天积极人格训练

人格的塑造在于日常积累。下面是一个积极人格训练表，每天对照检查自己一下，做得到的打"√"，没做到打"×"，并写出改进的方法。坚持21天，看看自己发生了哪些变化。

	周一	周二	周三	周四	周五	周六	周日	改进措施
勤奋								
进取								
积极								
认真								

（续）

	周一	周二	周三	周四	周五	周六	周日	改进措施
好学								
坚持								
及时								
诚信								
负责								
宽容								
热忱								
谦虚								
适度								
整洁								

2. 课后作业

结合本模块所学内容，谈谈如何矫正人格偏差，培养健全人格。

模块 4
成为主动的学习者——大学生学习与创造

学习目标

1. 能理解学习的相关理论与知识。
2. 能学会克服常见的学习困扰,掌握学习策略,提高学习能力。
3. 能养成自主学习、终身学习的习惯,并在学习中创造。

任务 4.1　了解学习与大学生的学习特点

情境导入

大二学生小轩说:"一年前,我如愿以偿地进入了大学校园。对于我来说,大学已是我'理想的顶点',满足感油然而生,于是我放松紧张的神经,休整疲惫的身体,上课读小说,下课逛大街,早晨睡懒觉,晚上看录像,整天不思学习,无所作为。这种消极颓唐的生活伴我混过了半年光阴。第一学期考试下来,我竟然在全班倒数几名之列。这对于长期名列前茅的我犹如当头一棒,我想要振作起来,但又不知从何下手。"

小轩在学习上的迷茫和不确定性很多学生都会遇到,什么是学习?学习是如何产生的?如何有效地学习?我们一起来认识学习。

知识准备

一、学习的含义

学习是伴随人类生活始终的一项活动，正是因为有了学习，人类才在物种的进化中，实现自身生命的不断超越。作为一名大学生，不仅需要努力学习，更重要的是要学会学习，学会高效率地学习。

目前，理论界对学习的界定没有统一的标准，一般来说，学习是个体获得经验、引起行为变化的过程。理解学习应注意把握以下要点：

1）个体行为有变化才是学习的体现；
2）这种变化是后天习得的，不包括成熟和先天反应所引起的变化；
3）这种变化不是药物、疲劳等引起的，因而是相对持久的。

学习分为广义的学习与狭义的学习两类。广义的学习包括人类的学习和动物的学习，指人和动物在生存过程中，凭借经验而产生的行为或行为潜能相对持久的变化。狭义的学习是学生在学校里的学习。学生的学习是人类学习的一种特殊形式，它是在教师的指导下，有目的、有计划、有组织进行的过程，其目的是在相对集中的时间内系统地掌握科学知识和技能，开发智能，培养个性，形成一定的世界观与道德品质。

微课 4-1

二、大学生的学习特点

大学教育是建立在普通教育基础上的专业教育，它所培养的是各种专业人才，这些人才将直接进入社会各个职业领域从事专门工作；大学教育的培养对象一般是 18 岁以上青年，他们的身心发展已趋于成熟，他们已受过普通教育的基本训练，并有一定的社会经验，喜欢对一些理论或实际问题进行独立思考和争论。因此大学学习的特点有不同于其他学习阶段的特点。

高职学生的学习与本科学生的学习相比，既有相同之处，又有它独有之处。本科学生主要是系统的理论学习，而高职学生既要学习一定的专业理论知识，还要学习一定的专业技能，根据社会对技能型人才综合素质的要求，学生按照自身的特点和兴趣选择相应的学习内容，采用多种学习方式构建自己的知识与技能体系，以适应社会的需要。总体来说，高职教育主要有如下几个特点：

1. 职业性

职业性是指高职院校学生的学习有一定的职业定向性与专业指向性。这种职业性是随着社会对本专业要求的变化和发展而不断深入的，知识不断更新，知识面也越来越宽，技能要求越来越高，以适应当代社会发展的既高等分化又高度综合的特点。确立更具体、更细致的专业目标是高职学习的显著特点。

2. 自主性

培养高职院校学生"学会学习"是现代教育的主流思想，它要求学生既善于从课堂学到知识，又能充分利用学校的实验实训条件、场地仪器设备、图书资料、学习环境、网络等手段积极主动地学习，有意识地培养自己多方面的才能，学会自我学习，掌握学习方法和提高学习能力。大学期间必须学会自学的本领，因为自学能力已成为决定高职院校学生学习效果的主要因素，是适应大学学习自主性的一个重要方面。同时，大学生在校期间通过自主学习，总结、摸索一套适合自身特点的自学方法，毕业后才能不断地吸取新知识，进行创造性的工作。

3. 广泛性

广泛性反映了高职院校学习的多层面、多角度的特点，表现为高职院校学生在学习过程中不仅可以通过各种途径和渠道吸收知识，而且可以依据广泛的兴趣去探求课程之外的知识。除了上课时间之外，学生有较多的时间自由支配，既可以在学校图书馆、阅览室查阅资料，通过参加学术报告、知识讲座、专题讨论、社会调查等活动获取知识和信息，也可以通过实验、实训、社会实践获得技能。众多学习形式为学生从不同层次、不同角度学习知识创造了条件。

4. 选择性

选择性是指学生对学习内容具有一定程度的自由选择权。虽然学生入学后重新选择专业的机会不多，但是学校为学生开设了大量的选修课程，学生可以依据自己的兴趣特长，在学科方向和课程内容方面进行灵活选择。

5. 实用性

高职院校的人才培养目标是为社会提供应用型、技能型人才，应该说高职教育更侧重实用性。高职院校学生通过几年的在校学习，不仅学习了较为系统的专业理论，而且更重要的是掌握了相关专业的基本技能，如获得了本专业与相关专业的技能等级证书。一般来说，高职院校的学习更加契合我国现阶段对技能型人才的要求。

6. 探索性

高职院校的学生不仅要掌握专业知识技能，而且随着对专业的不断深入了解，还应对本专业的各个领域进行探索，对一些问题提出自己的新观点、新见解、新方法和新工艺。

活动体验

【心理活动体验一：认识学习——分享成功的"学习经历"】

1. 活动目的

帮助学生进一步认识学习，了解学习的过程及学习的促进因素与阻碍因素，观察个人学习特点。

2.具体操作

（1）小组每位成员根据对学习的界定，回忆从小到大一次成功的"学习"经历，包括花了多长时间？经历了哪些过程？有哪些人、事或情绪促进了学习过程？又有哪些人、事或情绪阻碍了学习过程？

（2）在小组内交流自己的学习经历。

（3）每个小组派一名代表总结成功的学习经验，分享小组活动成果。

活动评价

评价内容		评价标准	是/否
活动完成情况	活动一	能说出什么是学习，认识学习	
		能自主思考学习	

任务 4.2　掌握大学生常见的学习心理问题与调适方法

情境导入

小枫是一名大三学生，入校时成绩在班上居于前列。但小枫生性好玩，中学时老师和父母管得紧，成绩还不错。进入大学后，大学的宽松环境让贪玩而缺乏目标的小枫陷入了网络成瘾的泥潭。虽然老师和同学尽力教育帮助他，甚至辅导员老师在征得其同意后收管了他的笔记本电脑，但是小枫仍然想方设法上网吧，每周大半时间都泡在网吧里。这导致小枫精神消沉萎靡，作息严重不规律，健康都受到了损害，功课落下很多，到大三时已有六门功课不及格。远在千里之外的父亲只好暂时放下工作，请假来学校监督儿子学习，准备期末考试。小枫非常自责、内疚，很想根除网瘾，却总是难以自控。他认为原因是自己是进入大学后没有明确的奋斗目标，学习动力不足，另外缺乏自律也是一个重要原因。

对大学生来说，学习是天职，是大学校园永恒的中心话题。学会学习，必须学会调适学习心理问题。下面针对大学生中常见的学习心理问题做一些分析和探讨，并提出有针对性的建议，让大学生能做到"我的学习我做主"。

知识准备

一、学习动力缺乏与调适

1. 学习动力缺乏的表现

（1）厌倦学习、逃避学习　　上大学前 12 年甚至更长时间的高强度学习让学生进入大学后有一种"船到码头车到站"的感觉，厌倦学习，没有动力。不愿上课，千方百计逃课；上课无精打采，下课生龙活虎；作业拖拉，考试投机取巧甚至舞弊。

（2）成就欲望低，无抱负和理想　　这些学生无求知欲和上进心，没有压力，没有紧迫感。很多大学生入学前的学习与生活都是由老师与父母所掌控的，自己没有规划与追求，进入大学宽松的环境中，就容易无所适从，无所事事。

（3）学习动机功利化　　读大学仅仅为了未来有一份好工作和高薪水，功利目的在大学生的学习动机中盛行。

（4）无明确学习目标　　有些学生以考上一所大学为追求目标，进入大学后就没有了人生规划与发展方向。学习无计划，过一天是一天，做一天和尚撞一天钟。

2. 学习动力缺乏的原因

（1）"高考后遗症"　　在基础教育阶段，无论是学校还是家长，基本以高考指挥棒来评价教育的效果。学生在高考指挥棒的指挥下，"书山有路勤为径，学海无涯苦作舟"，长时间浸泡在题海、作业之中，很少有学生能发自内心地体会到学习的乐趣。他们在中小学阶段所有的坚守都是为了一个目标：进入一所令自己满意的大学。一旦进入大学，很多大学生会产生"船到码头车到站"的心理，觉得自己已经学得非常疲惫了，目的达到了，该休息、娱乐了，因此缺乏深远的学习动力。

（2）目标定位不清　　很多大学生不明白"我是谁"，不清楚在大学期间"我需要什么"，缺乏大学规划与生涯规划。另外，学习动机不正确，社会责任感不强，自我意识不成熟，自我效能感缺乏，学习方法不当，态度不端正，毅力不够，对专业不感兴趣等。

（3）新的"读书无用论"影响　　全社会尚未真正形成尊重知识、尊重知识分子的良好氛围，知识分子的社会地位和经济地位尚未彻底改善；大学生择业机制尚不健全，就业中不合理、不公平现象依然在一定程度上存在。因此部分家长和大学生轻视大学学业，认为读了大学跟中学毕业早日打工挣钱没有实质性差别，新的"读书无用论"促使他们缺乏深远的学习动力。

（4）学校原因　　学校没有尽早给学生做专业规划、专业发展方向教育，使学生不了解所学专业、更不了解所学专业以后的发展前景。此外，专业设置过细，口径过窄，一定程度上脱离社会需要，导致择业困难，学用脱节，用非所学，课程设置不合理，教学内容陈旧，方法刻板、单一，教学效果不佳；教学管理不严，教学条件跟不上等，也使大学生学习动力不足。

3. 有效激发学习动力

（1）**明确大学学习目标**　大学生首先要问自己一个问题："我为什么上大学？"以前或多或少是在父母与老师的安排与期望下考入了大学，上大学后就应当为自己的人生与前程奠定一个坚实的专业基础。只有学生很清晰"这是我的大学""我需要一个这样的大学"时，学习才会保持正确的方向和保有不竭的动力。当然，学习目标的设置也应恰当，过低过高都不行，过高达不到，易失去信心；过低不费力，又起不到激励作用。要想使自己的学习保持高涨的积极性，为自己设置适当的学习目标是非常重要的。一般来说，那些具体的、短期内能实现的、难度中等的目标可以有效激发学习的积极性。我们在学习中可以有长远目标或总体目标，但在具体的学习中可以将长远目标或总体目标分成多个具体或近期的子目标，每完成一个子目标就会获得一种成就感或成功感，随着成功机会的增多，我们的自信心也随之提高，学习的积极性就会被激发并保持。

（2）**培养学习兴趣**　我们常说"知之者不如好之者，好之者不如乐之者"。培养学习兴趣，需要大学生多读、多听、多看、多动手、多参与。多读与专业相关的书籍、报纸、杂志，把握学术动态；多听学术报告会，了解学术动态和本学科当前最新研究成果；多看一些学术成就展览，以激励兴趣；多动手参加实验活动，亲自动手操作，在操作中将理论联系实际，并增长技能；积极参加学校各种科技文化活动，包括各种小发明、小创造活动，有条件的还可参与教师的科研项目，锻炼科研能力。大学生要基于对科学知识与技术的学习、研究和创新，基于对真理的追求、对知识的好奇等内在动机进行学习研究，而不是完全基于获得学历证书、获得奖励等外在动机来进行学习研究。只有这样，学习才能拥有持久而深远的动力。

（3）**进行积极归因**　归因理论告诉我们，当我们把一件事情的成功归因为"我非常努力"、把失败归因为"我努力不够"，而不是把成功归因为"我很聪明"或者"运气很好"，也不是把失败归因为"我不够聪明"以及"运气差"，这样归因可以让大学生认识到学习的成败是掌握在自己手中的，学习的好坏取决于自己努力的程度。美国人格心理学家、社会心理学家和发展心理学家德韦克曾对一些数学成绩差又缺乏自信的学生进行归因训练。在训练中，让学生解答数学题，当他们成功时，告诉他们这是努力的结果；而当他们失败时，告诉他们这是因为努力不够。经过一段训练，学生不仅学习努力，而且增强了学习信心，提高了成绩。另外，美国教育学家香克的研究发现，在归因训练中，一方面让学生感觉到自己努力不够，把失败的原因归结为努力因素；另一方面及时反馈学生努力的结果，这能让学生感觉到自己的努力是有效的。这样能让他们从无助感中解脱出来，通过坚韧不拔的努力获得学业成就。大学生能考上大学，说明他们的智力水平和学习能力是没有问题的，当学生在学习上暂时遭遇困难时，引导学生从努力程度、学习方法、学习态度等方面找原因，有针对性地进行改进，训练学生把学习的成败掌握在自己手中。

（4）**增强自我效能感**　自我效能感是指一个人感到自己能够胜任和有效的感觉。学习者的自我效能感是学习者对自己能否成功完成某一任

微课 4-2

务能力的主观判断，这种主观判断是随着学习者在学习中获得成功概率的增长而增长的。如果一个学习者能从简单任务开始，不断积累小成功，并逐渐增加任务难度，就会提高对自己能力的判断。当自我效能感增强了，有了充分的自信心后，即使遇到一些挑战性的任务或遇到暂时的失败或挫折，人也能保持积极进取的学习状态。况且自我效能感还是可以迁移的，在某一学科获得的自我效能感的增强，在许多条件下也可以迁移到其他学科。

二、学习效率低下与调适

1. 学习效率低下的表现

学习效率低下的最重要表现是学习疲劳。学习疲劳是指学习者由于学习过度或学习方法不当而产生的学习效率逐渐降低，并伴有渴望停止学习的现象。学习疲劳包括生理疲劳和心理疲劳，一般来说，生理疲劳相对心理疲劳要容易恢复一些，但大学生的学习疲劳以心理疲劳最为常见。

（1）生理疲劳　生理疲劳是指生理机能上的失调，包括肌肉疲劳和神经疲劳。极度的生理疲劳可能造成肌体受损及神经功能紊乱。

（2）心理疲劳　心理疲劳是指学习者主观上感觉疲劳，表现为对学习感觉疲倦，情绪紧张、不安、烦闷、易怒，精神涣散、注意力不集中，导致学习积极性和学习效率大大减退，甚至造成学习困难。

2. 学习效率低下的原因

（1）自学能力欠缺　小学、中学单纯应试的学习模式，使相当一部分学生习惯了在老师和家长的安排下按部就班地学习，其自主学习能力没有得到有效提升。当他们进入大学后，大学强调的不只是知识学习，更强调思维训练、强调学习的自主性和自学能力，这让他们感觉束手无策而产生焦虑，只好以多年来形成的苦读习惯应对大学的学习任务，这显然是力所不及的，也导致疲劳战术和学习效率低下。

（2）时间管理能力有限　大学的学习科目涉及公共课和专业课，还涉及知识学习、技能训练和综合能力培养，所以妥善、高效地管理好时间是提高学习效率、避免学习疲劳的重要前提。有些大学生在这方面的独立性和管理能力非常有限，导致学习效率低下。

（3）用脑方法不当　学习疲劳的出现不完全是件坏事，疲劳是大脑皮层的一种保护性抑制，它对我们的大脑有保护作用，这种保护性抑制让我们的大脑不会被过量外界信息伤害。如果我们感觉疲劳，还不注意休息，身体得不到及时恢复，仍强迫大脑继续保持兴奋，长此以往会导致大脑的兴奋与抑制过程失调，甚至导致神经衰弱。其实，面对学习疲劳，只要能引起注意，适度休息，并参加一些体育活动，增加一些放松方式进行调节，合用安排学习时间，就能解决学习疲劳问题。

3. 改善学习效率低下的问题

（1）学会科学用脑　有些大学生在学习过程中没有掌握用脑的科学原则，过度滥用或过于松懈，从而使大脑或过于疲惫或过于松懈，严重影响了学习效率。科学用脑对大学生高效率的学习是非常重要的。

人脑具有特殊的多元网络结构，它由 140~160 亿个脑细胞组成。这些脑细胞相互之间通过生物电联系，构成数以亿计的节点，这些节点就是可以储存信息的生理单元，人一生中大约可以储存 1000 亿信息单位，约为 5 亿本图书的信息总量。

其次，大脑两半球功能不同。大脑左半球和逻辑思维有关，主管智力活动中的计算、语言逻辑、分析、书写及其他类似活动；右半球和形象思维有关，主管想象、色彩、音乐、幻想等活动。如果大学生学习时长时间只运用一侧大脑半球，很容易导致疲劳。所以，根据大脑两半球的分工来交替使用大脑，可以有效延缓大脑疲劳。

此外，大脑功能的兴奋与抑制交替。由于人脑构造的有限性，决定了人的高级神经系统活动的基本规律是兴奋和抑制的相互转换。大脑兴奋时必然伴有能量的消耗，从而使大脑皮质抑制，这时大脑处于"休息"状态，进行能量的补充和储备，为下一个兴奋做准备。这一规律就要求大学生要科学用脑，使学习有张有弛，有节有序，也更加有效。

（2）进行有效的时间管理　　时间管理对每个人来说，都是一个重要的人生课题。对于大学生来说，由于学习、工作中活动都很多，若时间安排不好，常常顾此失彼，会产生被动和对自己的不满，心中时常充满焦虑。所以必须学会管理好自己的时间。怎样较好地管理自己的时间呢？比如，使用时间馅饼图，就可以协助我们整理自己的时间分配情况，并在此基础上合理安排学习时间。

微课 4-3

三、考试焦虑与调适

1. 考试焦虑及其表现

考试焦虑是一种特殊的、由整个考试情景引起的神经紧张状态。考试焦虑也是一种对考试的恐惧，对考试的担忧。考试焦虑包含两种成分，一为忧虑性，一为情绪性。忧虑性包含较多的认知成分，情绪性主要指与之相伴随的情绪体验及身体反应。

心理学有关的研究认为，考试焦虑反应是后天"习得"的，它与早期的经验有关。过去的经历和体验作为不良情感记忆被保留下来，并通过认知过程的定式思维加工引起应试者情绪的波动，这种波动的最直接结果是导致注意力分散和记忆力减退，严重干扰了逻辑思维过程。这种心理上的紊乱，使应试者不能集中于考试的内容，整个考试情景将变得富有威胁性，应试者将不得不把注意中心转移到对基本情感的保护上来。处于这样一种被动防卫状态，人的知觉变得狭窄，思想慌乱，无所适从，不能连贯地分析问题，容易产生极端的念头。所有这些最终集中为自我评价的过度消极、自我怀疑和自卑感，夸大自己的无能和失败，从而对考试顾虑重重，失去信心，形成严重的考试焦虑症。

考试焦虑常常在焦虑者的情绪、认知、身体和行为上有所表现。

1）情绪上：担忧、焦虑、烦躁不安。

2）认知上：注意力不集中，记忆力下降，看书效率低，思维僵化。

3）身体上：头痛、食欲下降、恶心、失眠、困倦、思维迟钝、躯体器官疼痛、拉肚子等。

4）行为上：坐立不安、手足无措、或抽烟酗酒、沉溺网络、不停诉说、暴饮暴食、闷睡、不吃不喝也不睡只低头发呆，甚至伴有强迫症状（强迫性检查、分析）等。

具有高度考试焦虑的学生在考前会出现明显的生理心理反应，比如，过分担忧、恐惧、失眠健忘、食欲减退、腹泻等症状；在临考时心慌气短、呼吸急促、手足出汗、发抖、频频上厕所、思维肤浅、判断力下降、大脑一片空白；还有的学生在考场上出现视动障碍，比如，看不清题目、看错题目、丢题落题、动作僵硬、手不听使唤、出现笔误等。

2. 考试焦虑形成的原因

（1）客观因素 指来自教师、家长和社会的压力，考试的重要性，难易程度，竞争程度等。

（2）主观因素 主要包括以下几点：

1）个性：神经类型属于弱型的人，如敏感，易焦虑，过于内向，缺乏安全感和自信心者，做事追求完美等，易产生考试焦虑。

2）经历：如果把考试失败经历归结为自己不聪明、能力差，就会对自己失去信心，面临考试时就会紧张焦虑。

3）复习准备情况：复习准备不足，对考试没有把握。80%的人考试焦虑是由复习准备不充分引起的。

4）对考试的看法：成绩不好等于不聪明、没优势、没本事；等于被人看不起，对不起父母。考试好是改写人生命运的唯一途径，这样的信念很容易带来考试压力。

3. 考试焦虑的调控策略

考试焦虑是可以克服的，我们可以通过认知矫正、行为矫正和运用恰当的应试策略来克服考试焦虑。

（1）认知矫正 通过理智分析的方式找到导致考试焦虑的核心思维来予以认知和改变，可在一定程度上减轻或控制焦虑，这种方法叫作理智战胜情绪疗法。

理智战胜情绪法的关键在于，首先能对自己的情绪有较好的认知，其次要能找到影响自己情绪的最核心的棘手思维，然后在找证据时能尽量穷尽导致棘手思维、负面情绪的支持性证据。在你不断找寻不支持自己产生负面情绪的证据，也就是你不断找寻让自己快乐起来的证据时，心情就会在这个分析过程中得到很大的改善。在使用理智战胜情绪的疗法时，一定要用纸笔把内容写下来，因为如果只是借助头脑思考而不动笔，思维会混乱，负面情绪也会混乱，而当借用纸笔把它们写下来时，这个过程就是一个理智思维的过程，它有利于澄清混乱的情绪和混乱的思维，从而使理智战胜情绪。认知调整情绪的过程如表 4-1 所示。

表 4-1　认知调整情绪的过程

初始情绪	棘手思维	支持证据	不支持证据	调整后的情绪
紧张 90 分 抑郁 85 分 烦躁 80 分	我怕考不好，因为我会觉得很失败	A. 最近一个月我复习效率很低；B. 这次摸底考试我退步了 3 个名次；C. 我近来吃饭睡觉都不好	A. 我到目前为止已经把要考的科目全部复习了两遍，对考试较有把握；B. 我的基础较为扎实，以往考试一直发挥稳定；C. 我们复习考试的难度比实际考试难度偏大，我的得分仍较高；D. 我是一个有爆发力的人，离考试还有一些时间，我可以考前冲刺等	紧张 60 分 抑郁 45 分 烦躁 40 分

（2）**行为矫正**　当我们遭遇考试焦虑时，我们可以采用系统脱敏的方法来进行行为矫正以减轻焦虑。系统脱敏是将放松训练等与条件反射原理结合运用的一种行为疗法。基本方法：当患者出现焦虑和恐怖反应时，同时引起一个与之对抗的肌肉放松反应，以使患者原来的不良反应强度减弱，即交互抑制。将交互抑制按等级排列，从弱到强，渐次实施，直至最终消除患者的不良反应，即系统脱敏。

做考试焦虑的系统脱敏训练时，首先要对考试焦虑的程度做一个焦虑等级划分：A. 听说我不认识的某些人需参加一次考试；B. 一个同学告诉我，他要参加一次正规考试；C. 任课老师宣布，三天内将进行一次小测验；D. 任课老师宣布，两周内将进行考试；E. 我是临考前约 10 天，开始为初试而做准备的；F. 现在距离考试还有一个星期，我复习得还很不多；G. 明天就要考试了，今晚我觉得准备得还不充分；H. 我正在去考场的路上；I. 我看见其他应试者陆续到来；J. 我看见一个人忧心忡忡，正在匆匆背诵；K. 监考老师到了，我等得发急，脑子也好像失去了知觉；L. 我拿到了考卷，开始做之前，我把卷子仔细看了一遍；M. 我中断考试，考虑自己怎样才能比其他人做得好；N. 我从眼角看监考老师，他就在我附近走动；O. 我被一道试题难住了；P. 我看见有人在我之前答完题，交上卷子；Q. 时间就到了，我根本做不完了；R. 考试后我与别人交谈，发现自己的某些答案与他们不一样。

治疗时，先让考试焦虑的同学做放松训练，待全部放松程序完成后，让他按假定焦虑等级依次想象，若不紧张，肌肉呈松弛状态，便可转入下一个情形。若感到紧张，就做一次放松训练。依次类推，直至不感到紧张为止。

（3）**应试策略**　主要包括以下几点：

第一，考前准备

首先是考前时间管理。要明白每个人的学习风格不一样，不要盲目与他人比较。应制订适合自己的复习计划，根据自己各科的基础和学习现状，确定相应的分数目标，进行有策略的复习。时间管理的心理意义在于一方面可以消除心理上的不确定性，人对确定的东西、掌握得住的东西才会有安全感，才不会慌乱；另一方面可以避免忙乱，事情多不是问题，乱才是问题。

其次是考前失眠问题。可运用森田疗法——顺其自然，为所当为。考前人人都会紧张、焦虑，而且相当多的人考前一晚都睡不好，有不少人考前失眠，甚至是通宵失眠，所以你并不是太与众不同。

再次是考前紧张不起来的处理。有部分学生说，很多人是考前紧张得不得了，可自己在大考前怎么也紧张不起来，表现为神经兴奋抑制，头脑发木，激不起最后一搏的劲头。造成这种现象的最主要的原因是考生经过较长时期的苦读，在生理和心理上都有些疲惫不堪，大脑接收的信息过多和负荷过重，造成了一种保护性的抑制。这时要注意适度的休息和锻炼，交换一下复习的形式，避免单调机械的刺激产生的厌烦心理，还可进行心理承受能力的训练。

第二，考试中的应对策略

首先应微笑面对。进到考场时，无论你多么紧张，都要面带微笑，表现出一种自信。

其次应把握正确的答题原则。"四先四后，一快一慢"，即先做易题后做难题，先做熟悉题后做生疏题，先做有把握题后做没把握题，先做相同类型题后做相异类型题；审题要慢，做题要快。

再次应有效应对考场上的心理性噪音。有些学生总爱在考后抱怨说，监考老师的脚步声、周围同学的翻卷子声和叹气声，以及考场外发出的某种声音，干扰了他们的思路，其实这是一种心理性噪声。对心理性噪声，越注意它，就越受干扰，你就会越感到不安。

最后是考试时碰到不会的题或想不起的知识的应对。可运用酸葡萄心理效应（比如，"我不会是因为题目比较难，我不会别人也不会，这道题分值也不大要紧"）、线索联想、利用隐性记忆、接受事实并合理决策来应对。

第三，考后总结

首先应考完一门彻底了却一门，不对答案。其次应了解主观感觉考砸一两门是正常情况，事实上未必如此。

活动体验

【心理活动体验二：学习经验分享】

1. 活动目的

交流学习方法，分享学习经验

2. 具体操作

（1）同学们每人写出自己学习中存在的一至两个问题和多条经验。

（2）每6位同学就近组成一个小组，每个同学在小组中交流自己的学习问题，共同分享经验，并讨论每个同学的问题的解决方法。

（3）每个小组派1名代表总结小组同学的学习经验、问题及解决问题的方法，在班上交流，大家共同分享团体活动成果。

3. 教师总结

通过交流学习方法和学习经验，能够让学生找到更好的学习途径，解决学习中出现的问题，提高学习效率，增强自主学习能力。

【心理活动体验三：绘制时间馅饼图】

1. 活动目的

学会时间管理，提高学习效率。

2. 具体操作

（1）请先绘制一张理想的"时间馅饼图"，而后尽量回忆在过去的一周中参加的各项活动，包括花在各项工作、学习、家庭、朋友身上的时间，参加各种进修、兴趣爱好、身体锻炼、休闲活动等，然后根据每项活动所投入时间的多少按照百分比分配在这张时间馅饼图中。

理想的时间馅饼图　　　　　　　实际的时间馅饼图

（2）小组讨论交流。完成时间馅饼图的绘制后，请思考下面的问题。

1）对照一下自己做的"时间馅饼图"，看看你是否将时间用来实现自己定下的大学目标。

2）理想的"时间馅饼图"的分割与你目前实际的时间分配状况之间有何区别？是什么造成这种情况？能不能进行改变？如何进行改变？

（3）大组分享，作品展示。

3. 教师总结

在进行时间管理时，要记住时间管理的一个重要原则：将时间耗费在某些事情的唯一理由就是为了实现自己的近期和长期目标。

活动评价

评价内容		评价标准	是/否
活动完成情况	活动二	能说出自己的学习动机，为什么上大学	
		能列出自己在学习中常见的心理困扰	
		能找到方法有效应对学习上的困扰	
	活动三	能绘制自己的时间馅饼图，包括理想的和现实的	
		能区分有何不同，能更好地分配时间，提高学习效率	

任务 4.3　在学习中尝试创新

情境导入

小吴同学是大二学生,他的学习一直很有计划,并且坚持按照学习计划书去执行,期末考试他取得了优秀的成绩。最重要的是小吴对自己的专业产生了浓厚的兴趣,他参加了学校的机械设计创新协会,并且和另外三位同学组队参加了全省"挑战杯"大赛,现在他们正在准备参赛作品。但是参加创新大赛和平时的学习不同,对于知识的运用灵活性很强,小吴觉得很吃力,最终比赛也没有取得理想的好成绩,小吴很灰心,不知道在学习中怎么培养自己的创新思维。

创新是指人类为了满足自身的需要,不断拓展对客观世界及自身的认知与行为,从而产生有价值的新思想、新举措、新事物的实践活动。创新的实质,就是变革旧事物,并将其更新为新的事物。创新必须具有创新思维,创新思维往往是能够突破常规和原有的思维定式,是一种新思维的变革,能够产生新的事物,带来新的变化。大学生应该怎样培养和训练自己的创新思维呢?

知识准备

一、创新思维的含义

创新思维是指人们为解决某一问题,自觉能动地综合运用各种思维方式进行思考。创新思维是进行创新实践活动的基础条件,是思维的高级形式。

创新思维的主要障碍是思维定式,思维定式,也叫思维惯性,是指过去思维对当前思维的影响。人们把平时学习和实践中获得的知识、经验、观念和方法等要素进行积淀,并固定于大脑中,就构成了一定的思维方式。久而久之,在思维过程中就形成了固定的认识问题、分析问题和解决问题的模式,很难改变而成为定式。创新思维是改变思维定式,帮助人们能够驾轻就熟的迅速解决问题,内化知识,提升创新能力。

二、创新思维的方式

1. 形象思维

形象思维是人们对客观事物的外在特点和具体形象在头脑中的反映。它有三种表现形式:表象、想象和联想。它包括想象思维和联想思维。比如,当要研制一台机器时,头脑会想象出这台机器的形状、颜色等外部特征,想象出组成这台机器所需要的零件数量、形状及装配过程。这些思维活动就属于形象思维。形象思维具有形象性、直观性和灵活性的特点。它源于直观形象和既有经验，却又不受固定程序、规则和逻辑推理的约束，灵活的、跳跃式地直接抓住事物的本质。

2. 想象思维

想象思维是人脑通过形象化的概括作用对脑内已有的表象进行加工或重组的思维方式。它是形象思维的一种基本形式和方法，是一种特殊的心理现象和非逻辑思维。创新想象是根据一定的任务和目的，对头脑中已有的表象进行加工创新，独立地创造出崭新形象的过程。比如，哥白尼在天文仪器极度落后的情况下提出"日心说"，卢瑟夫建立原子模型，魏格纳提出大陆漂移学说等都是创新想象的结果。

3. 联想思维

联想思维是在某种诱因作用下，人们将一种事物的形象和另一种事物的形象联系起来的思维方式。它也是形象思维的一种基本形式和方法。它的特点是可以在两个不相关的事物之间通过连续的联系而快速地形成联想链。想象思维和联想思维可以互为起点，即想象思维可以在联想到的事物之间展开，同时想象思维所获得的结果又可以引起新的联想。

4. 发散思维

发散思维又称辐射思维、扩散思维、多向思维及求异思维等。它是指人在思维过程中，思路由一点向四面八方展开，求出多种答案的一种立体多路思维形式。发散思维可以突破人们头脑中固有的逻辑框架，由一事想万事，从一物思万物，构成较大的思维空间，得到众多具有新意的答案。发散思维的特点是：从给定的信息中产生众多的信息输出，看到一样，想到多样；看到一样，想到异样；并由此导致思路的转移和跳跃前进，思维成果具有独特性和新颖性。

5. 横向思维

横向思维也称侧向思维或旁通思维，是指不按照思维逻辑去推理，而是转换思维视角，另辟蹊径的思维方法。横向思维与纵向思维的区别：纵向思维是从单一的概念出发，并沿着这个概念一直推进，直到找出最佳的方案或方法。但是，万一作为起点的概念选错了，就会找不到最佳方案。

6. 逆向思维

逆向思维也称反向思维，是指转换思维视角，用与通常考虑问题的方向相反的思考方法。世界上的事物都有正反两个方面，人们也应该从正反两个方面认识事物。但是长期的思维习惯往往使人们只看到其中的一面，使思维的过程和结果越来越雷同，没有新意。利用事物的另一面，逆向思维可以获得意想不到的效果。比如，正面攻击敌人难以成功时，就改为背后偷袭，有时可奏奇效；小孩掉进水里，把人从水中救起，是使人脱离水，司马光救人是打破缸，使水脱离人。

7. 收敛思维

收敛思维又称聚敛思维、辐集思维、集中思维和求同思维等，是一种寻求某种正确答案的思维方式。与发散思维相反,收敛思维在解决问题的过程中,总是尽可能地利用已有的知识和经验,将众多的思路和信息汇集于研究对象这个中心,通过比较、组合和论证,得出在现存条件下解决问题的最佳方案。发散思维是求异思维,广泛搜集创新设想和方案,为收敛思维提供加工对象;收敛思维是求同思维,对众多创新设想和方案认真整理、全面考察,精心加工成最优的创新成果。发散思维的关键是开放,收敛思维的关键是优化,二者对立统一,相辅相成。

8. 逻辑思维

逻辑思维又称抽象思维。通常所说的逻辑思维是指形式逻辑思维,它是以抽象的概念、判断和推理为形式的思维方式。概念是反映客观事物本质属性的思维形式;判断是对思考对象有所断定的思维形式;推理是由已知判断推出新判断的思维形式;逻辑最基本的结构就是三段论,又称直言三段论。三段论是一种间接推理,也是一种演绎推理。它以两个含有共同项的性质判断为前提,推导出另一性质判断作为结论。

9. 辩证思维

辩证思维是指按照辩证逻辑的规律,即遵循唯物辩证法的一般原理进行思维。辩证法是关于联系和发展的学说,它强调用事物普遍联系、发展变化和对立统一的观点看问题。客观性、全面性及深刻性是辩证逻辑的根本要求和基本特征。

三、大学生创新思维的培养

1. 要注重书本知识的积累

人的创新能力来源于创新思维,而创新思维是建立合理的知识结构之上的。因此,培养创新能力,必须从构建良好的知识结构开始。没有扎实的知识基础,创新就成了无源之水、无本之木。扎实学好基础课程知识是大学生培养创新能力的基础。通过学习获得的知识和经验越丰富、越扎实,就越能观察和发现问题,越能开阔视野。思路越宽广,越易于产生灵感,找出解决问题的办法。

2. 要培养善于思考的习惯

大学生在平时的学习生活中,遇到了难题,要充分发挥创新思维能力,想出解决的办法,不能只想着一蹴而就,不动脑子就可以做出一道难题或者解决一件困难的事情。对于平时所开设的课程,应该予以重视,在学习中学会思考,展开想象,努力发现并保护自己的好奇心,激发求知欲,培养创新意识。

3. 要培养动手能力,勇于实践

实践出真知这句话是有道理的,书本上的知识是死的,思维是灵活的,遇到一些操作性的理论知识,只有动手去做,才能知道自己对这个理论知识的瓶颈在哪里,才能想出解决的办法,才可能实现创新,想出更加完美的解决方法。

4. 要善于借鉴他人的创新思维和成果,同时与自己的成果相结合

不管我们是多么聪明,多么优秀,都会有自己的缺点,有自己的局限,往往自己想

不到的，别人会很轻松地就能想出来，这就是思维的局限性。要借助别人的创新思维和成果，并与自己的成果相结合，这样就能快速创新。

5. 要从兴趣出发

不管任何人，如果让你去做一件你根本不感兴趣的事情，你做起来都不会有兴趣的，更别说让你去创新了，所以创新还是要从兴趣出发。在大学生改善自身问题、提高创新思维能力的同时，学校也应该重视学生创新思维能力的培养，多举办关于创新的比赛和项目，同时做到公平、公正、公开。

6. 要善于从失败中总结经验

任何创新都不是立竿见影的，任何创新也不是一次就能成功的，失败是正常的事情，只要能从失败中总结经验，相信总会成功的。

7. 要尊重自然规律

不管做什么事情都应该尊重自然规律，创新也不例外，任何创新思维都要尊重自然规律，这样才能成功。

活动体验

【心理活动体验四：学会创造——创新思维能力训练】

1. 活动目的

通过字、词的流畅性训练，培养创新思维。

2. 具体操作

（1）在10个"十"字中，每个添上不超过3笔的笔画，变成其他不重复的10个字。

十、十、十、十、十、十、十、十、十、十

（2）请写出"申"字中藏有多少个汉字？

（3）请不借助字典和其他工具在"日"字上、下、左、右、上下一起加笔画，各写出5个以上的字。

（4）请不借助字典和其他工具在"口"字上、下、左、右加笔画，各写出5个以上的字。

（5）下面有8句成语，请找出与它们同义的另外8句成语。

①见缝插针　②平步青云　③老调重弹　④负荆请罪　⑤画蛇添足　⑥白璧微瑕　⑦涂脂抹粉　⑧病入膏肓

（6）请分别用8个字描述下面8个词组的意思。

①小而高的山　②小而尖的山　③尖而高的山　④高而陡的山　⑤高而险的山　⑥高而大的山　⑦土堆成的山　⑧四周陡而顶端平的山

3. 教师总结

学生在活动中体验创新的快乐，感受创新思维的独特魅力，从而能更好地将创新思维运用于学习。

活动评价

评价内容		评价标准	是/否
活动完成情况	活动四	能正确认识创新思维	
		能描述创新思维对个人学习、生活的影响	
		能提升创新能力	
		能找到学习与创新思维有效结合的方法	

◆ 自主测试

一、多选题。

1. 大学生学习的特点，下列正确的是（　　）。
   A. 职业性　　　　　　　B. 自主性
   C. 广泛性　　　　　　　D. 选择性

2. 大学生学习动力缺乏的表现有（　　）。
   A. 厌倦学习　　　　　　B. 逃避学习
   C. 成就欲望低　　　　　D. 学习动机功利化
   E. 无明确学习目标

3. 大学生学习动力有效激发的方法有（　　）。
   A. 明确大学学习目标　　B. 培养学习兴趣
   C. 进行积极归因　　　　D. 增强自我效能感
   E. 无明确学习目标

4. 考试焦虑的调控策略有（　　）。
   A. 认知矫正　　　B. 行为矫正　　　C. 应试策略

5. 创新思维的方式有（　　）。
   A. 形象思维　　　B. 想象思维　　　C. 联想思维
   D. 发散思维　　　E. 逻辑思维　　　F. 辩证思维

二、创新思维训练，请在括号内填上适当的名称。

什么菜煮不熟？（　　　　　）　　什么菜洗不净？（　　　　　）
什么蛋不能吃？（　　　　　）　　什么饼不能吃？（　　　　　）
什么河没有水？（　　　　　）　　什么马不能骑？（　　　　　）
什么牛不耕田？（　　　　　）　　什么火不烧手？（　　　　　）

什么球不能踢?（　　　　　　）　　什么珠不能摸?（　　　　　　）
什么嘴不讲话?（　　　　　　）　　什么药没处买?（　　　　　　）
什么刀不能切菜?（　　　　　　）　　什么锅不能煮饭?（　　　　　　）

◆ 复盘

模块 4　成为主动的学习者——大学生学习与创造　复盘表		
任务类别：□ 个人任务　　□ 小组任务		
个人姓名		班级
小组成员		班级
复盘：总结本模块任务完成情况，掌握了哪些知识和技能，锻炼了哪些能力，活动体验中获得哪些感悟。		

◆ 课后巩固

1. 课后拓展

树立学习目标，形成合理结构，促进全面发展。

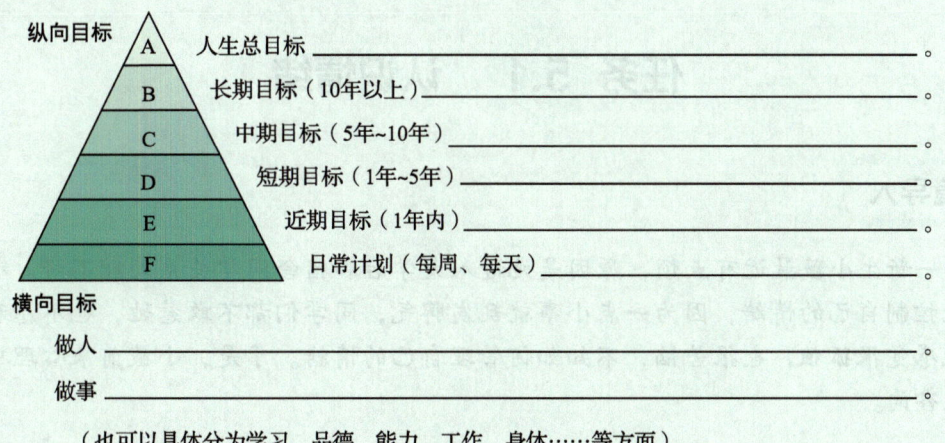

纵向目标
A 人生总目标 _____。
B 长期目标（10年以上）_____。
C 中期目标（5年~10年）_____。
D 短期目标（1年~5年）_____。
E 近期目标（1年内）_____。
F 日常计划（每周、每天）_____。

横向目标
做人 _____。
做事 _____。

（也可以具体分为学习、品德、能力、工作、身体……等方面）

2. 自助与助人

请帮助身边不想学习的同学，激发其学习动力。

模块 5
做情绪的主人——大学生情绪管理

> **学习目标**
>
> 1. 能认识情绪，了解自身的情绪特点。
> 2. 能运用各种方法自主调控不良情绪，提升情绪管理的能力。
> 3. 能在日常学习生活中，有效管理情绪，保持良好的情绪状态。

任务 5.1 认识情绪

> **情境导入**
>
> 大一新生小薇最近有点烦，原因是她进入大学后和宿舍同学关系处理不好。小薇总是不能控制自己的情绪，因为一点小事就乱发脾气，同学们都不敢惹她，也不愿和她交流，她感觉很孤独，也很苦恼，不知如何管理自己的情绪。于是，小薇前来心理中心预约心理咨询。
>
> 要认识和驾驭情绪，首先要了解情绪。

> **知识准备**

一、情绪的含义与构成

小薇的苦恼很多同学都会遇到。什么是情绪？人的情绪是如何产生的？情绪又是由哪些因素构成的呢？

1. 情绪的含义

情绪是人对客观事物是否符合自己的需要而产生的主观态度的体验。情绪是由客观事物引起的，离开了具体的事物，人不可能自发地产生情绪。当客观事物或情境符合主体的需要和愿望时，就能引起积极的、肯定的情绪。比如，看到美景，会感到高兴；工作得到了他人的认可，会感到满足；生活中遇到心仪的恋人，会感到幸福；看到见义勇为的行为，会感到敬佩；找到了志同道合的朋友，会感到愉悦等。当客观事物或情境不符合主体的需要和愿望时，就会产生消极、否定的情绪。比如，期望落空，会感到失望；被冤枉，会感到委屈；失去亲人，会感到悲痛；无端受到责难或攻击，会感觉愤怒；工作受挫，会感到苦恼等。由此可见，情绪是人脑对客观事物的反映，但它反映的不是客观事物本身，而是客观事物与人的需要之间的关系。

2. 情绪的构成

情绪是由个人独特的主观体验、外部表现和生理唤醒三种成分组成的。

（1）主观体验　指的是个体对不同情绪和情感状态的自我感受。每种情绪都有不同的主观体验，如在失去至爱的亲人时，感到无比悲痛；在突如其来的危险或灾难面前，感到惊恐万分；在通过努力赢得比赛时，感到由衷的满足和自豪，等等。这些都是人们对情绪的主观体验。

（2）外部表现　指的是情绪的镜像，即表情。它是在情绪和情感状态发生时身体各部分的动作量化形式，包括了面部、姿态和语调等表情。人的主观体验总是表现出相应的表情模式，如高兴快乐时，面颊上提、嘴角上翘、手舞足蹈、语调高昂、语速较快；悲哀时，面容哀戚、痛哭流涕、语调低沉、语速缓慢；悔恨时，捶胸顿足；惧怕时，手足无措，等等。一般来说，在上述三种表情形式中，面部表情在情绪交流中起主导作用，姿态和语调表情起辅助作用。

（3）生理唤醒　指的是情绪的生理反应，即生理激活的状况。如心率加快、血压升高、瞳孔放大、内分泌变化等。不同情绪的生理反应模式是不一样的，如满意愉快时，心跳节律正常；恐惧或暴怒时，心跳加速、呼吸频率增加、血压升高；恐惧时，脸色发白、出冷汗、口干；焦虑抑郁时，失眠、食欲减退等。

二、情绪的基本状态及形式

情绪可分为心境、激情、应激三种状态，对我们的生活产生不同的影响。人有四种基本情绪，即快乐、愤怒、恐惧和悲哀，在这四种基本情绪之上，还可以派生出众多的复杂情绪。

微课 5-1

1. 情绪的基本状态

情绪的状态是指在一定的生活事件影响下，一段时间内各种情绪体验在强度、持续性、紧张度三个方面所表现的特征，分为心境、激情、应激三种状态，它们在人的生活

中都有重要意义。

（1）**心境** 是一种比较微弱而持久的、使人的所有情感体验都染上某种色彩的情绪状态。心境的特点是弥漫性。当人处于某种心境时，会以同样的情绪体验看待周围事物。比如，人伤感时，会见花落泪，对月伤怀。心境可持续几周，几个月甚至一年以上。这取决于客观事物和人的性格特征。虽然人往往不一定能意识到导致某种心境的具体原因，但心境对人的活动会有很多影响。比如，积极的心境使人精神振奋，有助于工作效率提高，增强活力和信心；消极的心境会降低工作效率，有害身心健康。

（2）**激情** 是指一种短暂的、强烈的、爆发式的情绪状态，常由意外事件或对立冲突引起，同时伴有明显的生理变化和行为表现。激情具有强烈的冲动性和爆发性，发生的时间短，会随着时过境迁而弱化或消失。在激情状态下，人的生理唤醒程度较高，认识范围狭窄，理智分析能力减弱，不能正确地评价自己行为的意义和后果，因而容易失去理智，做出不顾一切的鲁莽行为。激情有积极和消极之分。积极的激情与理智、坚强的意志有关；消极的激情则会降低人的自制力，抑制机体活动，容易导致令人后悔的事情。

（3）**应激** 是由于出乎意料的紧张或危险情境下产生的适应性反应，是人处于巨大压力和威胁情境下所产生的一种特殊情绪状态，伴有强烈的生理反应、心理反应及能量的消耗。如突然遭遇火灾、地震等时，会使人出现肌肉紧张、心跳加快、血压升高、呼吸急促等生理现象，机体的应变能力随之提高，对突发灾难的适应性也增强了。在应激状态下，人可能有两种表现：一种是目瞪口呆，手足无措，陷入一片混乱之中；一种是头脑清醒，急中生智，动作准确，行动有力，及时摆脱困境。应激的状态不能持续过久，因为这很消耗人的体力和心理能量。一个人若长期处于应激状态，可能会导致身心疾病和心理障碍。

2. 情绪的类型

人类具有丰富的情绪种类。关于情绪的类型，长期以来说法不一。我国古代有"七情"说，即喜、怒、忧、思、悲、恐、惊七种情绪。还有的心理学家提出八种或者九种类别，但一般认为人类最基本、最原始的情绪形式主要有四种：快乐、愤怒、悲哀、恐惧。在这四种基本情绪的基础上，可以派生出众多的复杂情绪，如嫉妒、羞耻、悔恨、喜欢、同情、厌恶等。

三、情绪健康与情绪的意义

情绪健康主要体现在表达方式恰当、情绪反应适度和积极情绪多于消极情绪。理解情绪的意义，对于大学生认识情绪、保持情绪健康、维护身心健康意义重大。

情绪健康是大学生心理健康的一个重要指标，主要表现为：

一是表达方式恰当。即能通过语言和行为准确表达情绪，能够采用被自己和社会所接受的方式去表达或宣泄。

二是情绪反应适度。即人的情绪反应，不论是积极还是消极的，都是由一定的原因引起的，情绪反应的时间、强度应能与引起情绪的情境相符合。

三是积极情绪多于消极情绪，即情绪对象明确，善于控制和调节自己的消极情绪，能较好地驾驭自己的情绪。

每种情绪都有存在的意义。快乐、开心等积极情绪固然反映了个体当下的积极体验，焦虑、抑郁等所谓消极情绪其实也有作用。如同身体生病是提醒我们要注意健康一样，负面情绪的出现和维持是在提醒我们需要面对和处理某些事情。临近考试，大部分同学会有些焦虑，担心复习不到位、考试成绩不理想，但正是这样的适度焦虑，才会提醒我们要认真复习，变压力为动力。当抑郁情绪出现时，可能是提醒我们应该更多地把注意力从外部转到内部，关注内心感受，反省自身行为，调适当下生活。当我们对其他同学产生嫉妒情绪时，恰恰说明别人有超过我们的地方，嫉妒是在提醒我们要提升自身水平和实力。总之，各种情绪都有存在的理由和更深层的意义，大学生应该学会识别和理解情绪中的积极意义，做好应对和调节。

活动体验

【心理活动体验一：认识情绪——情绪猜猜猜】

1. 活动目的

学会通过非语言信息理解他人的情绪，认识情绪。

2. 具体操作

（1）学生分成两人组，面对面坐好。

（2）其中一人用手势、表情、体态语言表达内心的情绪，让对方猜动作及表情所反映的感受是什么。做完后，让表演者说明对方的猜测是否准确，为什么。

表演题目：我很高兴、我很开心、我很难过、我很失望、我很无奈、我很着急、我很困惑、我很担心、我很舒服、我很不甘心、我觉得丢脸、我觉得厌恶、我很痛苦、我很寂寞、我很满足、我很无助……

（3）交换角色，再来一次。

（4）活动完成后分享交流：如何从非语言信息来判断各种情绪。

3. 教师总结

情绪是由个人独特的主观体验、外部表现和生理唤醒三种成分组成的。大学生应学会通过非语言信息能理解他人的情绪，认识情绪。

【心理活动体验二：觉知情绪——情绪填空】

1. 活动目的

帮助学生观察个人情绪，了解自己的主导情绪特点。

2. 具体操作

（1）将学生分成6人组，回忆最近一两周的情绪体验。

（2）指导学生完成下列句子。

a. 感觉高兴的事情是_____。当时我的心情是_____。现在想起这些事_____，我的心情是_____。

b. 最近让我感觉不高兴的事情是_____。当时我的心情是_____。现在想起这些事_____，我的心情是_____。

c. 每当心情好的时候，我会觉得_____。

d. 每当心情糟的时候，我会觉得_____。

e. 我的心情总是_____。

（3）引导学生小组内分享：不同情绪体验对个人生活、行为、健康的影响，了解自己的主导情绪。

3. 教师总结

情绪是人脑对客观事物的反映，但它反映的不是客观事物本身，而是客观事物与人的需要之间的关系。不同情绪体验对个人生活、行为、健康都会有影响，大学生应意识到情绪管理的重要性，从而觉知情绪，探索情绪，了解自己目前的主导情绪。

活动评价

评价内容		评价标准	是/否
活动完成情况	活动一	能用非语言信息来判断各种情绪	
		能解释情绪的构成	
	活动二	能描述各种情绪及感受	
		能觉知自己目前的主导情绪的特点	

任务 5.2　了解大学生的情绪特征及常见困扰

情境导入

小强长得高大帅气，但自尊心强，感情用事，容易冲动，不会控制自己的情绪，与同学发生口角和纠纷的事情时有发生。一次，小强与同系另一专业的同学因不小心相撞而发生口角，竟然拔刀将那名同学刺成重伤，事后小强不得不为冲动的行为承担法律后果。

大学生特有的年龄阶段和心理特点，使得情绪表现具有冲动性，还经常出现一些负面情绪，如自卑、冷漠、焦虑、抑郁、愤怒等，这些情绪会对身体健康、学习和人际交往造成较大影响。因此，大学生了解自身情绪特点及常见情绪困扰，有助于提升情绪管理能力。

知识准备

一、大学生的情绪特征

大学生处在人生的特殊成长期，在生理发育趋向成熟的同时，知识经验和思维水平不断提高，心理也发生着急剧的变化。这种变化尤其反映在情绪上，并显著地影响着他们的行为。大学生特有的年龄阶段和心理特点使得他们的情绪表现出自己的特征。

1. 稳定性与波动性并存

大学生受过较好的教育，具有较高的文化修养，具备反省自身弱点的能力和控制自己情绪变化的能力，能够对自己的情绪和行为进行较为客观的认识和评价，主动寻找引起情绪波动的原因，并不断地调节自己的情绪状态，避免情绪波动造成的不利影响，比起中学阶段，大学生情绪日趋稳定。

然而，与成年人相比情绪的波动仍很明显，容易从一个极端跳到另一个极端，这与其心理发展不成熟有密切关系。一方面，大学生的生理变化和社会需要都处在高峰阶段；另一方面，由于他们对自己需求的合理性、社会的复杂性缺乏正确的认识，容易因主客观的矛盾冲突导致心理不平衡，面对复杂的社会现象也易产生困惑和迷茫，对于价值的判断，情感的取舍，前途的选择，心里会有许多矛盾，使他们情绪摇摆不定，跌宕起伏，时而满怀豪情、热情激荡，时而郁郁寡欢，悲观消沉，表现出极大的波动性。

2. 丰富性与阶段性并存

大学生活内容丰富多彩，校园活动五彩缤纷，选择多种多样，这使得大学生的情绪活动对象扩大，出现许多前所未有的情绪体验。因此，大学生的情绪体验表现出极大的丰富性。但同时，各种各样的社团活动，复杂的人际关系，让人欢喜让人忧的情感纠葛，理想与现实、学校与社会明显的差异性也让大学生在眼花缭乱之余产生了各种复杂的情绪体验。

大学生的学习年限为三年或四年，加上学校教育中明显的年级教育特色，使他们的情绪呈现出明显的阶段性。如大一的学生由于刚刚从中学步入大学，面对完全陌生的大学生活和精彩纷呈的大学校园，他们的情绪呈现出明显的热情和憧憬，兴奋和期待。到了大二或大三，一部分学生刚入校时的热情消失，纷纷从各种社团活动中退出，又没有找到自己的目标，情绪表现出明显的平淡和消沉；另一部分学生则少了大一学生的青涩，通过大一的摸索寻找到自己的归属和位置，情绪表现出明显的稳定性和充实性。到了大三或大四，大学生面临着毕业和就业，这本身就是个重大的转变，很多学生的情绪表现出明显的波动，既有充满希望和大干一场的豪情，又对即将面临的挑战和竞争产生忧思和不自信。

3. 外显性与内隐性并存

大学生对外界刺激反应敏感而快速，喜怒常溢于言表，具有外显的特点。一般情况下，大学生由情绪引起的内心变化与外部表现是一致的，但由于其自尊心增强和独立性的发展，使得他们学会运用心理防御机制来保护自己的内心，表现在特定场合下或者特殊问题上，情绪的外在表现和内心体验并不是一致的，有时甚至完全相反。比如，他们外显的语言可能与内心的想法不一致，语言上说自己自信和高傲，实际上是内心自卑作祟的表现，或者由于害怕自己失败才做出这种行为以保护自尊心。在有的场合下，他们会用虚假性的表现来掩饰内心的感受，比如，自己并不认可对方，但为了维持关系而做出缓和，当然这些表现并不是说明大学生虚伪，某种程度的掩饰恰恰是适应的表现，是社会心理和行为的适应。实际上大学生情绪的外显性与内隐性是对立统一的，两者在一定的条件下可以相互转化。

4. 冲动性与理智性并存

大学生在外界刺激下容易产生冲动情绪与行为，表现出强烈性、爆发性的特点。可能是因为处于青年期的大学生，自尊心强，对外界事物较为敏感，年轻气盛，容易冲动，感情用事。大学生之间打架斗殴事件大多就是由一件小事甚至不经意的玩笑激起的，有的还因此造成严重后果。虽然大学生的情绪有冲动性的特点，但随着年龄的增长，文化修养的增加，他们开始具备反省自身弱点的能力和控制自己情绪变化的能力，多数情况下能"三思而后行"，对冲动的情绪进行自我调适，理性地思考和面对问题，使情绪和行为的反应趋于理智。

二、情绪对大学生的影响

俗话说：笑一笑，十年少。一种美好的心情，比服副良药更能解除生理上的疲惫和痛楚。这些非常形象地说明了情绪对人身心健康的影响。

1. 情绪的积极影响

情绪的变化对生理功能会产生直接的影响。当大学生的情绪处于良好状态时，人体免疫功能活跃旺盛，身体内部各器官的功能十分协调，可以减少患病的机会，有益于身心健康；研究还发现，积极、乐观、轻松、愉快的心境有助于开阔思路、开发潜能、集中注意力、增强创造性，从而提高学习和工作的效率；健康、良好的情绪，积极、稳定、适度的情绪反应，在人群中更受欢迎，更容易获得别人赞赏，缩短心理距离，有利于形成大学生之间良好的交往环境，使他们彼此理解，相互宽容大度，产生思想共鸣，建立真正的友谊。

2. 情绪的消极影响

大学生的情绪具有波动性，当他们的情绪处于消极状态时，伴随出现的心理状态是不安、愤怒、恐惧和痛苦。此时，身体内部各器官的功能紊乱，引起消化系统、循环系统、内分泌系统和神经系统的功能失调，身心健康受到损害，甚至引起严重的疾病。现代医学揭示，不少疾病的发生并不是由于生理的器质性病变，而是由于精神忧郁、情绪异常所致。根据国内医学界对大学生疾病的调查表明，大学生的常见病均与情绪有关。另外，情绪对大学生的心理健康水平有着重要影响，积极情感越多，快乐感就越多，心理健康水平就越高。如果日常生活中负面情绪过多，会产生焦虑、抑郁、人际关系敏感等，如果得不到及时疏导和调节，很容易发展为情绪障碍，使人发生误解，引起冲突、产生矛盾，造成紧张气氛，对心理健康产生不良影响，严重影响人际关系、社会交往和工作学习的效率。

三、大学生常见的情绪困扰

1. 抑郁

抑郁是由于感到无力应对外界压力而产生的由冷漠、悲观、失望等构成的复合性情绪；表现为郁郁寡欢、心境悲观、自责愧疚、丧失学习和工作兴趣的动力，故意回避交往，对生活缺乏信心；常伴有失眠、食欲不振、疲劳、头痛等不良反应，是大学生常见的情绪困扰之一。常言道，"人生不如意之事十之八九"，在遇到挫折时产生抑郁是正常的情绪反应，但是若抑郁情绪长期得不到调节，不断加强和持续就会发展成抑郁障碍，严重时极易发生自杀、自残等恶性行为。

大学是人生发展中比较重要的阶段，大学生从入学到毕业会经历适应大学生活、人际关系、学业、爱情、择业等方面的挑战。由于大学生的心智发展不成熟，情绪波动大、不稳定，在遇到这些问题时，如果对一些挫折不能及时处理和消化，极易导致抑郁情绪。导致抑郁情绪的原因是多方面的，有学生自身的原因，如性格内向、敏感多疑、感情脆弱、考虑问题喜欢走极端等；也有外部环境的原因，如失恋、考试不及格、家庭出现变故等负性事件。抑郁情绪已成为大学生的隐性杀手。

某高职院校一年级的一名男生刚入校不久就出现没有食欲，情绪低落，早醒，沉默寡言，怕喧闹，不愿参加集体活动等症状。后来教师通过深入交流，了解到这名学生从高一开始就一直处于抑郁状态，特别是高三以后情况更为严重。进入大学后，环境的改变进一步加剧了他的抑郁情绪和内心痛苦，他在学校接受了几次心理咨询，由于抑郁情绪非常严重，咨询的效果不明显。为了保护这位学生的生命安全，心理咨询师建议他到专科医院进行专业心理治疗。这名学生在治疗后情况得到了有效控制。

由此可见，抑郁情绪对大学生带来的不良影响是非常严重的。

2. 自卑

自卑是一种消极的情感体验，表现为对自己的能力和品质评价过低，轻视或看不起自己。

自卑通常由某一方面原因造成的，但很容易发展为对其他方面也失去信心，变得敏

感、缺乏安全感。为掩饰自己的短处，常常回避交往，封闭自己，不愿参加集体活动，不敢在人前发表自己的意见。一个人形成自卑心理后，本来经过努力可以达到的目标，也会因为"我不行"而放弃。当然，有些自卑的大学生会通过争强好胜、清高自傲或过度自信等表现来掩饰。

自我评价过低是自卑的实质。例如，有的学生对自我形象、能力不认同；有的学生觉得自己家庭经济条件实在太差而感到自卑。由于个体气质性格的影响，性格内向者大多对事物的感受性强，对事物带来的消极后果也有放大趋向，而且不容易将消极体验及时宣泄和排解，因而产生自卑的可能性也相应增大。

3. 焦虑

焦虑是个体对可能造成心理冲突或挫折的某种事物或情境进行反应的一种不安情绪。一般程度的焦虑情绪，大多会导致痛苦、担心、嫉妒、报复等体验和行为，有时还会使人对自己产生怀疑；严重的焦虑情绪则表现为非常激动、非常痛苦、喊叫、做噩梦、食欲不振、呼吸困难、容易疲劳等；最严重时还会出现心跳加速、血压升高、呕吐、冒冷汗、肌肉硬化等反应。

焦虑虽缺乏具体的对象，但仍有动机性后果。适度的焦虑有利于人自我能力的发挥，只有当焦虑十分严重，影响学习和生活时，才成为情绪困扰，带来身心方面的不良影响。大学生中普遍地存在着各种各样的焦虑，具体来说主要有：适应焦虑、就业焦虑、经济焦虑等，这些焦虑常常没有太明显的指向，但是会影响人的心境，给生活、学习带来负面影响，如不及时发现并积极调整，严重时就可能导致身心危害。

4. 恐惧

一般人在遇到危险的情况时都会产生恐惧心理，这是很正常的反应，在一定程度上使我们避免受到伤害。但是，如果对正常人一般不怕的、没有威胁的事物也感到恐惧，或者恐惧的强度和持续时间远远超出正常的反应范围，自己难以克服，这就是一种病理性恐惧状态了。恐惧与个体的心理因素有很大的关系，如某人遇到交通事故后对汽车产生恐惧；有过创伤性体验的人，又遇到类似的事件时，也会唤起恐惧反应。大学生中比较常见的恐惧是社交恐惧。比如，大学生小菲每次和不熟悉的男生说话都会脸红。其实，她很想跟他们交朋友，但是却羞于表达，害怕他们嘲笑自己胆小。小菲的表现就是一种社交恐惧。

5. 愤怒

愤怒是人的基本情绪反应，是一种暂时的情绪状态。愤怒产生的原因包括人们感到自尊心受挫、人格受侮辱、人身安全受威胁、遇事处理不公、个人目的受阻等。愤怒情绪本身不是什么问题，但如果表达不当，则容易出问题，如大学生中常因为一些小事引起愤怒，互相大骂甚至动手伤人。

每个人都会有愤怒的时候，愤怒时，人们需要用理智疏导情绪，做

微课 5-2

到冷静自问，换位思考，学会适当表达情绪，抱着一种真诚、负责的态度，不要采取暴力方式和过激行为。处理事情要对事不对人，针对当前情境，不要涉及过去事件。更重要的是我们应善于化解愤怒情绪，宽容大度。

活动体验

【心理活动体验三：正确表达情绪——角色扮演】

1. 活动目的

了解愤怒对人行为、身心的影响，学会表达愤怒、控制愤怒。

2. 具体操作

（1）2名学生角色扮演人际冲突情景：学生干部前来宿舍检查卫生及用电安全情况，然后宿舍学生不配合，并出言讥讽，学生干部与宿舍学生发生冲突。

（2）引导学生小组讨论：怎样看待这一冲突事件？为什么会出现不可控制的局面？如果是你，你会怎样做？

（3）根据上一阶段的讨论现状，鼓励学生写出自己曾经经历的愤怒事件，当时的心情、生理反应、行为后果、事后自己的感受。

（4）小组内交流自己所写的内容。

（5）教师引导学生组织讨论：一是否应该表达愤怒，二应该如何表达愤怒，请每位学生写下处理愤怒情绪的最有效的两种方法。

3. 教师总结

愤怒是大学生常见的情绪困扰，愤怒是由于受到干扰而不能达成目标时所产生的体验。人愤怒时，紧张感增加，有时不能自我控制，对象明确的愤怒更容易诱发攻击性行为。德国哲学家康德曾说过，生气是用别人的错误惩罚自己。因此，学会表达愤怒、控制愤怒的情绪对于每个人都很重要。

活动评价

评价内容		评价标准	是/否
活动完成情况	活动三	能说出大学生的情绪特征	
		能描述愤怒对人行为、身心的影响	
		能正确表达愤怒情绪	
		能写出处理愤怒情绪的最有效的两种方法	

任务 5.3　学会调控情绪

情境导入

电梯专业大三学生小方在企业顶岗实习，最近因为家庭发生重大变故，再加上自己恋爱受挫，在企业实习时又和带教师傅发生不愉快的事，短时间内连续的生活事件使他非常痛苦，情绪失控，有一天晚上小方在宿舍大哭大喊并突然昏厥过去。多亏同学及时发现，才避免严重事情发生。

大学生活丰富多彩，同时也给大学生带来很多压力，使得大学生容易产生情绪的波动和负面情绪。情绪波动过大或者过于负面，会妨碍身心健康，影响正常的生活学习与工作。因此，大学生必须正确认识自己的情绪，了解情绪调节的方法，有针对性地进行自我调节，做到有效的情绪管理，保持良好情绪状态，更好地学习与生活。

知识准备

一、觉知情绪和接纳情绪

1. 觉知情绪

进行情绪管理，首先要觉察情绪的存在。生活中很多时候，情绪会伪装成身体不适，表现为心慌、心悸、胸闷等症状。这种情况下，通过看病吃药来进行治疗，效果往往不好。我们应该将身体感觉和心理感觉区分开来，找出身体不舒服的根源——情绪，再采取对应方式进行处理。有时我们会感到"心中不舒服"或者"感到不痛快"，但又无法识别和命名这种情绪，更不知因何而起，难以去疏导和应对。因此，大学生要提高觉察情绪和识别情绪的能力，训练自己及时察觉自己的情绪变化。具体有以下两种可行的方法：

1）探索情绪。要明白自己拥有的情绪，可以找一个独处的时间，安全的空间，大声地把任何感觉不加责备、不逃避地说给自己听。或者通过与专业人士沟通，如进行心理咨询，来澄清自己的情绪。同时，对自己的过去进行探索，也能够清楚自己个人独特的内在反应模式及情绪反应的原因。比如通过询问家人了解自己的童年时的喜怒哀乐，从过去的经验或回忆中探索自己的情绪。

2）记录情绪。增加觉察力的另一个方法是写日记或网络日志，从记录自己每天的情绪状态入手。在日记中具体地描述事件的发生、觉察自己的情绪、了解自己的想法，并与过去的经验做一些联结，看看是否受到过去经验的影响。心理咨询中常用的三栏日记、五栏日记就是不错的记录方式。

2. 接纳情绪

承认和接纳情绪是自我调控情绪的重要一步。如果我们不能接受自己有负面情绪或者情绪波动过大，这种不接受本身就会给调控情绪造成困难。每个人情绪的稳定性、敏感性和表达强度都是不同的，这与我们不同的气质类型、独特的生活经历和面临的现实问题有关。因此，当负面情绪出现时，接纳比否认和抗拒有意义。比如，有人惧怕人际交往，要想除去这种反应，先得承认他对人际交往有惧怕的心理。如果他认为那是丢人的事情而不愿承认，那么，他将无法克服那种恐惧。同样，有些人怀有愤怒之心而又不肯承认有愤怒的存在，他就无从消除那些愤怒。

二、合理宣泄与放松

情绪就像我们的朋友，有时候来了不愿走。不良情绪产生后，总是伴有能量的蓄积。蓄积的能量需要宣泄出来，如果总是蓄积而不释放，就会淤积成病。这时候可以通过适当的宣泄和放松来应对，一般来讲，主要有以下几种途径和方法：

1. 倾诉法

倾诉法是最直接，效果也最明显的宣泄方法。当情绪比较糟糕时，找一个知心朋友、家人或者心理咨询师，将自己的苦闷、抱怨和导致不良情绪的事件都倾诉出来，朋友的耐心倾听、理解、安慰以及感情的支持对于恢复正常情绪都是一剂良药。当然，倾诉的形式可以多种多样，除了上面所讲的面对面的倾诉之外，电话、书信、日记、发朋友圈、发微博也是很好的倾诉形式。

2. 眼泪缓解法

作为一种人类的本能，流泪是自我心理保护的一种措施，不但能释放不良情绪、调节机体平衡，还能排出毒素。美国心理学家威廉·佛莱认为，流泪能排除人体由于感情压力所造成和积累起来的生化毒素，使流泪者恢复心理和生理上的平衡，因而对健康有益。反之，如果这些毒素不通过流泪排出而滞留在体内，将对健康不利。因此，在悲痛时大哭一场，可使情绪平静。相比之下，中国的传统观念所认为的"男儿有泪不轻弹"，把眼泪当作软弱的表现，从健康的角度来讲，这其实是不科学、不可取的。

3. 行为宣泄法

大学生在产生不良情绪时还可以采用行为宣泄的方法来缓解情绪，其中运动是最好的方式。美国的心理生物学研究的代表人物格雷格·沃尔夫认为"运动对心理和情绪的作用胜过于生理，运动是迄今为止最好的心理治疗师之一。"运动不但能够缓解压力，还能够分泌俗称"快乐物质"的多巴胺等多种神经递质，即使只是轻度运动，如慢跑、跳舞、瑜伽甚至只是走一走，也有助于情绪的恢复。当然，有的大学生喜欢在一个空旷无人的地方大声吼叫，有的喜欢逛街购物，还有的喜欢吃东西等，这些方式都无可厚非。值得注意的是，在我们选择宣泄方式的时候，要注意宣泄的对象、地点、场合等，切不可任

意宣泄，无端迁怒于他人或他物。一些有损自己身心健康的方式，例如酗酒，并不是积极有效的宣泄方式。

4. 注意转移法

注意转移法是指当处于情绪困境时，暂时将问题放下，将注意力偏移此情此景以转变情绪体验的性质，以达到调控不良情绪的目的。常采用的方式有：避开现场、环境调节、转移话题、做感兴趣的事情等。具体来讲可以通过听欢快的音乐、在不影响别人的情况下大喊、运动，参加集体活动等来实现情绪转移或替代负面情绪。

5. 音乐缓解法

美国音乐治疗之父加斯顿指出，音乐对于人的情绪的影响力非常大，不同音乐可以影响人的行为节奏和生理节奏，引发各种不同的情绪反应。大学生可能都有这样的体验，心情不好时戴上耳机听听音乐，随着或激昂或优美或欢快的音乐响起，情绪也慢慢平复。运用音乐缓解法要注意选择好音乐类型，在忧伤的时候听听积极向上的音乐，在沮丧时听听激昂的音乐，在焦虑时听听舒缓悠扬的音乐，将有助于更好地调节情绪。大学生也可以学习乐器和音乐创作，把内心的体验转化成心灵的曲调，并从中体验成功。

6. 放松训练和积极的自我暗示法

当你感觉过分紧张、烦恼时，可采用放松和自我暗示的方法放松自己。放松的方法主要有想象放松、肌肉放松、呼吸调节等。大量研究结果证实，有规律的呼吸练习能够减少负面情绪，增进积极情绪。呼吸练习首先尽量选择在一个安静地点进行，然后闭着眼睛调整身体姿势，可以采用盘腿坐或者两只脚一前一后保持平行的姿势。接下来，专注于对呼吸的觉知，不要追忆过去或者计划未来，把所有跟静坐无关的东西统统都先放下。把全部的注意力集中于鼻孔到人中这一段的敏感区自如地呼吸。如果在这个过程中，头脑中有杂念或者走神也没关系，不断地走神，不断地拉回来。所有的练习只要单纯做一件事，就是保持对呼吸的觉知。对大学生而言，学会简单呼吸法，对于改善情绪，恢复平静很有帮助。

有时候，一句话如果反复对自己说很多遍，似乎就变成了真理，当不良情绪要爆发或感到心中十分压抑的时候，可以通过暗示作用，来调整和放松心理上的紧张，使不良情绪得到缓解。当你将要发怒的时候，可以用暗示自己："别做蠢事，发怒是无能的表现。发怒既伤自己，又伤别人，还于事无补。"这样的自我提醒，就会使心情平静一些。当情绪不好时，不要放纵坏情绪的泛滥，要多跟自己说"一切都会好起来的，明天就是新的一天了""烦恼、哀愁都是没有的，我要对自己有信心"，甚至每天早晨照镜子时对自己笑一笑，充满自信地大声跟自己说："我看起来精神状态很好！我一定能渡过眼前的难关！"不管自己相不相信，一定要坚持对自己这样说、这样做，时间长了，自我暗示的效果就会出来，你就会变成一个自信、乐观、情绪开朗的人。

微课 5-3

三、认知调整情绪法

情绪心理学的认知派认为，情绪是认知的结果或功能。情绪源于人们的想法、态度、价值。引起人们种种情绪的，不是事情本身，而是人们对事件的看法。古希腊哲学家埃皮克迪特斯有一句名言这样说："人不是被事物本身所困扰，而是被其对事物的看法所困扰"。要管理自己的不良情绪，先要了解自己是如何认知的。改变了对事物的看法，形成了正确的认知，很多不良情绪也就得到了改善。比如，在街上偶遇熟人，但对方没有与自己打招呼径直过去了。如果认为他可能正在想别的事情而没有注意到自己，情绪就不容易波动，如果觉得对方是故意不理睬自己，就容易产生愤怒等情绪。两种不同的想法会导致两种不同的情绪和行为反应，所以情绪的产生与对事情的认知有关。

美国心理学家艾利斯将以上观点概括称之为ABCDE理论，A代表诱发事件（Activating events），即引起不良情绪的事件。B代表信念（Beliefs），是指人对A的信念、认知、评价或看法，引起不良情绪的信念往往是不合理的、非理性的。C代表结果即症状（Consequences）。诱发事件A不会直接引起症状C，A与C之间还有中介因素B在起作用，即人对A的信念、认知、评价或看法。因此，对A的经验总是主观的，因人而异的，同样的A在不同的人身上会引起不同的C，这主要是因为他们的信念有差别即B不同。换言之，事件本身的刺激情境并非引起情绪反应的直接原因。个人对刺激情境的认知、解释和评价才是引起情绪反应的直接原因。D代表治疗（Disputing），通过D来影响B，认识偏差纠正了，情绪和行为困扰就会在很大程度上解除或减轻，最后达到E效果（Effects），负面情绪得到纠正。

在日常生活中人们常常倾向于将自己或他人的不良情绪归因于客观事件，却忽视了真正起作用的内心信念。比如，一名未考上重点大学的学生表现出消沉、沮丧、绝望，这些消极情绪反应往往被认为是由未考上重点大学这一客观事件引起的，其实不然。根据艾利斯的理性情绪治疗理论，这名学生的消极情绪是因为他在看待自己未考上重点大学这件事上选择了非理性信念——他可能认为自己怀才不遇，认为没有考上重点大学就是没有出息，自己的前途被断送了，会被别人看不起等。因此，如果能帮助这位学生找出并改变不合理信念，就能协助他形成一个较实际、开阔和合理的人生态度。

微课 5-4

拓展阅读

非理性认知的特征

我们不良情绪的产生常与一些非理性的认知有关，主要有以下三类。

绝对化的要求：认为一件事情必定会发生的信念，通常与"必须""应该"这样的字眼联系在一起。比如，"我必须很成功""别人应该对我很好"等。

过分概括化：将某一方面事件的结果，推论到不同类的事件或环境中。比如，若自己学习成绩不好，就觉得自己各方面的能力都不如别人。或者别人做的稍有差错，就认为别人一无可取。

糟糕至极：认为一件不好的事情将是灾难性的、非常糟糕的，夸大事情的后果。比如，受到老师的一次批评，便恐慌不安，不知所措。

活动体验

【心理活动体验四：调控情绪——认知调整情绪】

1. 活动目的

了解不同认知对情绪的影响，学会用认知调整情绪。

2. 具体操作

（1）情境：小薇最近一次英语三级考试没考好，她的认知是：我真没用，不是读书的料，于是产生焦虑不安、自卑的情绪。

（2）引导学生用认知调整情绪法，找出小薇不合理的认知，并对不合理认知进行驳斥，形成新的观念，帮助小薇缓解消极情绪。

（3）模拟实践：假设你要参加演讲比赛，你感到十分焦虑、紧张和害怕。

原想法："我应该要讲得很好，不可犯错，犯了错是很糟糕的事。万一讲不好被耻笑，多没面子呀。讲不好说明我是个没用的人。"

驳斥："这想法会影响我，使我不能正常地表现。""即使犯了错，被耻笑，我真的受不了吗？""讲错了就很没面子吗？一次演讲讲不好就说明我是个没用的人吗？这想法并不是事实，只是我自己主观的意见，不切实际地夸大了后果。""这想法会使我无法达到预期目标。"

驳斥后形成新的合理的想法："虽然我不喜欢犯错，但是如果犯了错，只会感到生气，还不至于到糟透了的地步。""虽然我讲不好，我仍然是个有用的人。一次行为表现不等于一个人的全部；一件事做不成，不代表我就是笨蛋。""不犯错最好，但不表示我一定不可以犯错。"

（4）组织学生分享交流。

3. 教师总结

情绪的产生与个体对事情的认知有关，找出引发不良情绪的非理性观念，并改变其不合理信念，协助其形成一个较实际、开阔和合理的人生态度，从而缓解不良情绪。

【心理活动体验五：细数自己的幸福】

1. 活动目的

通过回忆搜寻自己生活中感到幸福的事情，获得幸福感，达到培养良好情绪的目的。

2. 具体操作

（1）请同学们想想在生活中有哪些感到幸福的事情。

（2）在卡片上列出生活中属于自己的小幸福，至少3件，越多越好。

（3）同学们相互讨论，分享交流。

活动评价

评价内容		评价标准	是/否
活动完成情况	活动四	能识别非理性认知的特征	
		能描述认知调整情绪的方法	
		能运用认知调整情绪法缓解自己的不良情绪	
	活动五	能列出自己生活中感到幸福的事情	
		能在小组内积极分享交流，体验良好情绪	

◆ **自主测试**

多选题。

1. 大学生情绪健康的表现有（　　）。

　　A. 表达方式恰当　　　　B. 情绪反应适度　　　　C. 积极情绪多于消极情绪

2. 对情绪的描述，下列正确的是（　　）。

　　A. 情绪是人脑对客观事物的反映

　　B. 它反映的不是客观事物本身

　　C. 是客观事物与人的需要之间的关系

3. 情绪的构成包括（　　）。

　　A. 主观体验　　　　　　B. 外部表现　　　　　　C. 生理唤醒

4. 大学生的情绪特征包括（　　）。

　　A. 稳定性与波动性并存　　　　　　　　B. 丰富性与阶段性并存

　　C. 外显性与内隐性并存　　　　　　　　D. 冲动性与理智性并存

5. 情绪自我调控的方法有（　　）。

　　A. 倾诉法　　　　　　　B. 眼泪缓解法　　　　　C. 行为宣泄法

　　D. 注意转移法　　　　　E. 音乐缓解法

◆ 复盘

模块5 做情绪的主人——大学生情绪管理 复盘表		
任务类别：□ 个人任务　　□ 小组任务		
个人姓名		班级	
小组成员		班级	
复盘：总结本模块任务完成情况，掌握了哪些知识和技能，锻炼了哪些能力，活动体验中获得哪些感悟。		

◆ 课后巩固

1. 课后拓展

我的情绪日记表

时间	天气	重要事件		清晨		上午		下午		晚上		睡前	
		事件纪要	情绪	原因	情绪	原因	情绪	原因	情绪	原因	情绪	原因	情绪
周一													
周二													
周三													
周四													
周五													
周六													
周日													

2. 自助与助人

如果你的好朋友最近情绪不稳定，有些抑郁（或者是愤怒、焦虑、自卑、嫉妒等情绪），你会如何鼓励她正确表达不良情绪，调节不良情绪？

模块 6
"逆袭"让人生更精彩
——大学生压力与挫折应对

> **学习目标**
>
> 1. 能认识压力和挫折，了解压力与挫折的心理学知识。
> 2. 能对压力和挫折进行分析，并找到有效应对压力与挫折的方法。
> 3. 能认识到压力与挫折的积极意义，变压力为动力，培养抗挫耐压的心理素质。

任务 6.1　认识压力与挫折

> **情境导入**

　　大一学生小光在小学时，学习成绩一直很好，自己也很喜欢学习，小学老师经常表扬他。但上了中学后，他发现自己的学习成绩常常排在班级20名之后，这令他非常惶恐，父母也因他的成绩不好而责备他。小光上大学之后，感觉自己的学习压力越来越大，渐渐地他开始对各科考试都感到害怕，上课时情绪紧张焦虑，特别是到了考试前夕，他经常失眠，复习也无法集中精力，因此他感到非常苦恼。

　　压力和挫折是无处不在的，在人生的每个阶段，只要有需要，有追求，就会有失败，有失落，有压力，有挫折。那么，压力与挫折是什么？它们对大学生有什么影响？我们又该如何应对呢？

知识准备

一、认识压力

压力也叫应激,最早于1936年由加拿大著名的生理心理学家汉斯·薛利博士提出,因此他被称为"应激理论之父"。他认为压力是由非特定性刺激所引起的生理变化。

目前,国内比较公认的压力定义是:指由刺激引起的伴有躯体机能以及心理活动改变的一种身心紧张状态。

1. 压力源

压力源又称应激源,是指对个体的适应能力进行挑战,促进个体产生压力反应的因素。生活中的压力源可分为躯体性压力源、心理性压力源、社会性压力源和文化性压力源。

(1)躯体性压力源 直接阻碍和破坏个体生存与种族延续的事件,包括躯体创伤和疾病、饥饿、性剥夺、睡眠剥夺、感染、噪声、气温变化等。

(2)心理性压力源 直接阻碍和破坏个体正常精神需求的内在和外在事件,包括错误的认知结构、个体不良经验、道德冲突以及长期生活经历造成的不良个性心理特点,比如,易受暗示、多疑、嫉妒、处罚、悔恨、怨恨等。

(3)社会性压力源 直接阻碍和破坏个体社会需求的事件,包括纯社会性的(如重大社会变革、重要人际关系破裂等)和由自身状况造成的人际适应问题(如社会交往不良等)。

(4)文化性压力源 指要求人们适应和应付的文化变化问题,最常见的就是文化性迁移,例如出国留学、移民。

2. 压力反应

(1)心理反应——心理上的紧张 压力引起的心理反应有警觉、注意力集中、思维敏捷、精神振奋,这是适应的心理反应,有助于个体应付环境。但是,过度的压力会带来负面反应,出现消极的情绪,如忧虑、焦躁、愤怒、沮丧、悲观、失望、抑郁等,会使人思维狭窄、自我评价降低、自信心减弱、注意力分散、记忆力下降,表现出消极被动。

(2)生理反应——生理上的紧张 个体在压力状态下会出现一系列生理反应,主要表现在自主神经系统、内分泌系统和免疫系统等方面。比如,心率加快、血压增高、呼吸急促、激素分泌增加、消化道蠕动和分泌减少、出汗等。过度反应则表现为急躁、抑郁、多疑、沮丧等。

(3)行为反应——行为上的紊乱 直接反应和间接反应(如借酒消愁等)。过度表现为行为退缩、失控或者与人冲突不断等。一般而言,轻度的压力会促发或增强一些正向的行为反应,如寻求他人支持,学习处理压力的技巧。但压力过大过久,会引发不良的行为反应,如谈话结巴、动作刻板、过度吃食、攻击行为、失眠等。

微课 6-1

二、走近挫折

1. 挫折的含义

挫折是指人们在有目的的活动中,遇到无法克服或自以为无法克服的障碍和干扰时而产生的消极反应。挫折包含三个要素:挫折情境、挫折认知和挫折反应。

（1）**挫折情境**　挫折情境是指使需要不能满足,目标无法实现的内外障碍和干扰。

（2）**挫折认知**　挫折认知是指对挫折情境的知觉、认识和评价,它是产生挫折心理的主观原因,直接导致挫折产生的挫折感也不同。

（3）**挫折反应**　挫折反应是伴随着认知而产生的情绪状态和行为反应,挫折反应也可称为挫折感。通常有两种形式:①不同的人对同一挫折感受不同;②同一个人对不同挫折反应不同。

挫折常见的情绪反应:焦虑、攻击、冷漠、退化、幻想、固执。

2. 挫折承受力

挫折承受力又称耐挫能力,是个体对挫折的可忍耐、可接受的大小,它包含挫折耐受能力和挫折排解能力。最初使用"承受力"这一概念的是美国心理测验专家罗森茨威格。他给挫折承受力下的定义是"抵抗挫折而没有不良反应的能力",即个体适应挫折、抵抗和对付挫折的能力。影响挫折承受力的因素包括:生理条件、过去经验、挫折频率、认知因素、个性因素和社会因素。

活动体验

【心理活动体验一:一杯水的重量】

1. 活动目的

通过"举水"耐力比赛,让学生在时间中感受到压力和挫折带来的负能量。

2. 具体操作

（1）准备6~8杯水,邀请6~8位同学到讲台上进行"举水"耐力比赛,先举起一杯水,提问学生:大家认为这杯水有多重?并计算一下同学们比赛所用的时间。

（2）小组成员分享与讨论:刚开始的时候,你认为一杯水有多少重量?当你举了1分钟之后,你对这杯水的重量如何评价?当你举到3分钟的时候,你是怎么看待这一杯水的重量?发生变化了吗?为什么?理由何在?

3. 教师总结

在日常生活与学习中,我们会承担许多压力,如果一直把它放在身上,到最后就会觉得越来越重,难以承受。我们必须做的就是放下这杯水休息一下,然而再举起水杯,这样才可以举得更久。

【心理活动体验二：压力探源】

1. 活动目的

帮助学生评估当下的压力，了解压力的来源，认识压力的意义。

2. 具体操作

（1）用手臂测量压力的方法，指导学生评估自己的压力现状。

（2）发放"压力圈图"练习纸，向学生讲解"压力圈图"书写练习的规则，在大小圈内写下最近生活中的各种压力（大圈代表大压力，小圈代表小压力）。

（3）小组讨论、分享交流，思考你的压力来源有哪些？每个圈给你的感觉是什么？压力很大时，你身体的感觉如何？哪一部分不舒服？你如何处理这些压力？

3. 教师总结

大学生的压力主要表现在学习、生活、人际、家庭等方面，主要是心理压力和社会性压力。美国学者威廉逊提出适度的压力能提高人的工作效率和业绩表现，而过高的压力会让人身心疲惫，甚至崩溃。

活动评价

评价内容		评价标准	是/否
活动完成情况	活动一	能够体验压力的感受，对身心的影响	
		能够认识压力	
	活动二	能够给自己当下的压力评分	
		能够分析自己压力的来源，认识到压力的积极意义	

任务 6.2　分析大学生的压力与挫折

情境导入

大二学生小黎，考入大学后，一直品学兼优，并担任学生干部。由于他家境贫寒，常常在课余时间打工赚钱。毕业前夕，班级及学院许多同学向老师反映：小黎以各种理由向他们借钱，并长时间不还，现在还联系不到他本人了。经过老师调查，小黎在上学期间，由于经济压力常常外出打工赚钱，耽误学业，考试成绩不好。他又涉足了校园贷等网络贷款平台，最后还不上钱只好找同学借钱。小黎的舍友小徐表示："听到他陷入网贷的消息时，我非常震惊，他自从上大学后，承受的压力远超过身边的同学。"

如何面对压力与挫折非常重要，具体来说大学生常见的压力包括：学习压力、就业压力、交往压力、恋爱压力、经济压力等。

知识准备

一、大学生挫折产生的原因

1. 外部原因

有些挫折是由于非人为的环境因素造成的。比如，一个急于完成学业以便能负担家庭生活的大学生，还必须苦读一两年才能毕业挣钱；身处异国的留学生，思念至亲等。

有一些外部挫折是由于社会环境中的人为因素所引起的。比如，彼此相爱的大学生，因男方出身贫寒而遭到女方家庭反对等。

2. 内部原因

挫折的内因是指个人的生理、心理因素等带来的阻碍和限制。

（1）**生理条件的限制**　比如，由于容貌不美而缺乏自信，产生种种异常行为，该问题的实质在于本身的认识不当。当我们不能改变现实时，应当尝试去改变对现实的态度。当一个没有美貌外表的女孩能够真正接受自己，变得自信、自强、快乐时，她便形成了一种独特的人格魅力。

正如一句谚语所说：喜欢你自己，别人也就会喜欢你。同样的道理包括：接受你自己，别人也就会接受你；接受你自己，你才能够获得自信心。

（2）**动机冲突**　动机冲突是指同时产生了两个或两个以上的动机，但由于条件限制，二者不可兼得。如"鱼与熊掌不可兼得"的冲突、"前怕狼后怕虎"的冲突、"进退两难"的冲突等。如果这种心理矛盾持续太久、太激烈，或是其中一个动机得到满足而其他动机受到阻碍，这时便会造成挫折。

（3）**能力和期望的矛盾**　一个人如果过高地估计自己的能力，就会对自己提出不切实际的要求，制订过高或无法达到的目标或计划。一旦目标无法实现，自己又未能清醒地认识到这一点，便会产生强烈的挫折感。

一名大学二年级男生来到心理咨询中心，向心理咨询师诉说自己感到自卑。究其原因，他上高中时学习很出色，上大学后他给自己定下目标：争取提前大学毕业报考研究生。为此他把日程安排得很紧，除了繁重的专业课作业和实验之外，他自学计算机，每天还要学外语。总之，他没给自己安排一点娱乐时间，对自己的要求太高，当目标未能实现时，便产生了挫折感。

（4）人际关系障碍　人际关系是一种重要的社会心理现象，有人称之为"心理气氛"。如果大学生善于与周围人保持良好的关系，或者说与周围人维持一种融洽的、正常的感情交流，就能获得一种安全感，并且在这种交往中，使情感得以宣泄，郁闷得以排遣，精神得以升华，从而有助于身心健康。相反，如果人际关系不良，就会使一个人处于莫名的"不安"状态中，感到"无助"或"孤独"，并会引起各种形式的挫折反应。

（5）学习上的不适应　学习上的不适应常发生在大一新生中。中学老师讲课细致，作业布置得多，要求明确具体，考试也频繁严格。进入大学后则完全不同，学生学好课程主要靠自觉，能够合理安排时间，独立进行学习。这往往使刚入学的大学新生感到无从下手，而且平时考试较少，到了期末考试就有些手忙脚乱，抓不到重点，没有好的学习方法，便可能造成诸多挫折。

（6）生活上的创伤　失去亲人或失恋都可能给大学生造成难以承受的精神打击，这也是常见的心理受挫因素。比如，一名本来性格活泼开朗、爱说爱笑的女大学生，一年内父母先后病故，她受到沉重打击，服毒自尽，因抢救及时脱离生命危险，但她精神抑郁无法继续学习而退学。

从心理学的角度看，失恋、单相思、父母亡故等创伤都是一种应激，需要动用大量精神能量，如果种种应激反应交织在一起并产生严重的心理冲突时，很可能会造成心理危机。

二、大学生应对挫折与压力的认识误区

1. 夸大问题的严重性

有些大学生一遇到挫折与压力就手忙脚乱，夸大了问题的严重性，其实，很多时候实际情况并不像我们想象中的那么糟糕。

2. 看不到事情积极一面，忽略问题带来的正面效应

有些大学生一味强调挫折与压力的消极影响，忽略了它对人积极的一面。很多时候，挫折与压力也可以转化为前进的动力，关键是要敢于面对它、重视它，学会想办法去解决它。

3. 低估资源可获得性与协助程序

每个人的成长过程中都会遇到压力与挫折，如果自己没有足够的力量去解决，就要尝试利用外部资源和他人的协助把问题缓和或者解决。

4. 内心的罪恶感、自卑感或厌倦感

有些同学遇到挫折后，内心深处会产生罪恶感、自卑感和厌倦感，认为自己不行，对不起长辈、亲朋好友对自己的期望。其实，这种想法是错误的，挫折与压力只是我们成长过程中一次次的历练，遇到挫折与压力时，我们不应该自卑，不应该感到内疚或者

厌倦，我们要做的是树立自信心，想办法去解决它。

> **拓展阅读**
>
> 　　有一位经验丰富的老船长，当他的货轮卸货后在浩瀚的大海上返航时，突然遭遇到了可怕的风暴。水手们惊慌失措，老船长果断地命令水手们立刻打开货舱，往里面灌水。"船长是不是疯了，往船舱里灌水只会增加船的压力，使船下沉，这不是自寻死路吗？"
>
> 　　看着船长严厉的脸色，水手们还是照做了。随着货舱里的水位越升越高，船一寸一寸地下沉，依旧猛烈的狂风巨浪对船的威胁却一点点地减少，货轮渐渐平稳了。
>
> 　　船长望着松了一口气的水手们说："百万吨的巨轮很少有被打翻的，被打翻的常常是根基轻的小船。船在负重的时候，是最安全的，空船时，则是最危险的。"
>
> 　　这就是"压力效应"。
>
> 　　**提示**：那些得过且过，没有一点压力，做一天和尚撞一天钟的人，就像风暴中没有载货的船，一场人生的狂风巨浪便可能把他们打翻在地。

三、大学生应对挫折与压力的不当对策

1. 寻求刺激或采取破坏性行为

有些大学生遇到挫折与压力产生消极情绪时，不懂得以合适的方式去宣泄，只是一味地寻求刺激或者采取破坏性行为，有的时候会对他人、对自己造成严重的伤害，这种方式是不可取的。

2. 借助药物、酒精或烟草

有些大学生遇到挫折与压力时，往往借助药物、酒精或烟草麻醉自己，特别是男生。这是一种逃避现实的方法。

3. 暴饮暴食

有些大学生遇到挫折与压力时，就暴饮暴食。这是一种不良的习惯，有害身体健康，也不利于问题的解决。面对挫折时，我们首先要保持头脑清醒，然后分析问题，找到解决问题的办法。

4. 疯狂购物

有些大学生遇到挫折与压力时，喜欢疯狂购物。疯狂购物虽然可以宣泄一时的不良情绪，但是也会产生新的问题。在非理智思维的刺激下，有些大学生把生活费花在一些不必要的用品上，造成浪费，甚至使生活费用紧张，导致新问题的产生，使自己处于更不利的位置。

活动体验

【心理活动体验三：越挫越勇】

1. 活动目的

通过对生活中的挫折与压力进行分析，共同探讨应对挫折与压力的有效方法。

2. 具体操作

（1）小组讨论之前，挑选3个重要角色。

主持人：把握主题，动员参与，掌握时间。

记录人：准确性记录，归纳性记录，创造性记录。

发言人：发言准确生动，言之有理，注意掌握时间。

小组每个成员先思考，然后轮流陈述：

1）你的压力来自哪些方面？

2）具体排列出前5个压力。

3）通常在压力状况下你有什么表现？

4）通常情况下你会怎样处理这些压力？

（2）小组总结与分享：如何对待生活中的失败？如何自我调节失败带来的负面情绪？是否应该求助他人？是应该及时放弃还是坚持到底？如何把压力和挫折转化为动力？

3. 教师总结

爱迪生说：失败也是我需要的，它和成功对我一样有价值，只有在我知道一切做不好的方法以后，我才能知道做好一件工作的方法是什么。因此，及时对生活中遇到的压力和挫折进行分析，有利于我们正确认识压力与挫折、熟练掌握应对压力与挫折的技巧并提升抗压能力和挫折承受力，下一次在面对同样的遭遇时我们就能更加从容地应对。

活动评价

评价内容		评价标准	是/否
活动完成情况	活动三	能够正确认识大学生的压力和挫折的双重性	
		能够合理分析压力和挫折，承受压力与挫折，并找出有效应对压力与挫折的方法	

任务 6.3　有效应对压力与挫折

情境导入

学校刚开学没多久,大二学生阿威的寝室同学反映,这两天阿威经常不去上课,晚上经常喝醉,还很晚回来,大家问他怎么了,他什么都不说,但是他的情绪非常低落。平时放假就回家的阿威现在待在学校不愿回家。后来老师了解情况获知,原来阿威的父母最近离婚了,冷冷清清的家庭令他难受。阿威父母一直以来感情不和,阿威极力地撮合,仍然无济于事,阿威觉得是自己做得还不够好,很愧疚和难过。

大学生普遍处于青年前期,这是一个人一生中心理发展变化最活跃的时期,也是一个人心理矛盾和心理压力的多发期,不可能没有压力与挫折。因此,正确认识压力与挫折,掌握应对压力与挫折的方法与技巧,提升抗压能力和挫折承受力,是大学生活的一部分,更是每个人终身的课题。

知识准备

一、正确认识挫折与压力

挫折与压力是难免的,每个人的成长都会遇到挫折与压力。了解挫折的特征,就容易应对人生挫折了。

挫折与压力具有双重性,有积极和消极的双重性影响。挫折对人产生什么影响,关键在于人们对待挫折的态度。挫折可以把人置于困境,也可以使人成长。只有敢于和善于直面人生的挫折,才能在挫折中奋飞,在拼搏中成功。

1. 挫折对强者的积极意义

（1）**挫折能提高人的认识水平**　强者面对挫折和失败时,不是手足无措、被动等待,而是积极总结经验,反思自己的认识过程,找出不足,及时采取补救措施。如此反复,有助于个体知识结构的不断合理化,同时,提高自身解决问题的水平。

（2）**挫折能增强人的承受力**　遭遇挫折仍能正常地进行社会活动,说明个体的承受力强。一个人遇到的挫折比较多,那么他对挫折的承受能力也会随之提高。

（3）**挫折能激发人的活力**　挫折是一种内驱力,生活中的强者往往被挫折激发出强大的身心力量。他们虽身处逆境,却百折不挠,投入更大的时间和精力,发奋努力,最终克服挫折,实现了自己的愿望。

2. 挫折对弱者的消极意义

与强者不同,面对挫折,弱者表现为悲观失望、畏缩后退、冷漠无情、焦虑,甚至

采取攻击、压抑、倒退、轻生等方式来自我解脱，以达到心理上的平衡。这些消极方式的运用不利于问题的解决，反而会造成动机、认识、情感方面的障碍。

正如巴尔扎克所说："世界上的事情永远不是绝对的，结果完全因人而异。苦难对于一个天才是块垫脚石，对于能干的人是一笔财富，对于弱者却是一个万丈深渊。"

二、学会合理运用心理防御机制

心理防御机制最初是由奥地利心理学家西格蒙德·弗洛伊德提出来的，后经其女儿安娜·弗洛伊德进行了系统研究后，逐渐形成成熟的理论。所谓心理防御机制，就是自我受到本我和超我的威胁而引起强烈的焦虑和负罪感时，焦虑将无意识地激活一系列的防御机制，以某种歪曲现实的方法来保护自我，以缓解或消除自我的不安和痛苦。心理防御机制的分类有多种方法，这里我们将其分为积极的心理防御机制和消极的心理防御机制两大类别。

1. 积极的心理防御机制

主要包括替代、幽默、合理化、认同机制等。从人的心理成熟程度来看，积极的心理防御机制是心理成熟程度较高的人为了应付心理压力及挫折而经常采用的，能有效地适应环境的方式。

（1）**替代机制** 替代机制是指当个人对某一对象所持有的动机、情感与态度，不为社会所接受，将此种感情与态度转向其他对象的行为方式。例如，貌不惊人的人就在学问修养上下功夫；一个人在生活上遇到挫折后，往往会在事业上取得突出成就等等。

（2）**幽默机制** 当一个人身处困境或尴尬局面时，通过含蓄、双关、俏皮的语言，可以解脱困境。

（3）**合理化机制** 是指当个体因挫折产生不良情绪时，为减轻精神上的苦恼和不快，维护个体自尊和心理平衡，常常为自己遭受到的挫折寻找借口或作歪曲的解释。常见的合理化机制包括酸葡萄法和甜柠檬法等。

酸葡萄法是指对无法得到的东西降低自己对其好感的方法。在《伊索寓言》里，那只摘不到葡萄的狐狸告诉自己："葡萄是酸的。"心理学上酸葡萄法就是指用来解释合理化的自我安慰。甜柠檬法指的是人们对于已得到的东西，尽管不喜欢或存在许多缺陷，但也坚持认为那是好的，从而对自己已经得到的、不满意的东西增加好感。

无论是酸葡萄法还是甜柠檬法，都是在个体遭受压力和挫折无法达到目标和满足愿望时，用有利于自己的理由为自己辩解，找到一种"合理"的解释，以减轻痛苦和紧张的情绪。然而真正应对压力与挫折，不能只停留在自圆其说的状态中，应在情绪稳定后，冷静客观地分析真正的原因，以重新确定目标，或努力改进应对方式。

（4）**认同机制** 指以下两种情况：第一，当个体具有不为社会所承认的动机或意念时，一方面加以否定，另一方面却又认同具有相同动机的某个具体人物，借此减少对自我的刺激或伤害。第二，个人在现实生活中无法获得适度满足或成功时，就将自己比拟为成功的人，或模仿自己喜欢的人，借此减少自己因受挫而产生的痛苦，以满足个人心理上的需要，维护个人自尊。例如，有人想当演员，但条件不够，就模仿演员的言谈腔调、手势服装、发式等，这就属于这种心理的表现。

2. 消极的心理防御机制

主要包括逃避、退化、压抑、投射、反向、攻击机制等。从心理学角度来看，是心理成熟度较低的人应对压力及挫折的心理防卫方式，这实际上是对环境的一种不适应状态。

（1）**逃避机制**　是指个人不敢面对自己预感的挫折情景，而选择比较安全的心理防御机制，它包括三种形式：一是逃向另一现实。例如，回避自己没有把握的工作，而埋头于与工作无关的嗜好和娱乐，以排除心理上的焦虑。二是逃向幻想世界，从现实的困境情景撤退，而逃到幻想的自由世界，如此不但能避免痛苦，还可以使许多欲望获得满足。这种行为偶尔为之，确能减轻紧张与不安，也能带来某些希望，但若超过一定程度，反而会增加适应现实的困难。三是逃向生理疾病，例如，某女生害怕高考失败，竟在考试前失明，或士兵在战争时患上战争神经症以及神经性失明等。

（2）**退化机制**　是指个人遇到挫折时，不采用已经习得的成人方式而是用与自己年龄或身份地位不相称的早期简单而又幼稚的方式去应付，以便取得别人的怜悯和同情，避开现实中的问题。例如，一个领导因受到某种挫折而对下级大发脾气，或为一件小事就暴跳如雷，粗暴地对待别人。

（3）**压抑机制**　是指个人将一些不能为社会所接受的本能冲动、欲望、情感过失、痛苦经验等，不知不觉地压抑到潜意识中去，以致当事人不能察觉或回忆，使自己避免痛苦。这也是一种最基本的防卫方法，如做梦、失语、失态、笔误等。

（4）**反向机制**　当个人动机不能为社会所容忍时，他会从相反方向去表现，此种内在动机与外在行为配合不一致，称为"反向作用"。这种配合在日常生活中常可观察到，有啃手指习惯的小孩碰到制止他的成人，便把手背到身后，表现出不但没啃手指，而且手距离嘴比正常时还远，这种过分行为恰恰表示他刚好有相反的欲望；还有过分炫耀自己的优点可能是由于严重的自卑。

三、学会应对挫折与压力的技巧

大学生要应对压力与挫折，必须发挥自身的主观能动性，掌握和运用一些行之有效的技巧和方法。

1. 正确归因法

归因是指个体依照主观感受或经验对自己或他人行为及其结果发生的原因予以解释与推测的心理活动过程。归因是在个体经验的指导下进行的，因此，结果可能是正确的，也可能出现误差，甚至完全错误。导致挫折的原因很多，但可以将其归为两大类。一类是主观原因，如努力不够，能力低下；另一类是客观原因，如生理缺陷、疾病、容貌、身体等条件的限制，以及自然、社会等外部因素的干扰、破坏等。一般来说，倾向于外

归因的人,虽然可以保持内心的暂时平衡,但他不能从挫折中吸取教训;倾向于内归因的人,往往承担了过多的责任,容易丧失自信。大学生应对挫折进行正确归因,即对内外两方面原因加以综合考虑,如从能力、努力、任务难度、运气、身心状况、他人反应几个方面进行恰当的自我成败归因。正确归因能激发大学生前进的动力,增强战胜压力与挫折的勇气和信心。

2. 自我暗示法

自我暗示是指用含蓄、间接的方式,对自己的心理和行为产生积极影响。当一个人遭遇挫折,受到打击时,要提醒自己:"我要振作,我要成功,我定能做到,我要下定成功的决心,失败就永远不会把我击垮。"运用积极的心理暗示可以振作精神,增强信心。

3. 目标调整法

目标调整法指目标受挫后重新寻找方向,调整期望值,重新确立更切合实际的新目标。目标调整法既能抑制和阻止不符合目标的心理和行动,又能引发和推动人们采取达到目标所必需的行动,从而战胜挫折。当大学生在通向目标的道路上受阻时,如追求的目标是现实的,就不要放弃,应战胜困难,实现目标。当行为主体由于自身条件或社会因素的限制,经多次努力达不到目标时,可调整目标或降低要求,改变行为方向,缓解心理上的冲突,增强勇气和信心,以达到更切合实际的新目标。

4. 合理宣泄法

大学生受挫后会产生压抑、焦虑、愤怒和不安等消极情绪,如不妥善化解,会给社会和学生本人带来不良后果。因此,应采取合适的方式,选择适宜的场合和形式宣泄受挫后的情绪,从而恢复理智感和心理平衡。宣泄的方式有倾诉、哭喊、运动、转移等。不论采取何种方式,都要以不损害他人、集体和社会的利益,合乎社会规范,不激化矛盾为原则。

5. 社会求助法

人是社会性动物,任何人都不能离开他人而生存。人与人之间是需要互相关心、互相帮助、互相爱护的,这是一种社会支持,它可以调适个体的压力和挫折反应。研究发现,社会支持可以降低压力和挫折对大学生的消极影响,并且降低压力和挫折导致疾病的发生率。因此,对于大学生而言,在面对压力与挫折时,要主动寻求社会支持,如寻求感情、物质及信息方面的支持,对减轻心理压力、降低压力和挫折对个体的消极影响是十分重要的。此外,心理咨询也是寻求社会支持的有效方式之一。

6. 自我放松法

大学生在面对压力和挫折时最常见的表现是心理和肌肉的紧张。因此,调适压力的一个重要策略就是要学会放松自己,让自己的身体或心理由紧张状态转向松弛,从而逐渐消除紧张。常用的放松方法有游泳、做操、散步、听音乐等。当压力和挫折事件不断涌现时,持续数分钟的放松对缓解不良情绪的作用相当显著。另外,还可以学习一些自己放松的应对压力方法,如深度呼吸训练、肌肉放松训练、静坐训练、意向训练、系统脱敏训练等。

7. 丰富生活法

课余生活占大学生活的 1/4。健康的课余生活可以愉悦身心、获得朋友、增进友谊、减少因压力与挫折导致的紧张感。丰富的课余生活如阅读书籍、报刊，参加各种学术活动，参加志愿者服务活动等，既锻炼了能力，拓宽了知识面，又在一定程度上增强了个体应对压力与挫折的信心和勇气。尤其是适当参加体育锻炼活动，可以使身体健壮、精力充沛、应对能力增强。

微课 6-2

四、提升抗压力和挫折承受力

生活中，有的人能忍受严重挫折，百折不挠，永不妥协，在逆境中奋起，直到重新获得成功；有的人稍遇挫折即意志消沉，一蹶不振；有的人能承受生活、学习、工作中的压力，却不能忍受自尊心受到点滴伤害；等等，这都是由个体对压力和挫折的承受力决定的。所谓抗压力和挫折承受力是人们适应、抵抗和应对压力和挫折的一种能力，即指个体对压力和挫折的可忍耐、可接受程度的大小。大学生提升抗压力和挫折承受力，可以从以下几个方面入手。

1. 保持积极乐观的心态

做到失败不失志。面对挫折更加坚定信心、乐观向上、自强不息、顽强拼搏，最终战胜挫折取得成功。

2. 保持适中的自我期望水平

大学生精力充沛、朝气蓬勃，对生活充满着希望和梦想，对学习、生活往往怀有较高的期望和要求。而通常他们对生活中所遇到的坎坷估计不足，对自己的能力、知识水平也缺乏全面和系统的认识，一旦遭遇压力和不顺就容易产生挫折感。因此，大学生要根据自己的实际情况来确定学习、人际交往、工作以及未来等方面的短期和长期目标，既不要轻易地否定自己，也不要过高地估计自己，尽量保持适中的自我期望水平。

3. 学会分析压力和挫折

当代大学生普遍存在着理想与现实、自尊与自卑等多种心理的矛盾。因此，对于大学生来说，在全面认识自己的基础上，对不同阶段影响自己成长的主要心理压力和挫折进行分析，对提升抗压力和挫折承受力是至关重要的。譬如经济压力是来源于贫困，还是因过度开支引起的？心理压力是因自卑引起的，还是因交往不适引起的？通过分析及时找准自己存在的主要心理压力与挫折的原因，然后有针对性地学习提高自己的能力，适时调整、解决心理压力，化解挫折，从而达到提高大学生抗压力和挫折承受力的目的。

4. 积极投身实践活动

当代大学生大都生活在平静、安逸、舒适的生活氛围中，容易形成安于现状和贪图

享受的个性。因此，大学生有必要走出教室，感受教室以外"无边无际的大课堂"，多经风雨、多见世面，从"坐而论道"发展到"起而力行"，在实践中受到磨炼和考验，从而变得更加成熟和坚强。为此，大学生可以积极投身校内外社会实践活动，如科技下乡，参加青年志愿者活动，从事社会调查，进行家教和专业实习，参加讲演竞赛、远足、野营、登山、拉练、军训等专题实践活动。在实践活动中体验压力，面对挫折磨炼意志，战胜自我，并从中获取社会经验，正视人生"舞台"背后许多真实的情景，领悟人生的哲理。

5. 在压力和挫折中磨炼自己，增强挫折承受力

压力、挫折、打击、灾情等可能摧毁弱者的意志，使之消沉、一蹶不振，而人格健全的人则在磨炼中变得更坚强。文王拘而演《周易》；仲尼厄而作《春秋》；屈原放逐，乃赋《离骚》；孙子膑脚，《兵法》修列……无数历史典故和生活实例都说明，挫折和逆境可以提升抗压力和挫折承受力，让人发愤图强。

6. 积极探索提升抗压力和挫折承受力的有效方式

生活中的压力与挫折的来源是多方面的，且因人而异。对当代大学生来说，压力与挫折更多地表现为在完成学习任务过程中的矛盾和困惑。因此，大学生应该围绕学习任务，一方面积极探索缓解压力与挫折感的有效方式，不断增强自身抗挫折能力；另一方面由于控制压力需要长期方法和短期方法的结合，大学生要学会运用，这些方法以减轻心理压力。长期方法包括松弛压力、沉思、自我对话以及运动；短期方法包括假期旅游计划等，这些都能缓解压力和挫折感，重新获得学习的信心和动力。

新时代的大学生，应该肩负起大学生应尽的责任，扛起一定的社会压力，背负人生奋斗的使命，努力前行。缓解压力，并非要消除压力，而是把压力控制在效率最高的水平上。因此，当代大学生要时刻觉察自己的压力，让压力保持一个适度的状态，保持青春活力的能量。

微课 6-3

活动体验

【心理活动体验四：成长三部曲】

1. 活动目的

成长三部曲描述了人一生成长的缩影，通过"石头、剪刀、布"决定成长中的三种状态，即"鸡蛋""小鸡""大鸡"，最后变成"人"。此练习在于帮助同学们正视成长过程中的失败，将其看成成长过程中的一种方式。

2. 具体操作

（1）游戏从"鸡蛋"开始，每个人都是"鸡蛋"，抱成团蹲在地上，与同类进行猜拳，如果赢了，就进化成"小鸡"，然后再与"小鸡"猜拳，以此类推。

（2）与同类猜拳时，输的一方自动退化为前一个状态。
（3）晋升为"人"的可以在旁边观察大家的举动。
3. 小组讨论分享
（1）有些同学始终是"鸡蛋"，此时的感受如何？
（2）有些同学多次快成"人"，但又被挫败为"鸡蛋"，感受如何？
（3）一路成长顺利的同学有何特别的感受？
（4）如何看待成长过程中的失败？
（5）在这个过程中有何特别发现？
4. 教师总结

人的成长过程中压力和挫折是不可避免的，关键是我们如何看待它，积极的评价能使得压力和挫折转化为人生的垫脚石，而消极的评价则会使它们变成人生的绊脚石。

活动评价

评价内容		评价标准	是/否
活动完成情况	活动四	能正确看待成长中的压力和挫折	
		能积极评价成长中的压力和挫折	
		能有效应对学习、生活中的压力和挫折	

◆ 自主测试

多选题。

1. 压力和挫折应对技巧中包含的内容有（　　）。
   A. 调整目标　　　　B. 倾诉　　　　C. 运动
   D. 正确归因　　　　E. 求助心理咨询
2. 人在压力之下时会产生哪些反应？（　　）
   A. 生理反应　　　　B. 心理反应　　　　C. 行为反应
3. 如何提升抗压力和挫折承受力？（　　）
   A. 合理分析压力挫折产生的原因
   B. 保持乐观积极的心态
   C. 放纵自己不受约束
   D. 积极投身实践活动
4. 积极的心理防御有（　　）。
   A. 幽默机制　　　　B. 替代机制
   C. 反向机制　　　　D. 认同机制
5. 大学生常见的压力包括（　　）。
   A. 学习压力　　　　B. 就业压力　　　　C. 交往压力

D. 恋爱压力　　　　　　E. 经济压力

6. 大学生提升抗压承挫能力的方法有（　　）。

A. 保持积极乐观的心态

B. 保持适中的自我期望水平

C. 学会分析压力和挫折

D. 积极投身实践活动

E. 在压力和挫折中磨炼挫折承受力

◆ 复盘

模块 6　"逆袭"让人生更精彩——大学生压力与挫折应对　复盘表		
任务类别：□ 个人任务　　□ 小组任务		
个人姓名		班级
小组成员		班级
复盘：总结本模块任务完成情况，掌握了哪些知识和技能，锻炼了哪些能力，活动体验中获得哪些感悟。		

◆ 课后巩固

自助与助人

用所学的抗压耐挫的知识和技能，帮助自己或身边正遭遇压力与挫折的同学、亲友，有效地应对压力与挫折。

模块 7
社交达人养成记
——大学生人际交往

> **学习目标**
> 1. 能认识到人际交往的重要意义，掌握人际交往心理效应。
> 2. 能对人际交往中常见的问题进行调适。
> 3. 能够掌握人际交往的原则和技巧，提升自己的人际交往能力。

任务 7.1 认识人际交往和人际关系

> **情境导入**
>
> 大一新生小刚最近有点心烦，原因是刚进大学的时候觉得室友们都非常好，相处也很融洽，但是经过几个月的相处，发现大家都变了，相处的过程中矛盾不断。他不明白怎么会变成这样，他很想和大家的关系恢复如初。
>
> 要解决人际交往中的困惑，首先要了解人际交往和人际关系的定义，清楚人际交往心理效应。

> **知识准备**

一、人际交往和人际关系

小刚的烦恼很多同学都遇到过，其实不是大家变了，而是人际交往中的心理效应在

起作用。首先我们要认识人际交往和人际关系的定义，清楚人际交往有多重要，再进一步地认清人际交往的心理效应。

马克思说：人是最名副其实的社会动物，不仅是一种合群的动物，而且是只有在社会中才能独立的动物。

人是社会的动物，不能离开群体而单独生存。在社会生活中，一个人每天除 8 小时的睡眠以外，其余 16 小时中有 70% 的时间是在进行人际交往。可以说，人际交往构成了人生的主要内容，个人是在复杂的人际交往中不断成长与发展的。事业成功、生活幸福也是以人际交往的成功为前提的。人际交往的成败对人的影响超出了人们的想象。

1. 人际交往的定义

人际交往是指人与人之间相互作用的动态过程。它是社会生活中，人与人之间通过一定的方式进行接触，交流思想、沟通感情、传递信息，并在心理上和行为上相互产生影响的互动过程。

人际交往即是人的社会性的体现，也是人的社会性存在的前提条件。人们的交往过程也是人与人之间用多种方式和手段进行知识和情感的交流过程；交往的主体包括个人或群体；交往的方式可分为直接交往和间接交往、正式交往和非正式交往、单向交往和双向交往等类别；人际交往的双方往往互为客体，在双方互动的状态下形成和发展，彼此即影响对方，也接受对方的影响。

2. 人际关系的定义

所谓人际关系即人与人之间的关系，是人与人在交往过程中所产生的各种社会关系的总和。人际关系网络是付出和给予之间的不断平衡，一种双方同意的公平交易。在不同的发展阶段，会形成不同的人际关系网络，通常分为 3 类：以"感情"为基础的各类关系，包括亲情、友情和爱情；以"熟识"为基础的同事、同学、上下级等关系；缺乏任何基础的陌生关系，如萍水相逢。其中，最早产生的、最持久的人际关系是感情类人际关系。

心理测试

大学生人际关系的诊断

这是一份大学生人际关系行为困扰的诊断量表，一共有 28 个问题，请根据自己的实际情况逐一对每个问题做"是"或"否"的回答。为了保证测验的准确性，请认真回答。

1. 关于自己的烦恼，有口难开。
2. 和生人见面的感觉不自然。
3. 过分的羡慕和嫉妒别人。
4. 与异性交往太少。

5. 对连续不断的会谈感到困难。
6. 在社交场合，感到紧张。
7. 时常伤害别人。
8. 与异性来往感觉不自然。
9. 与一大群朋友在一起时会感到孤寂或失落。
10. 极易受窘。
11. 与别人不能和睦相处。
12. 不知道与异性如何适可而止。
13. 当不熟悉的人向自己倾诉他（她）的遭遇，以求同情时，自己常感到不自在。
14. 担心别人对自己有什么坏印象。
15. 总是尽力使别人赏识自己。
16. 暗自思慕异性。
17. 时常避免表达自己的感受。
18. 对自己的仪表（容貌）缺乏信心。
19. 讨厌某人或被某人所讨厌。
20. 瞧不起异性。
21. 不能专注地倾听。
22. 自己的烦恼无处倾诉。
23. 受别人排斥，感到冷漠。
24. 被异性瞧不起。
25. 不能广泛地听取各种意见和看法。
26. 自己常因受伤害而暗自伤心。
27. 常被别人谈论、愚弄。
28. 与异性交往不知如何更好地相处。

计分方法：选择"是"，加 1 分，选择"否"，加 0 分。将各题的分数相加，算出总分。根据总分来查下面的评分表，就可以知道自己的情绪稳定程度。

评分表

总分	人际交往状态	具体表现
0~8	你在与朋友相处上的困扰较少	你善于交谈，性格比较开朗，主动关注别人。你对周围的朋友都比较好，愿意和他们在一起，他们也都喜欢你，你们相处得不错
9~14	你与朋友相处存在一定程度的困扰	你和朋友的关系并不牢固，时好时坏，经常处在一种起伏状态之中
15~28	同朋友相处的行为困扰比较严重	你的人际关系行为困扰程度很严重，而且在心理上出现较为明显的障碍

二、人际交往的意义

1. 人际交往对事业与生活的意义

美国卡耐基基金会对成功人士进行研究时发现：一个人的成功 15% 要靠专业知识，85% 要靠良好的人际关系。

社会学家讲过这样一句话：成功来自聚会。

社会学家调查研究发现：从自己的生活伴侣到工作同事，我们中的每个人平均认识 500 个人，如果你善于经营自己的人际网络，你的人生也将因此变得非常丰富，你就不会孤独和寂寞。

2. 人际交往对大学生的意义

人际交往既是个人发展的需要，也是人们精神生活的需要。良好的人际关系对大学生的发展具有以下几个方面的意义：

（1）获得信息　大学生通过人际交往获得的知识，从内容渠道速度上来看，要比从书本上获得的知识更广，更多，更快。随着交往范围的扩大，大学生可以认识更多的人，了解更多的事，交换更多的思想，获得更多的信息。

（2）知己知彼　大学生在广泛的人际交往中可以表现出自己的思想和才能，使他人了解、赏识和接纳自己的性格、学识、能力和品质，在与他人的比较和他人对自己的评价中，客观、全面地认识自己。

（3）人际合作　人际关系影响大学生之间的群体凝聚力和学习效率。人际关系是群体内聚力的基础，而内聚力是提高学生学习效率的前提条件。友爱、和谐的人际关系会使人感到温暖、安全、愉快，从而激发积极性和创造性。冷漠、排斥、敌意的人际关系会使人产生压抑、焦虑、烦恼的情绪体验，从而阻碍人的潜能的发挥。据统计，不良的情绪会使脑力工作者的学习效率降低 70%。俗话说："一个篱笆三个桩，一个好汉三个帮。"大学生通过与他人交往，学会与人合作，提高协调各种力量的能力，懂得依靠集体的智慧和力量，明确自己在团体中的角色，才能最大程度的开发自身潜能，实现自己的目标。

（4）调节身心　有关调查资料显示：41% 的学生认为知心朋友在自己未来生活中很重要，59% 的学生表示最快乐的时刻是与自己的好朋友在一起。同学之间通过相互交往，诉说个人的喜怒哀乐，在心理上可以获得一种归属感和安全感。那些孤僻、不合群、自卑、猜疑、嫉妒的学生，往往有更多的烦恼和忧愁难以排遣，会渐渐形成不健康的心理。长期恶劣的人际环境会导致各种身心疾病，如神经衰弱、高血压、溃疡病等。

（5）促进社会化　人际关系影响个体的个性发展。个体在自我发展和自我完善的过程中，不仅受自然环境的影响，而且还受人际关系的影响。研究表明，融洽的人际关系对个体具有以下作用：给个体以稳定感和归属感，使个体提高宽容和理解的能力；给个体以学习社交技巧的机会，使个体获得社交的经验；给个体以培养社会洞察力的机会，使个体在社会生活中逐渐成熟，明确自己的社会角色和地位。大学生通过与家人、同学、老师的交往，不断积累生活经验，学习社会生活所必需的知识技能、伦理道德、规范意识等，学会与人合作和竞争的能力，培养良好的道德品质，完善和健全人格特征，从而使自己成为一个得到成熟的社会人。

三、人际交往的心理效应

1. 首因效应

首因，即最初的印象或称第一印象，在人际交往中，人们往往注意开始接触到的信息，如对方的表情、身材、容貌等，而对后来接触到的信息不太注意，这就是首因效应，即我们常说的"先入为主"。形成第一印象所依据的信息是有限的，也不一定是真实可靠的。正所谓"路遥知马力，日久见人心"，仅凭第一印象就妄加判断，"以貌取人"，往往会带来不可弥补的错误！《三国演义》中庞统当初准备效力东吴，于是去面见孙权。孙权见庞统相貌丑陋，心中先有几分不喜，又见他傲慢不羁，更觉不快。最后，以"广招人才"自居的孙权竟把与诸葛亮比肩齐名的奇才庞统拒于门外，尽管鲁肃苦言相劝，也无济于事。众所周知，礼节、相貌与才华无必然联系，但是礼贤下士的孙权也未能避免这种偏见，可见第一印象的影响之大！

2. 近因效应

近因效应是指多种刺激依次出现的时候，印象的形成主要取决于后来出现的刺激，即交往过程中，我们对他人最近、最新的认识占了主体地位，掩盖了以往形成的对他人的评价，因此也称为"新颖效应"。多年不见的朋友或老同学，在自己的脑海中的最深的印象，其实就是临别时的情景。首因效应和近因效应不是对立的，而是一个问题的两个方面。在对陌生人的认知中，首因效应比较明显；而对熟识人的认知中，近因效应作用明显。

3. 光环效应

光环效应又称晕轮效应，它是一种影响人际知觉的因素。这种爱屋及乌的强烈知觉的品质或特点，就像月晕的光环一样，向周围弥漫、扩散，所以人们就形象地称这一心理效应为光环效应。

名人效应是一种典型的光环效应。不难发现，广告主角大多都是歌星、影星等名人，因为名人推出的商品更容易得到大家的认同。

男女朋友之间也经常会出现光环效应。两个恩爱的人在一起，便会觉得对方身上都是优点，没有一点点缺点。这就是男女朋友间晕轮效应的扩大，才使自己觉得对方身上全是优点。

4. 刻板效应

刻板效应是指由于社会的影响，对某个人或某一类人产生的一种比较固定的看法。如我们一般认为：北方人豪爽，南方人精明；工人粗犷，农民淳朴；方下巴的人意志坚强，额头宽大的人聪明；胖人心地善良，虎头虎脑的人忠厚诚实。这些都是刻板印象。刻板印象在人际沟通中有利有弊，从积极的一面来讲，它有助于我们对他人有一个概括性的了解；从消极的一面来讲，刻板印象抹杀了个别差异，容易形成偏见，使人做出错误的

判断。事实上，某一类人所具有的特点并不一定在所有人中体现，对某人的刻板印象不见得与他本人的真实特点相符合。

5. 投射效应

投射效应是指将自己的特点归因到其他人身上的倾向。在认知和对他人形成印象时，以为他人也具备与自己相似的特性的现象，把自己的感情、意志、特性投射到他人身上并强加于人，即推己及人的认知障碍。比如，一个心地善良的人会以为别人都是善良的；一个经常算计别人的人就会觉得别人也在算计他等等。

投射效应使人们倾向于按照自己是什么样的人来知觉他人，而不是按照被观察者的真实情况进行知觉。当观察者与观察对象十分相像时，观察者的感知会很准确，但这并不是因为他们的知觉准确，而是因为此时的被观察者与自己相似。投射效应是一种严重的认知心理偏差，辩证地、一分为二地去对待别人和对待自己，才是克服投射效应的有效方法。

微课 7-1

活动体验

【心理活动体验一：人际交往的意义——我的心愿】

1. 活动目的

清楚自己的人际困惑，认识到人际交往的重要性。

2. 具体操作

（1）学生分成 6 人组，围圈坐下。

（2）鼓励学生讲自己人际交往中的"1+1"，既一个困惑和一个心愿。

（3）老师做示范，说出人际交往中不喜欢的和喜欢的人和事。

（4）学生组内进行分享后，每组派一个代表在班级内分享。

3. 教师总结

人际交往过程中难免会遇到困惑，但是人际交往既是个人发展的需要，也是人们精神生活的需要。良好的人际关系对大学生的发展具有多方面的意义，因此大家应该积极地进行人际交往。

活动评价

评价内容		评价标准	是 / 否
活动完成情况	活动一	能认识到自己人际交往中的不足	
		能明确人际交往的重要意义	

任务 7.2　掌握大学生人际交往的常见问题及调适方法

情境导入

阿静是某高校的学生，她认为自己所学专业对社会用处不大，便害怕与人谈起自己的专业，忌讳别人瞧不起自己，又常常故作冷傲。她害怕与人交往，在别人面前总感到很不自在。自卑又自傲的心理让阿静很困扰。

大学生特有的年龄阶段和心理特点，使得他们经常会出现不良的交往心理。因此，必须重视大学生的交往心理，加强疏导。

知识准备

一、大学生人际交往中常见的问题

大学生思想活跃，兴趣广泛，人际交往的愿望强烈。他们渴望认识新朋友，渴望让更多的人了解自己。但在具体的人际交往中，又常常遇到各种挫折困扰。因此，必须重视大学生的交往心理，加以疏导。

1. 不敢交往

在人际交往的实践活动中，很多人都存在不同程度的恐惧心理，只是每个人的反应程度不同。有一部分大学生在这方面反应特别强烈，在与人交往时明显表现紧张、两眼不敢正视别人，有时语无伦次、词不达意，尤其在很多人的场合或者在集体活动中更加感到恐惧，严重可导致社交恐惧症。

2. 不愿交往

有的大学生在经历了"千军万马过独木桥"的高考失利之后，形成嫉妒与自卑心理，认为自己不如别人，怕别人瞧不起自己，缺乏与同学基本的合作精神；有的同学因为家里条件好，到大学后以自我为中心，自高自大，瞧不起其他人；有的人遇事总是回避、退让，整日郁郁寡欢，缺乏交往的愿望和兴趣。

3. 不善交往

有的大学生在与人交往的过程中表现过于生硬，心存感激不会讲出来；有的大学生因认知偏见产生生理障碍，不注意交往中的"第一印象"，不讲究交际艺术；有的大学生在与人交往的过程中不注意交往的原则，开玩笑不注意场合或不懂装懂、夸夸其谈等，这些表现都有损自身形象的塑造，影响了与他人进一步的交往。

4. 不懂交往

有的大学生不懂交往的技巧，在交往中表现为自卑、猜疑、妒忌、恐惧等，或缺乏人际交往的基本技能，虽然渴望交往，但由于交往方式欠妥，交往能力有限或个性存在缺陷等，交往失败。长期的交往失败，便把交往看成一种负担，渐渐地变得自我封闭。

二、大学生人际交往问题产生的原因

1. 心理原因

大学生处于特定的生理发展期，自制能力较弱，遇事容易冲动，有些同学认为自己做事爽快，实则是冲动表现。还有的同学爱面子，这也经常导致大学生之间的冲突。有很多人际冲突都是发生在没有什么原则问题的小事情上，比如，一次无意的碰撞、不经意的言语伤害或区区小利等等，本来只要打个招呼、说声道歉也就没事了，但双方都"赌气"，出言不逊，结果争吵起来。更有甚者，动不动就拔拳相见，造成头破血流，事后懊悔不迭。从心理学角度讲，这是双方都在用不适当的方法维护自尊，即典型的面子心理。仿佛谁先道歉就伤了面子，谁在威胁面前低了头，谁就是无能，于是矛盾层层升级，甚至以悲剧而告终。

2. 社会原因

在不同生活背景下成长起来的大学生，其思维方式和潜意识都会有很大差异。在大学生的人际交往中，贫困大学生的人际交往问题显得十分突出。贫困大学生有着和普通大学生一样的交往需要，但是由于家庭生活贫困，许多学生不能正确处理个人与同学的关系，在人群中感到不自在。而家庭条件相对较好的大学生却经常有意无意地表现出自身的优越性。这种优越性会刺伤贫困大学生脆弱的自尊心，继而产生隔阂。

另外，由于家庭环境差异而产生的认识上的不同，也是造成人际关系冲突的一个主要原因。贫困大学生与富裕大学生之间的矛盾，绝不仅仅是高档用品上的差异，而是根植在头脑之中的贫富差异，以及在长期的不同生活环境下产生的价值观的差异。

还有一个不容忽视的问题即独生子女的问题。虽然独生子女并不是引发冲突的必然原因，但确实有许多独生子女的人际关系不是很融洽，和同学之间摩擦也更多一些。他们虽渴望与同学建立良好的人际关系，但由于其长期以来娇生惯养，心理素质较差，缺乏基本的社交态度与技能，导致他们的人际关系失调，甚至引发人际冲突。独生子女在家庭中往往处于优越地位，这使得他们自我意识普遍过强，以自我为中心，一切从我出发，凡事考虑自己的利益得失，缺乏对他人的理解、尊重与宽容，缺乏助人为乐的精神，在人际关系上，往往表现为自私、嫉妒、不合群等特点，给他们的人际关系埋下了隐患。

3. 利益原因

在大学里存在着各种形式的竞争，如奖学金的评定、学生干部的竞选、党员的推荐以及各种评优，这些都可能给大学生的人际关系带来微妙的变化，甚至引发冲突。

4. 个性原因

在这个讲求个性的时代，大学生来自不同的地方，由于成长环境不同，他们有着不同的价值观和生活习惯。每个大学生都在追求或培养着自己的个性，这给大学生的人际关系无形中增添了许多危险的因素。有很多人际冲突就是因为一方或双方个性太强，不肯让步形成的。比如，有的同学其他方面都很好，但脾气暴躁，常因为一些小事跟同学发生冲突，最终影响了大学生活。

良好的人际关系是大学生心理健康的重要保证，具有良好的人际交往能力也是一个人适应社会、走向成功的重要内容。因此，作为当代大学生应该有意识地培养自己的人际交往能力，掌握人际交往的技巧，懂得人际交往的基本原则，遵循人际交往的规律。

三、大学生人际交往不良心理的调适

不良的人际交往心理不仅影响大学生的学习和生活质量，而且影响大学生的心理健康。因此，了解大学生人际交往中存在的不良心理，提出有针对性的调适方法，有助于改善大学生的人际交往状况，提高大学生的心理健康水平。

1. 自卑心理的调适

在心理学上，自卑属于性格上的一个缺点。自卑是一种因个人自认为不如别人而产生的轻视自己的不良心理，表现为忧郁、悲观、孤僻，很多同学都习惯于拿自己的短处和别人的长处比较，过低地评价自己，常有"我不行"，"我不如他们"等消极暗示，对自己信心不足，盲目地依赖别人、取悦别人；不敢涉足新的交往领域，在交往中总是表现羞怯、忧伤、退缩。而这会使自己陷入更深的自卑中。自卑心理可以从以下几方面进行调适。

（1）**正确认识自身的生理缺陷和不足**　要认识到只有通过自己的努力和奋斗，不断增长知识，提高自身的全面素质，才有可能改变自己的家庭状况，提高自己的社会地位，减轻生理缺陷的影响。

（2）**进行积极的自我暗示、自我鼓励**　尤其当处于不利地位时，要给自己加油打气，竭尽全力争取成功。

（3）**正确认识自我，提高自我评价**　要善于发现自己的长处，肯定自己的成绩，改善自我形象，积极参加社交。

（4）**积极与人交往**　自卑的人往往容易把自己孤立起来，并形成恶性循环。越害怕交往，就越自卑，但也要看到自己在人际交往中有许多积极因素，因为他们大多谦虚，善于体谅人，所以应尽量积极地与人交往，并通过成功的交往开阔自己的胸怀，克服自卑心理。

2. 自负心理的调适

自负是骄傲自大、自以为是，过于相信自己而不信他人，只关心自己的需求而不去考虑他人的感受。外在的自负源于内在的自卑，自负心理易导致部分学生在自我封闭的狭小空间里逞能。大学生主要从以下几个方面改善自负心理。

（1）**接受批评**　接受批评是根治自负的最佳办法。自负者致命的弱点就是不愿意改变自己的态度或者接受别人的观点。接受批评不是让自负者完全服从他人，只是要求他

们能够接受别人正确的观点。

（2）学会与人平等相处　自负者通常无论在观念还是行动上都要求别人服从自己。平等相处就是要求自负者以一个普通人的身份与别人平等交往。

（3）提高自我认识　要全面的认识自我，既要看到自己的优点和长处，又要看到自己的缺点和不足，不可"一叶障目，不见泰山"。与人比较不能总拿自己的长处去比别人的不足，把别人看得一无是处。

（4）以发展的眼光看待自己　辉煌的过去可能说明你过去是优秀的，但并不代表现在，更不预示着将来。

3. 孤独心理的调适

孤独心理表现为不愿与他人交往，喜欢独来独往，不合群。由于不善于主动与他人交往而感到孤立，自我心理压力大，生活态度不乐观。孤独一般表现为把自己的真实的思想、情感、欲望掩盖起来，对别人心怀戒备，自我防御心极强。由于难以沟通，使人感到与之交往很累或者无效。如何面对人际交往中的孤独感呢？

（1）把自己融入集体之中　任何一个大学生都处在一定的环境中，拒绝把自己融入集体之中去，孤独肯定会格外地垂青你。

（2）积极参与社交活动　要敢于冲破自我封闭的枷锁，越过心灵的障碍，通过广泛的交流寻觅知音。当真正感到与同学们心理相容并为人所接受时，就会享受到正常的人际交往的快乐与幸福。

（3）克服不良的人格因素　高傲、冷僻、尖酸、刻薄等不良人格往往会使人与你疏远，应该加以克服和矫正。

（4）培养慎独的功夫　失意与独处在人生中不可避免，培养自己慎独的功夫，以期在个人独处时不至于会有太多的孤独、寂寞之苦。

4. 猜疑心理的调适

猜疑心理就是在对人对事没有进行客观的了解之前，主观地进行假设与推测，是一个非理智的判断过程。猜疑心理在人际交往中表现为对他人不够信任，与人交往时过分小心谨慎，待人不够诚恳，往往误解他人的好意。猜疑心理的正确调适方法有以下几种。

（1）学会正确的人际认知方法　只有对他人和客观事物的认识要力求客观、全面、公正，才会避免猜疑。

（2）加强沟通，多做调查研究　出现了疑点，不要马上乱猜测、乱对号，否则就会产生忌恨和报复心理。要主动与你所怀疑的对象多接触、多交流，敞开心胸交流，这样往往会得到你意想不到的信息。

（3）学会"冷处理"　对于那些一时得不到证实的事情，最好的办法就是先放一放，相信总有水落石出的时候。急于求成、胡乱猜测，弊多利少，远不及耐心考察的"冷处理"方法好。

（4）学会识别信息　猜疑心理可能源于自身，也可能是听信别人的流言蜚语而产生的。因此，在人际交往中，要善于对信息和信息源进行认真的鉴别，冷静筛选，去伪存真，不可偏信。善于鉴别信息真伪，是大学生修身处世、避免在人际交往中走入误区的重要武器。

5. 妒忌心理的调适

妒忌是担心别人超过自己引起的抵触情绪体验，是心胸狭窄、自私自利的心理表现。巴尔扎克说过"妒忌潜伏在人心底，如毒蛇潜伏在穴中。"嫉妒者比任何不幸的人更为痛苦，别人的幸福和他自己的不幸将使他痛苦万分。妒忌是一种十分有害的不良心理，对这种不良心理的调适主要从以下几个方面入手。

（1）纠正自己认知的偏差　妒忌者在别人成功时，总以为别人的成功是对自己的威胁，是对自己利益的侵占。妒忌者应该学习别人的长处来克服自己的短处，而不是以己之短比人之长。

（2）积极升华　应该把不服气的心理引导到积极的方面，化嫉妒为积极进取的力量，赶上甚至超过对方。

（3）积极地进行注意转移　妒忌的产生总是在闲暇时间，如果我们积极参加有益的活动，使自己的生活充实起来，也许就没有时间去嫉妒别人。我们应该有意识地进行一次注意的转移，看看自己的优点，这样便会使原先失衡的心理获得一种新的平衡，嫉妒心理也就不会产生。

（4）学会欣赏别人的成功和优点　学会悦纳他人，学会赞美别人的成功和优点，在真诚的祝愿中学会"我好，你也好"的交往态度。

活动体验

【心理活动体验二：角色扮演——寝室风波】

1. 活动目的
帮助学生认识寝室每个成员的习惯的不同，促进理解，优化寝室人际关系。
2. 具体操作
（1）情境：小黄晚上和早晨都喜欢打开窗户，换换新鲜空气，其他室友却觉得小黄存心让他们着凉生病，一起指责他；小黄认为，室友们不注意时间的掌握，很晚才归宿，严重影响自己的休息和生活习惯。
（2）请4名同学扮演寝室风波。
（3）小组讨论交流，大组分享。
3. 教师总结
大学宿舍人际关系是社会人际关系的缩影，是大学生思想、行为及情感的晴雨表。能否处理好宿舍人际关系是衡量大学生人际交往能力和心理素质水平的标尺。大学生每天与室友间的接触与交往的时间比较长，因此，与室友的关系融洽与否，决定了一天的大多数时间里心情是否愉快。如何处理好宿舍人际关系呢？

一是共同遵守宿舍规定。如统一作息时间、协作搞好宿舍卫生，合理使用宿舍公共资源、积极参加宿舍集体活动等。

二是注重交往细节。不搞小"团体"、不逞口舌之快、不触犯室友隐私、不拒绝小惠而报之以感谢、别人有难要帮、不斤斤计较等。

三是学会化解冲突。室友之间对抗、不理解、怀疑、敌意、拒绝、破坏等冲突，虽然隐藏在宿舍内部，相对不公开，但对我们的身心健康影响很大。遇到冲突时，可采取幽默法、回避法、合作法、求和法等方式化解。

活动评价

评价内容		评价标准	是/否
活动完成情况	活动二	能认识寝室每个室友性格、习惯的不同并尊重	
		能遵守寝室规定，注重交往细节	
		能学会化解人际冲突	

任务 7.3 掌握大学生人际交往原则与技巧

情境导入

小刚是风电运维专业大三的学生，目前正在企业顶岗实习，但最近因与带教师傅发生不愉快，心情郁闷，因此求助心理咨询老师，以解决人际交往的困扰。

不懂得人际交往技巧的人在工作中很难与人愉快合作，从而影响工作进展，在生活中也很难拥有良好人缘，从而影响自己的心情。

知识准备

一、大学生人际交往原则

1. 平等原则

平等是建立人际关系的前提。人际交往作为人们之间的心理沟通，是主动的相互的有来有往的。人都有友爱和受人尊敬的需要,都希望得到别人的平等对待,人的这种需要就是平等的需要。

萧伯纳有一次写作休息时,和邻居的小女孩一起玩耍。当送小女孩回家时,他对小女孩说:"知道我是谁吗?回家告诉你妈妈,就说和你一起玩的是萧伯纳。"小女孩天真地回应说:"知道我是谁吗?回家告诉你妈妈,就说和你一起玩的是克里·佩丝莱娅。"大文豪听了,不禁惭愧。后来,他对朋友谈起此事,感慨道:"一个7岁的小女孩给我上了人生中最好且最重要的一课,一个人无论有多大的成就,他在人格上与任何人都是平等的,这个教训我一辈子也忘不了。"

2. 尊重原则

人际关系的基础是人与人之间的相互重视、相互支持、相互尊重,对于真心接纳我们的人,我们也更愿意接纳对方,愿意同他们交往并建立和维持关系。由此可见,"敬人者,人必敬之",给别人以充分的尊重,才会赢得他人的尊重。因此大学生在人际交往中应坚持平等原则,尊重他人,理解他人,关心他人,建立起有利于成长和进步的人际关系。

3. 信用原则

信用即指一个人诚实、不欺骗、遵守诺言,从而赢得他人的信任。人离不开交往,交往离不开信用。要做到说话算数,不轻许诺言。与人交往时要热情友好,以诚相待,不卑不亢,以博取他人的信任,使他人产生乐于与你交往的欲望。

4. 互利原则

互利指交往双方的互惠互利,人际交往是一种双向行为,故有"来而不往非礼也"之说。只有单方获益的人际交往是不长久的,所谓的双方受益不仅是指物质上的,还有精神上的,因此双方都要付出和奉献。

5. 真诚原则

真诚待人是人际交往中最有价值、最重要的原则,指的是交往过程中真诚待人,实事求是,不虚情假意。我们每个人都希望自己得到真诚的友谊,交到真诚的朋友。其实,真诚对我们来说很简单,只要自己出发点端正,做人真诚善良,对待身边的人真诚有爱,你得到的回报也是如此。

6. 宽容原则

宽容是指人际交往中的心理相容,即人与人之间的融洽关系。它包括与人相处时的容纳、包涵、宽容及忍让。在生活中,我们每个人的性格、生活习惯、生活方式、价值观、人生观均不同,在人际交往中难免会产生这样那样的误解和矛盾,这就要求人们在交往中遵循宽容的原则。

张三在山间小路开车,正当他悠然地欣赏美丽的风景时,突然迎面开来的货车司机摇下窗户大喊一声:"猪!"张三越想越气,也摇下车窗大骂:"你才是猪!"刚骂完,他便迎头撞上一群过马路的猪。

启示:善待别人,就是善待自己,错误地诠释别人的好意,那只会让自己吃亏,甚

至使别人受辱。

二、提高人际吸引力

1. 增强人格品质的吸引力

人格品质是影响人际吸引力的最稳定因素，也是最重要的因素之一。美国学者安德森对影响人际关系的人格品质很有研究，他认为受喜欢程度最高的人格品质是真诚、诚实、理解、忠诚、真实、可信。安德森认为：真诚受人欢迎，不真诚则令人厌恶。

2. 增强仪表的吸引力

容貌、体态、服饰、举止、风度等外在因素在人际交往中的作用很大，"爱美之心，人皆有之"。人们喜欢美好的东西，这是一种自然倾向。尤其是在交往的初期，好的外貌容易给人良好的第一印象。

一个人若想提高人际吸引力，则应进行合适的"印象修饰"。从自己的服饰、举止、面部表情、精神状态等方面做出适合于自身角色和特定情境需要的修饰行为，产生令他人愿意接近、接受的吸引力。

3. 增强能力和才华的吸引力

才华主要是指一个人的智慧、能力、学识等，是智商（IQ）和情商（EQ）的综合能力。一个人的学识高低，常表现在他的言谈举止上以及处理难题方面是否有能力、是否可信等。

维系人与人之间的长久吸引，主要靠内在美，即人格魅力。如果一个人有一张美丽的面孔，再加上善良和智慧，那么他（她）将永远拥有魅力。反之，一个人即使有一张美丽的面孔，却有一颗狠毒的心，最后连他（她）的面孔也将令人厌恶。正因为如此，一个人只有拥有更多的内在条件，如学识、才干、品德，才能够提高自己的人际吸引力。

三、把握人际交往技巧

人际交往大体上分为语言交往和非语言交往。语言交往通常以达意的功能为主，非语言交往则一般以传情的功能为主。

1. 掌握语言交往技巧

俗话说"良言一句三冬暖，恶语伤人六月寒"，这句话告诉我们语言在交往过程中的重要性，掌握好语言交往技巧，可以促进感情的提升。

（1）**称呼得体**　恰当的称呼，能够使人获得一种心理满足，使对方感到亲切。在交往过程中，要根据对方的年龄、身份、职业等具体情况及交往的场合、双方关系的亲疏远近来决定对方的称呼。对长辈的称呼要尊敬，对同辈的称呼要亲切、友好，对关系密切的人可直呼其名，对不熟悉的人要用敬辞。

（2）**说话要注意礼貌**　语言艺术运用得好，就能吸引对方，调动彼此倾谈的激情和兴趣，从内容到形式适应对方的心理需要，有助于人际交往。

（3）**适时适度的赞美对方** 每个人都希望别人赞美自己。适当的夸赞，会让对方心情愉悦。但是赞美要适度，不能曲意逢迎，也不能夸大其词。真诚是赞美的前提。赞美越具体越好，赞美的话越细致越好。当室友穿了件漂亮的衣服，可以用"很适合你，效果不错"表达的赞美，当同学在比赛中获得了荣誉，要衷心的表达祝贺与鼓励。间接的赞美也会取得意想不到的效果。

2. 掌握非语言交往技巧

非语言交往是指交往双方通过服饰、目光、表情、身体的动作姿态、人际空间距离和交往频率等进行沟通的技巧。在人际交往中，虽然非语言行为通常只是语言行为的辅助和强化手段，但它有的时候可以代替语言传情达意，还可以微妙地传递语言难以表达的弦外之音。

（1）**人际距离** 人际距离其实也是人与人之间的心理距离，心理学根据不同的交往对象和情境，划分了四种交往距离。①公众距离，大于 360 厘米。这个空间内，人际间的双向交往大大减少，一般都是单向的交往，比如演讲报告、明星演唱会等；②社交距离，120~360 厘米，保持这一距离的人们，谈话的内容一般都是正式公开的；③个人距离，45~120 厘米，这个区域有较大的开放性，一般朋友和熟人可以自由地进入这个空间；④亲密距离，45 厘米以内，这个距离内的都是家庭成员、亲密朋友等关系最密切的人，如果没达到那种亲密程度的人插足这个区域很容易引起对方的反感。所以大家在交往过程中，一定要把握好交往距离的尺度。

（2）**体势** 包括体态和身体的动作和手势。在人际交往中，人的举手投足、回眸顾盼都能传达特定的态度和含义。当身体微微倾向对方，表示热情和感兴趣；微微欠身表示谦恭有礼；身体后仰，显得轻视和傲慢；身体侧转或者背向对方，表示厌恶反感，不屑一顾。不同的手势也具有各种含义，摆手表示拒绝制止或者否定；双手外摊表示无可奈何；搔头皮表示困惑；搓手或者拽衣领表示紧张；拍脑袋表示自责或者醒悟；竖起大拇指表示夸奖；伸出小拇指表示轻蔑。

值得注意的是，同样的体势，不同的人使用，给人的感觉不一样。比如：领导或者长辈对下级、晚辈拉拉手、拍拍肩，表示赞许和鼓励。但是下级、晚辈对上级或长辈做这样的动作则会被认为不尊重。

（3）**交往频率** 这是指在特定的时间里人与人之间的见面、来往的次数。掌握交往频率，可以维护自己的形象，发展友谊。

四、人际关系的优化

1. 班级人际关系的优化

班级人际关系是指班级中同学之间在相互交往过程中形成的比较稳定的心理关系。班级人际关系如何，不仅影响班集体的形象和发展，也影响大学生个体社会化和个性的

发展。如何学会与班级中不同类型的同学相处，不妨尝试以下几种方法：

（1）**换个角度，改变心态** 大学班集体少则几十人，多则上百人。由于个性、生活习惯、家庭背景等的差异，难免会产生各种摩擦或冲突。有时只要换个角度，发现事物的积极面，感受就完全不同。

（2）**对症下药，缓解人际冲突** 冲突产生后，不妨多问自己几个问题："对同班同学了解了多少？""他们的无心之错，我们宽容了多少？""我们发现了多少优点？"对同学了解得越多，冲突会越少。对待班上的同学，如果我们多一分理解，多一分关心，多一分欣赏，多一分宽容，那彼此之间的信任感、和谐感和幸福感才会不断增多。

（3）**发挥班干部的表率作用，提高班级凝聚力** 班干部是连接老师和同学的纽带，一个好的班集体很大程度取决于班干部是否称职、能否带动班级成员形成凝聚力。班干部应做好表率、以身作则，主动关心、了解同学，虚心接受同学建议。同时，在为班级同学和老师的服务中，班干部要不断提高自身的能力。

2. 异性人际关系的优化

由于性生理的成熟、性意识的觉醒和性心理的逐步发展，大学生对异性逐渐产生了兴趣，对异性之间的交往感到既好奇又困惑。相比中学而言，大学生异性之间的交往更自然、更大方。大学生也更加重视异性交往，具体表现在：大学生更在意异性同学的评价，更注意在异性同学面前的言谈举止，与异性交往时心思更细腻等。有研究显示，绝大多数大学生渴望与异性交往，而且异性友谊对自尊心的影响程度更大，带来的烦恼更多。因此优化与异性的交往是十分必要的。

1）我们既要反对男女之间"授受不亲"的封建传统观念，又要注意"男女有别"的客观事实。彼此做到"不失足于人，不失色于人，不失心于人"，这样男女同学的真诚友谊才有保障。

2）要把握好友谊与爱情的度。在友情和爱情之间并没有不可逾越的鸿沟，超过一定的限度，兴许你自己也分不清是友谊还是爱情了。如果在异性交往中，有意或者无意地联想到彼此之间可否发展成恋人关系，就会增添彼此的心理负担，使正常的异性交往变得各怀心事，别别扭扭。

3）相处中的男女同学要自尊、自立、自制、自重。恋人交往属于异性交往，不少大学生之所以深陷失恋的痛苦中无法自拔，是因为他们把爱情的失去等同于自我价值的失去，从而使情绪或行为失控。

3. 师生人际关系的优化

除了同学之间的关系外，师生关系也是构成大学生人际关系的重要方面。与中小学相比，大学师生的交往范围要小得多，而且具有自发性、偶然性，且多局限于知识学习方面。因而不少大学生在对老师的关系上表现得拘谨和胆怯，对建立和谐良好的师生关系显得无所适从。融洽师生关系可从以下几个方面做起：

（1）**相互尊重**　尊重是一种爱，一种信任。师生之间要主动尊重彼此的人格，尊重彼此的劳动成果。只有老师与学生都为对方付出真挚的、深厚的爱，师生之间才能建立起高度的人格信任，促进良好师生关系的形成。

　　（2）**相互理解**　这是老师与学生有效交往的前提，更是师生沟通的关键。因此，理解学生，是老师的首要任务；理解老师，是学生优化师生人际关系的基础。

　　（3）**平等交往**　平等交往主要是人格上的平等。老师与学生虽然角色不同，但是人格是平等的。只有师生都具备这种平等心态，师生才可能真正沟通。学生和老师都要正确理解平等，正确对待平等，建立平等的是师生关系。

　　（4）**拓宽交流渠道**　在活动和交往中更有利于良好师生关系的建立。课堂教学是师生交往的主要途径，此外，日常生活中的交往是建立良好师生关系不可或缺的一条渠道。

活动体验

【心理活动体验三：倾听技巧——学会倾听】

1. 活动目的

（1）学习人际沟通的基本态度（技巧）——倾听。

（2）会"倾听"与"回馈"在人际沟通中所产生的效果。

（3）思考每一种倾听方式应注意的问题。

2. 具体操作

找一个练习伙伴，与他进行角色扮演。首先，让伙伴说一个故事，你分别用下列五种倾听方法去听，然后回忆自己分别听到了什么内容，并且问问同伴的感受。然后，换一下角色，由你来讲一个故事，让同伴用这五种方法进行倾听、分析并记下自己的感受。

五种倾听方法分别是：忽视地听、假装地听、有选择地听、神贯注的地听、有同情心地听。

3. 练习效果检查

以下是顾客的动作或问话，你能听出顾客的潜台词吗？

（1）顾客故意发出一些声响，如咳嗽、清嗓子、把单据弄得沙沙作响。

潜台词是：＿＿＿＿＿＿＿＿

（2）"有别的型号吗？"

潜台词是：＿＿＿＿＿＿＿＿

4. 教师总结

在人际沟通中，人们并不只是把自己的意见、想法表达出来，更重要的是要用心倾

听对方所传达的信息,这样才能真正达到双方沟通的目的。"倾听"的要领是耐心、关心,认真倾听既是一种基本的沟通态度,也是一种可习得的技巧。

活动评价

评价内容		评价标准	是/否
活动完成情况	活动三	认真倾听时,能仔细观察自己和对方的感受	
		能够听出话里的内心需求与情绪	
		能够掌握倾听的技巧,提升人际沟通能力	

◆ **自主测试**

多选题。

1. 人际交往的心理效应有（　　）。
   A. 首因效应　　　　B. 近因效应　　　　C. 光环效应
   D. 投射效应　　　　E. 刻板效应
2. 大学生人际交往常见的问题有（　　）。
   A. 不敢交往　　　　B. 不愿交往
   C. 不善交往　　　　D. 不懂交往
3. 人际交往的原则有哪些?（　　）
   A. 平等原则　　　　B. 尊重原则　　　　C. 互利原则
   D. 信用原则　　　　E. 宽容原则　　　　F. 真诚原则
4. 人际交往的技巧有（　　）。
   A. 称呼得体　　　　B. 注意礼貌用语　　C. 适度赞美
   D. 注意倾听　　　　E. 把握人际空间距离

◆ **复盘**

模块7　社交达人养成记——大学生人际交往　复盘表			
任务类别：□个人任务　　□小组任务			
个人姓名		班级	
小组成员		班级	
复盘：总结本模块任务完成情况,掌握了哪些知识和技能,锻炼了哪些能力,活动体验中获得哪些感悟。			

◆ **课后巩固**

1. 课后拓展

林某,女,20岁,大一学生,写得一手好文章,还弹得一手好钢琴。她自认有才华,为人傲慢,很少与班上同学交往。后来她与舍友张某一同参加校园"好声音"比赛,但没想到她没入围决赛,张某却在决赛中获得了"最佳人气选手"奖,舍友们为张某举办了庆功会,她感觉大家都挺虚伪的,为此闷闷不乐。后来她又跟舍友发生过几次不小的冲突,关系相当紧张。她认为周围没有一个了解她的人。常常想念高中时期交的知心朋友,感到自己特别的孤独。

你觉得林某的问题出在哪?你将如何帮助她?

_____
_____
_____
_____

2. 影片赏析:《刁蛮掌门人》

《刁蛮掌门人》讲的是一个叫凯蒂的女孩到一所新学校后,如何与一个小帮派处理好关系的故事。

每个人自身都有一种特质,能吸引到某些人。想要增加自己的人际吸引指数,就要充分发挥自身的良好特质,创造更多让别人接近你、了解你的机会,同时也要学会抓住了解别人、接近别人的机会。

模块 8
话说最浪漫的事——大学生恋爱与性心理

> **学习目标**
>
> 1. 能认识和了解大学生恋爱与性心理的相关心理学知识。
> 2. 能学会建立亲密关系，积极面对爱情挫折，提升爱的能力。
> 3. 能树立正确的恋爱观和性爱观。

任务 8.1　培养爱的能力

> **情境导入**

小刚前阵子很"嘚瑟"，因为追求到了学院院花小玲。可是还没到一个月，问题就来了。两人才确立恋爱关系，小玲就要小刚给自己买昂贵的新款手机。小刚无法从生活费里挤出这么多钱，于是拒绝了小玲。因为这件事情，小玲一个星期没搭理小刚。小刚希望小玲不要这么"物质"，小玲却认为这是考验小刚是否爱自己，爱一个人就意味着愿意为他（她）付出，不管是物质的还是精神的。小刚好不容易才把小玲给哄好了，但没多久两人又因为另一件事情闹起了别扭。

有一天晚上小玲饿了，要小刚给自己买夜宵。那会儿小刚正准备赶第二天要交的作业，于是就拒绝了小玲的要求，让小玲自己去买，或者吃点饼干垫肚子。于是小玲又生气了，责备小刚一点都不关心她，追到她之前每天早上给她买早餐，每天晚上给她买夜宵，随叫随到，没想到把她追到手之后态度大变，不像以前那么"在乎"她了。

小刚现在也迷惑了，虽然自己很喜欢小玲，但是这种"不平等"的爱能持续多久，他也不知道了。

爱情是人类永恒的话题，遨游于知识海洋中的大学生们也会面临这个亘古常新的课题。青年大学生性生理已发育成熟，性意识增强，他们渴望爱情，因此大学生中恋爱已成为正常现象，但是恋爱中难免遇到困扰，应该如何处理呢？

知识准备

爱情是什么，它与恋爱和婚姻的关系又如何，大学生恋爱有哪些特点？这些都是需要我们认真探讨的问题。分析大学生的恋爱心理，帮助大学生树立正确的恋爱观，才能使之做好爱的心理准备。

一、什么是爱情

爱情是一个古老而又新鲜的话题。它一直吸引着人们的目光，它的欢乐和悲伤激发着艺术家、诗人、小说家等的创作灵感，也是中西方社会心理学家的经典研究课题。

1. 爱情的定义

哲学心理学家弗洛姆在其名著《爱的艺术》一书中将人类的爱分为五种：兄弟之爱、父母之爱、异性之爱、自我之爱和神明之爱，而异性之爱就是我们这里要讲述的"爱情"。到底什么是爱情，很多文人、学者从不同的角度给出定义：

别林斯基说："爱情是生活中的诗歌和太阳。"泰戈尔说："爱情是理解和体贴的别名。"高尔基说："没有爱的生活不是生活，而是生存。"西班牙谚语称："爱情，是一根魔杖，能把最无聊的生活也点化成黄金。"德国谚语称："爱情是一位甜蜜的暴君，恋人都心甘情愿地忍受它的折磨。"

有些心理学家则把爱情看作是人际交往内容中的一部分，他们从不同的角度来定义爱情。人本主义心理学家罗杰斯认为："爱是深深的理解和接受。"马斯洛认为："爱的需要涉及给予和接受爱，我们必须懂得爱，必须能教会爱、创造爱、预测爱。"弗洛姆强调爱情是一个人对另一个人的外貌和能力的积极表达，爱情使一个人开始了对另一个人的关注。因此，心理学家将爱情定义为"心理成熟到一定程度的人，对异性产生的具有浪漫色彩的高级情感。"

马克思指出：爱情是基于一定的客观物质条件和共同的生活理想，在各自心中形成的真挚的爱慕，并渴望对方成为终身伴侣的一种最强烈、最专一的感情。我国伦理学家罗国杰提出：爱情是指在一定社会经济文化状态下，异性之间以共同的生活理想为基础，以平等互爱和自愿承担责任和义务为前提，以渴求结为终身伴侣为目的，而按照一定的道德标准自主结成的一种具有排他性和持久性的特殊社会关系。

综上所述，爱情是指一对男女基于一定客观物质条件和共同的人生理想，在各自内

心中形成的相互间最真挚的爱慕,并渴望对方成为自己终身伴侣的最强烈、专一和稳定的感情。

2. 爱情的本质

爱情的本质是自然的,还是社会的?是狂热的,还是理智的?对于这一问题,人类一直在探索,不同时代,不同阶级的学者各自有其不同看法。

西方心理学家弗洛伊德认为性是世界的本原,性是人生的动力,是人类文化和社会发展的本源。一些文学家、思想家受西方文艺复兴以来的思想影响,把爱情当作是人类永恒不变的本性。有的社会学家强调爱情是男人和女人之间的一种社会关系,是社会生活的一个方面,是一种社会责任等。有的心理学家认为爱情是一种心理现象,是人生的一种心理体验或感受。

我们认为,爱情的本质是由爱情的生理、心理、社会三个要素相互作用构成的。

1)爱情的生理因素是人的性欲,这是一种延续种属的求偶本能。它构成了男女相互倾慕、相互爱恋的基础和原始动力。

2)爱情的心理因素是思想吸引、心理相容。人类的爱情生活与动物求偶不同的一个根本点就是人类情感的存在。在人类爱情中,情爱制约着性爱。如果说性爱是爱情的基础方面,那么情爱则是爱情的本质规定;性爱促使人们追求异性,情爱则决定人们有选择地爱某个异性。情爱以性爱为基础,反过来又制约着性爱。

3)爱情的社会因素有着丰富的内涵。首先,人类的爱是在社会交往活动中萌发的。没有人们之间的社会交往活动,既不会产生爱情,也不可能有全面而深入的爱的交往。其次,人类的爱情生活受社会的道德和法律制约。在恋爱阶段,恋人的行为要受道德规范制约,爱情一旦成熟,双方还须共同承担起对新生命诞生的责任和义务。婚姻不但受道德限制,还受到法律保护。再次,爱情生活所采取的形式是社会的,人们是通过合法合理的形式来满足其性欲的,恋爱、婚姻、家庭就是爱情的社会形式。

因此,爱情是建立在生理、心理和社会综合需要基础之上的,使人能获得强烈的生理和心理享受的稳定而持久的情感。

爱情是高尚的,在恋爱中应遵循的道德是:以爱为基础,以高尚情趣为恋爱发展的动力,在恋爱中相互尊重各自的选择、自由与权利以及人格,同时信守责任,忠贞专一,以诚相待。爱应该以理解为前提,以奉献为内容,以被爱为结果。生命不止,爱情不休。

3. 爱情的类型

美国心理学家斯滕伯格的爱情三元素理论认为,所有的爱情包括三种成分:亲密、激情、承诺。因此,爱情三元素理论又称爱情成分理论。

亲密指的是两个人心理上互相喜欢,心灵相近,互相归属的感觉,包括对恋人的赞赏、照顾、自我展露和内心沟通,属于爱情的情感成分。

激情是指强烈地渴望跟对方在一起的状态,是与"性"相关的动机驱力,是促使关系产生浪漫和外在吸引力的动机,属于爱情的动机成分。

承诺是指自己愿意与所爱之人保持并主动维持情感。它包括短期和长期两个部分，短期是指"决定"去爱一个人，长期是指对两人之间亲密关系所做的持久性承诺，属于爱情的认知成分。

斯滕伯格认为，不同的爱情可以表示为不同大小的三角形。三角形的形状代表爱情三种成分之间的关系，三角形面积大小代表爱情的质与量，"三角形面积越大，爱情就越丰富"。根据亲密、激情、承诺三大元素，可以组成7种不同类型的爱情：①喜欢式的爱情，只有亲密，没有激情和承诺，如友谊。②迷恋式的爱情，只有激情，没有亲密和承诺，如初恋。③空洞式的爱情，只有承诺，缺乏亲密和激情，如纯粹为了结婚的爱情。④浪漫式的爱情，只有激情和亲密，没有承诺。⑤伴侣式的爱情，只有亲密和承诺，没有激情。⑥愚蠢式的爱情，只有激情和承诺，没有亲密。⑦完美式的爱情，包含激情、亲密和承诺，只有在这类爱情中我们才能看到爱情的本来面目。

二、大学生恋爱心理的发展阶段

大学生的恋爱心理发展处于什么阶段？这个阶段有哪些特点？我们一起来看一下。

人的恋爱发展一般有以下三个阶段。

1. 对异性的敏感期

随着青春期的来临，第二性特征的出现和性意识的觉醒，引起了男女性别的不同生理和心理的急剧变化。青少年开始对性别差异非常敏感，在异性面前时常会感到羞怯和不安。比如在青春期早期，对异性特别敏感，这个时候通常会在班级里形成男女两个阵营，课桌上会划"三八"线，会羞于谈论关于恋爱的话题。

2. 对异性的向往期

随着性生理上的发育成熟，性心理开始发展，男女情窦初开，产生了异性之间的相互吸引，出现彼此希望接触的意愿。但是这一时期的男女青年，由于其生理和自我意识的不成熟，他们对异性向往的对象，基本上是泛化的、不稳定的、缺乏专一性的，是一种不成熟的恋爱心理。所以，有人又称此阶段为泛爱期。

3. 恋爱择偶期

在这一阶段，男女青年的性心理已逐步成熟，社会阅历在不断丰富，恋爱观开始形成，对异性的向往逐渐专一，开始相互寻求和选择自己的配偶对象，建立和培育双方的爱情，进入成熟的恋爱心理。

大学生的年龄一般是17~23岁，正处于从对异性的向往期向恋爱择偶期的过渡阶段，是由不成熟的恋爱心理向成熟的恋爱心理过渡的阶段。所以在大学阶段，大学生的恋爱更需要学习。如果这个时候能够树立良好的恋爱观，学习爱的能力，那么恋爱会形成正能量，不仅可以学习如何与异性相处，学习相互理解、支持和包容，为未来的婚姻做准备，还可以促进学习和对未来的思考、规划。

微课8-1

三、爱情亲密关系的要素

弗洛姆在《爱的艺术》一书中总结如下：不成熟爱情的原则——我爱，因为我被人爱；成熟爱情的原则——我被人爱，因为我爱人。不成熟的爱宣称——我爱你，因为我需要你；成熟的爱是——我需要你，因为我爱你。

那么一个成熟的、良好的爱情关系包含哪些要素呢？弗洛姆认为成熟的爱包含以下5个基本要素。

1. 给予

爱情是一种积极的而不是消极的情绪，即爱情首先是"给予"而不是"索取"。给予就是付出，给予是力量的最高表现，通过给予，体现自己的力量、富裕和活力。给予会比索取带来更多的愉快，这不是因为给予是一种牺牲，而是因为通过给予表现了自己的生命力。

但给予的最重要范畴并不止于物质，而是一个人内心有生命力的东西，比如与人分享自己的欢乐、兴趣、理解力、知识、幽默和悲伤等。通过给予，不仅丰富了他人，也丰富了自己。

弗洛姆认为人应该用爱去换爱，用信任换取信任。如果你想欣赏艺术，你必须是一个有艺术修养的人；如果你想对他人施加影响，你必须是一个能促进和鼓舞他人的人；如果你的爱不能使对方产生爱情，不能把自己变成一个被人爱的人，那么你的爱情是软弱无力的。

打算以爱的形式给予的人不应该把对方看作是他帮助的对象，而应该同对方建立一种真正的、创造性的紧密关系。

2. 关心

爱情是对生命以及我们所爱之物生长的积极的关心。如果缺乏这种积极的关心，那么这只是一种情绪，而不是爱情。爱的本质是创造和培养，爱情和劳动是不可分割的。人们爱自己的劳动成果，人们为所爱之物而劳动。

3. 责任心

今天人们常常把责任心理解为义务，是外部强加的东西。但是责任心这个词的本来意义是一个完全自觉的行动，是"我"对另一个生命表达出来或尚未表达出来的愿望的答复。有"责任心"意味着有能力并准备对这些愿望给予回答。

4. 尊重

如果没有尊重，那责任心就有可能变成控制别人和奴役别人的主观倾向。尊重别人不是惧怕对方，尊重这个词的定义就是有能力实事求是地正视对方和认识他独有的个性，尊重就是要努力使对方能成长和发展自己。爱情是自由之子，永远不会是控制的产物。

5. 了解

人们只有认识对方、了解对方，才能做到真正尊重对方。如果不以了解为基础，关心和责任心都会是盲目的,而如果不是从关心的角度出发去了解对方,那么了解便是一句空话。了解作为爱的一个方面,不能停留在表面,要深入事物的内部,而不是满足于一知半解。

关心、责任心、尊重和了解是相互依赖的,在成熟的人身上可以看到这些态度的集中表现。

四、培养爱的能力

在恋爱的过程中究竟有哪些爱的行动可以增进关系质量,维持高质量长久的亲密关系呢?

根据心理学家的研究,一段神魂颠倒的恋情,平均寿命是两年。一旦激情过去,进入到现实的婚姻中,个人真实的愿望、情绪和行为模式就会现出原形。作为一名婚姻辅导专家,盖瑞·查普曼博士每天都会遇到各种各样来自怨偶间的抱怨,无论是在婚姻讲堂,还是在万米高空的飞机上。"为什么杂志上有那么多《向配偶示爱的101种方式》,人们还是对爱无比苦恼?"这促使查普曼不得不深入研究其中的症结。

经过20多年的研究,他发现,并非这些示爱的方式有什么不好,而是用错了地方。在他看来,爱的语言可以归为5种:肯定的言辞、精心的时刻、接受礼物、服务的行动和身体的接触。

爱语1:肯定的言辞

心理学家威廉·詹姆斯说过:人类最深处的需要,就是感觉被人欣赏。那些安全感低、有自卑情绪的人容易缺少勇气。而这时如果恋人能给一些鼓励的话语,往往会激发出对方极大的潜力。

很多人所成长的家庭管教严厉,无论多么努力,父母的夸奖都很吝啬。这样家庭的孩子成年后,会有比较严重的自信危机,对他们而言,被欣赏与赞美,胜过其他。

另外,鼓励不是施加压力。如果女友并不希望减肥,而男友却说"你一定能变得更瘦"就不能算一种鼓励的爱语。要在对方心甘情愿去做一件事时,再送上他/她需要的肯定的言辞。

如果恋人的爱语是"肯定的言辞":

1)用一张卡片写上"言词是重要的",贴在你的镜子上。
2)写下每天你对他/她说的肯定的言辞,坚持一周,然后和他(她)一起,看看你的记录。你可能会发现:你说得很好,或者,其实很差。
3)定一个目标,比如连续1周,每天对恋人说不同的赞赏的话。寻找恋人的优点,并告诉他/她,你多么欣赏那些优点。
4)当你感到用词贫乏时,留心报刊中那些肯定的言辞。
5)写一封情书给他/她。
6)在他(她)的父母朋友面前赞美他(她)。

爱语 2：精心的时刻

什么是精心的时刻？答案是：给予对方全部的注意力。精心的时刻应该是全神贯注的交谈，或是一顿只有你们两人的烛光晚餐，也可以是手拉手散步，活动其实是次要的，重要的是花时间"锁住"对方的情感。

如果恋人的爱语是精心的时刻：

1）一起散步，问对方："你童年最有趣的事是什么？"
2）请恋人列一张单子，写上他/她喜欢跟你一起做的5种活动。在接下来的5个月，每个月做一种。
3）问问他（她），和你说话的时候，他/她最喜欢待在哪儿？什么时候？也许下次交谈，你们就会在操场上散步，一起谈心。
4）想一种他/她非常喜欢而你却很少过问的活动，比如看世界杯、玩网络游戏、逛街等，告诉他/她，接下来的这个月里，你希望和他/她一起参与一次。
5）每天找些时间，分享当天的趣闻。
6）在未来的一段时间，安排一次只有你们两个人的旅行。

爱语 3：接受礼物

礼物是爱的视觉象征。它可以是买来的、自己做的或是找到的。事实上，这是最容易学习的爱的语言之一。

如果恋人的爱语是接受礼物：

1）尝试早上送他/她一块巧克力，晚上送他/她一束鲜花等等，观察他/她的反应。如果他/她又惊又喜，恭喜你，他/她的爱语就是接受礼物。
2）亲自动手制作礼物。也许它只是回家路上拾到的一块石头，纹理粗糙，其貌不扬。只要配上一个小盒子就OK了，因为里面的字条上写着：它就像我，等着你去打磨。
3）选择一个星期，每天都送给恋人一件礼物，可以肯定的是，你的恋人一定会记住这段日子，就像记住蜜月旅行的时光。
4）存储"礼物点子"。只要你的配偶无意中说出"我喜欢……"，就把它悄悄记下来。

爱语 4：服务的行动

这是指恋人想要你做的事。当男女热恋时，为对方服务是自愿的，甚至费尽心思。但是热恋之后很多人变得不同了，比如："追我的时候，他每天都给我发短信，但现在经常是我发短信给他，他都爱答不理的"。

如果对方的爱语是服务的行动，你可以在单子上列出来，比如10个，并请对方按重要性排序。

爱语 5：身体的接触

肢体接触是人类感情沟通的一种微妙方式，也是爱的表达的有力工具。要说明的是，性只是这种爱语的方式之一，牵手、亲吻、拥抱、抚摸都是身体的接触。对有些人来说，身体的接触是他们最主要的爱的语言。缺少了它，他们就感觉不到爱。

身体的接触的爱语表现方式：
1）见面的时候，给对方一个拥抱。
2）散步的时候，拉着他/她的手。
3）在对方伤心和难过的时候，可以拍拍对方的肩膀，或者抱抱对方。

活动体验

【心理活动体验一：爱情价值观拍卖活动】

1. 活动目的

引导学生自我探索，帮助学生澄清自己的爱情价值观。

2. 具体操作

每个学生有 5000 元，它代表了一个人一生的时间和经历。每个人可以根据自己对人生的理解随意竞买下表中的东西。每样东西都有底价，价高者得，有出价 5000 元的，立即成交。

项目	底价	项目	底价
1.爱情	500	12.金钱	1000
2.友情	500	13.欢乐	500
3.健康	1000	14.长命百岁	500
4.眉毛	500	15.豪宅名车	500
5.礼貌	1000	16.每天都能吃美食	500
6.名望	500	17.良心	1000
7.自由	500	18.孝心	1000
8.爱心	500	19.诚信	1000
9.权利	1000	20.智慧	1000
10.拥有自己的图书馆	1000	21.名牌大学录取通知书	500
11.聪明	1000	22.冒险精神	1000

由一名学生主持拍卖，直到所有东西都拍卖完为止，然后请学生认真思考买回来的东西。

3. 小组讨论分享

你愿意为它们支付多少？在别人以高价拍走你最想要的东西时，你是什么感受？哪样东西在你人生中占据重要的位置？听到别人的答案，你有什么共鸣或者反思？

4. 教师总结

谈不谈恋爱、和谁谈恋爱，更多是取决于个人的爱情价值观，明晰了自己的爱情的价值观，很多问题也会随之迎刃而解。

活动评价

评价内容		评价标准	是/否
活动完成情况	活动一	能够澄清自己的爱情价值观	
		能够正确看待恋爱在人生中的位置和意义	

任务 8.2　维护性心理健康

情境导入

有一天，话剧排演结束，学院小美和小琪走在去食堂的路上。

小美神神秘秘地对小琪说："你知道吗？听说最近出现变态狂了。"

小琪追问："变态狂？什么情况？"

小美道："听我们班的小倩说，她同学在楼道里遇到一个变态，冲着她同学露出自己的隐私部位，把她同学给吓坏了，你说变态不变态？"

小琪很惊讶："真有这样的变态狂啊？太变态了吧，他不会伤害人吧？"

小美道："那谁知道呢，据说不止一个女生遇到，反正小心点吧。"

知识准备

一、性心理和性心理健康的含义和标准

1. 性心理和性心理健康的含义

所谓性心理，是指在个体性生理成熟的基础上所形成的与性特征、性欲、性行为有关的心理状况和心理过程。简而言之，就是与性生理、性行为有关的心理现象。性生理是性心理发展的生物学基础，性生理发育的障碍或缺陷，会使性心理的发展出现偏差。大学生正处于性生理发育成熟、性心理逐渐趋向成熟的时期，也是性生理需求与性的社会规范之间的冲突阶段。

世界卫生组织对性心理健康所下的定义是：通过丰富和完善人格、人际交往和爱情方式，达到性行为在肉体、感情、理智和社会诸方面的圆满和协调。性心理健康是人类健康不容忽视的重要组成部分，近年来正越来越受到人们的重视。

2. 性心理健康的标准

性心理健康的标准应该符合以下几点：

1）正确认识和接纳自己的性别。一个性心理健康的人，能正视自己的性心理发育、性心理变化，能在所处的社会环境中正确评估自己，能客观地评价自己和他人，并乐于承担相应的性别角色。

2）具有正常的欲望。性欲是能够获得性爱和性生活的前提条件。具有正常的性心理首先就得具有性欲望，如果没有性欲望，就不会有和谐的性生活，就会影响性心理健康，性欲望的对象要指向成熟的异性个体，而不是其他物品等替代物。

3）性心理和性行为符合年龄特征。即性生理和性心理的发展要保持统一。

4）正确对待性变化。个体在生长和发育过程中，性生理因素、性心理因素和性社会因素是交互呈现的，个体在其中要建立自我同一性才能保持三者的和谐状态。这就要求个体能够正确对待性生理成熟所带来的一系列身心变化，在出现性冲动后，能够正确释放、控制、调节，使之符合社会规范的要求等。

5）对于性没有犹豫、恐惧感。能够把性作为生活的一部分而科学对待，不存在对性的恐惧和怀疑。

6）和异性保持和谐的人际关系。在交往过程中，保持独立而完整的人格，做到互相尊重，互相信任。

7）性欲是正常和健康的，性欲是可以适当控制的，正当、健康的性行为符合社会伦理道德规范。

二、性心理发展的阶段

美国心理学家赫洛克认为青春期性心理的发展一般可分为以下 4 个时期。

1. 性抵触期

在青春发育之初，有一段较短的时期，青少年总想远远地避开异性，以少女表现得尤为明显，这主要与生理因素有关。由于第二性征的生理变化，使青少年对自身所发生的剧变感到茫然与害羞，本能地产生对异性的疏远和反感。此时期约持续一年。

2. 仰慕长者期

在青春发育中期，青少年常对周围环境中的某些在体育、文艺、学识以及外貌上特别出众者（多是同性或异性的年长者），在精神上引起共鸣，仰慕爱戴，心向往之，而且尽量模仿这些长者的言谈举动，以致入迷。

3. 向往异性期

在青春发育后期，随着性发育的渐趋成熟，青少年人常对与自己年龄相仿的异性产生兴趣，并希望在接触过程中吸引异性对自己的注意。但由于青少年情绪不稳，自我意识甚强，因而在与异性接触的过程中，容易引起冲突，常因琐碎小事而争吵甚至绝交，因此交往对象之间常有转移。

4. 恋爱期

青春期发育完成，已到成年阶段，青年把友情集中寄予自己钟情的一个异性身上，彼此常在一起，情投意合，在工作、学习中互相帮助，生活中互相照顾体贴，憧憬婚后的美满生活，并开始为组织未来的家庭做准备工作。这时的青年对周围环境的注意减少，女青年常充满浪漫的幻想，向往被爱，易多愁善感；男青年则有强烈的爱别人的欲望，以得到独立感的满足，他们的情绪往往较兴奋。

大学生处于从向往异性期向恋爱期过渡的阶段。但由于大学生存在成熟的性生理与不成熟的性心理的矛盾，所以在这个阶段大学生更应该加强对自身性心理的了解和学习。在这一阶段，性的成熟与整个身体的发育已基本完成，但是性心理的发展并未达到成熟，就像一台马力十足但方向盘和制动器并不灵敏的汽车。这一时期是人真正发现自我的时期，由于受传统伦理观念的影响，在我国两性的问题一直被蒙上神秘的面纱，再加上很少在大学生中开展系统的性教育，因此在校大学生一直难以获得系统、完整、科学的性生理、性心理、性道德等方面的知识。

三、常见的性心理困扰

1. 性冲动和性幻想

偶尔或适度的性幻想是性发育过程中出现的正常现象，它代表着性知觉的觉醒和性意识的萌发，一般是有益无害的。不管怎样，性幻想并未构成行为，所以不必过分自责，不要认为是卑鄙见不得人的事。事实上性幻想对于减少人的紧张与焦虑乃至性压抑都是有益的。但如果频繁出现性梦或性幻想就会影响休息、睡眠和体力的恢复，严重的还会导致神经衰弱，给身心健康带来不利影响。当性幻想变成一种强迫性思维时，会使人陷于深深的苦恼中，如若整天沉溺于性幻想，会干扰学习，对心理发育造成危害，产生性障碍。

2. 性自慰焦虑

事实上，性自慰本身并不会带来害处，它是"标准的性行为的一种"。美国著名的性研究专家玛斯特斯和约翰逊用先进的实验仪器，对性自慰和性交做了比较，发现两者基本一致，认为没有理由把性自慰当作是有害身心健康的异常性行为看待。大学生可用性自慰来释放他们内心积聚起来的性冲动能量，但需节制。性自慰的危害并不在于性自慰本身，而在于对性自慰的担忧、恐惧、羞愧和罪恶感。对性自慰的错误认识，既是大学生烦恼的真正原因，又是使之变得难以节制的心理原因。不少大学生在接受性知识教育和咨询后，一旦明白性自慰是正常的、无害的，并且性自慰并不是个别人的行为后，心理的负担就卸了下来，这样性自慰的欲望和行为反而减少或容易调节了。

3. 性心理偏差行为

性心理偏差是指青少年性发育过程中的不适应行为，如过度手淫、迷恋黄色书刊、不当性游戏、轻度性别认同困难等，一般不属于性心理障碍。但对这些不适应行为应给予有效的干预，采取转移注意力、积极参加文体活动等方法予以纠正，以丰富自己的兴趣爱好，培养开朗的个性，增强性道德观念和意志品质，其中关键的一步是对异性脱敏。这类人通过咨询和自身的努力，往往能有效地改变性偏差行为。

四、常见性心理障碍及应对

1. 性心理障碍及其特点

性心理障碍泛指以两性性行为的心理和行为明显偏离正常，并以这类性偏离作为性兴奋、性满足的主要或唯一方式为主要特征的一组精神障碍。性心理障碍在临床上主要包括两种类型：性身份障碍、性偏好障碍。

性身份障碍主要指易性症，患者对自身性别的认定与解剖生理上的性别特征呈持续厌恶的态度，并有改变本身性别的解剖生理特征以达到转换性别的强烈愿望（如使用手术或异性激素），其性爱倾向为纯粹同性恋。目前普遍认为，同性恋作为特殊的性体验与性行为，一般不属于精神疾病的范畴。但易性症属于性身份障碍。

性偏好障碍主要包括恋物症、异装症、露阴症、窥阴症、摩擦症、性施虐和性受虐症。

2. 性心理障碍的防治

性心理障碍治疗较为困难，患者自身及其家人往往感到非常痛苦，但对性心理障碍的支持治疗仍然具有一定效果。首先，明确指出某些行为的危害性，有些行为违反现行法律、单位制度，不符合所处环境的文化风俗习惯，而且就业、升学等各方面将面临严重问题，教育患者通过意志克服其性偏离倾向非常重要。其次，引导患者回顾自身的心理发展过程，在何时、何阶段、由哪些因素导致走向歧途，帮助患者正确理解和领悟健康的性，并进行自我心理纠正。再次，行为矫正，采用厌恶治疗法，如给患者看同性的健康图像和同性恋的录像后，给予厌恶性刺激。恋物症的患者同样可采取厌恶治疗。另外，易性症者多要求通过手术改变其性别，但变性手术复杂，难度较大，费用较高，特别是亲友往往坚决反对，有些出现心因性抑郁及自杀。从心理学方面来讲，手术前患者自己不能接受自己，手术后社会又难以接纳他们。有些人手术后不得不隐姓埋名在异地生活。因此手术应慎重，并应履行相应的法律手续。

活动体验

【心理活动体验二：当爱情遇到性】

1. 活动目的

帮助大学生辨析性行为和爱情的关系，如何在性行为中保护自己？

2. 具体操作

辩论赛，各小组派代表参加辩论，通过两方的辩论"如何看待婚前性行为——当爱情遇到性"，一方辩手赞成婚前性行为，另一方辩手反对婚前性行为，说出赞成和反对的理由，为此展开辩论，时间25分钟。

3. 教师总结

大学生性生理成熟的同时伴随着性心理发展的不够成熟，同时社会外部环境越来越开放的观念对于大学生的性道德具有一定的冲击，正确看待大学生性心理的发展有利于大学生合理看待自身在性方面的困惑以及遵守和维护性道德。

活动评价

评价内容		评价标准	是/否
活动完成情况	活动二	能列出婚前性行为的利与弊	
		能负责地做出性方面的决定	
		能建立符合社会道德和法律规范的正确的性爱观	

任务 8.3　培养健康的恋爱观与性心理

情境导入

小琪是某学院的学生，是一个爱思考的女孩，更是学霸。平时小琪大部分时间都泡在教室里，而她的男朋友张明则不同，每次小琪拉张明去上自习，张明总是用各种理由推脱，实际上他也没啥事，但他宁愿在宿舍玩游戏，也不愿意上自习。

小琪希望张明和自己一起奋斗，但张明的表现让小琪对未来很迷茫。她和张明的这段爱情到底可以走多久？

现在很多同学想谈恋爱，但是又很迷茫。向往爱情是大学生正常的心理需求，如果能够正确引导和释放这种心理需求，会促进学业。

知识准备

一、爱情 VS 学业：人在旅途

在学业和爱情的关系中，最重要的是平衡学业和爱情的关系，不能把宝贵的时间都用于谈恋爱而放弃了学业。最重要的是要做好爱情和学业的规划，将爱情纳入自己的生涯规划中，只有这样，才能看到爱情的方向，找准自己的位置。以下问题可以帮助大家思考爱情、学业和生涯规划的关系。

1. 为什么谈恋爱？

回答这个问题很重要，是因为孤独而恋爱？因为看到周围的人都恋爱了而恋爱？为了恋爱而恋爱？为了性而爱？还是因为遇到了喜欢的人而爱？对于一个孤独的人，恋爱不能解决孤独，反而会让人更孤独。对于一个从众的人，为了恋爱而恋爱，在恋爱中也很难学习到爱与信任。

2. 现在的恋爱和我的未来有什么联系？

现在的恋爱究竟和未来有什么关系？你是只在乎曾经拥有，还是在乎天长地久？感情不像别的东西，可以说来就来说走就走，一旦两个人产生了强烈的相互依恋，再分开会很痛苦。所以思考清楚现在的恋爱和未来的联系，可以让你在自己的整个生涯中看到恋爱的意义。

3. 我打算如何规划恋爱？

有的人说，恋爱是不需要规划的，遇到合适的人就可以开始恋爱了。这样的观点不能说它错，但也不能说它对。恋爱需要看缘分，也要看两个人的意愿，不是单方面就能决定的。如果能够对自己的恋爱做一个规划，像对职业那样，就会对未来的婚姻生活起到准备的作用，比如可以思考打算什么时候恋爱，找一个什么样的人，将来要过什么样的生活及是不是要小孩等问题。

4. 我打算如何平衡恋爱和学习的关系？

对于在校读书的大学生来说，学习是生活中很重要的一个方面，同时大学生也处于异性向往期向恋爱择偶期过渡的阶段，这个时候有感情需要也是很正常的。最关键的问题不在于要不要谈恋爱，而是在于如何平衡恋爱和学习的关系，如何让恋爱成为学习的动力，相互促进共同提高。

二、生理需要 VS 精神需要：当爱遇上性

婚前性行为的发生使男女双方在性欲和其他动机方面获得了一种满足，但这种满足之后在心理、情感、社会等各方面所要承担的责任常常超出大学生现有的能力。有调查显示：大学生在性行为时没有采用避孕措施的占 74.56%，近几年来，在大学生中未婚先孕、堕胎、感染性传播疾病等现象呈上升趋势，女生常成为最大的受害者。

性是很多大学生都很好奇的问题，也是很多处于热恋中的恋人很难避免的问题。大学生该如何对待性？我们先一起来看看大学生对婚前性行为的态度。

1. 大学生对婚前性行为的态度

性观念是指人们对性问题较为稳定的看法及所持有的态度评价，既包括个体的性观

念,也包括在一定的时代社会背景下,人们对性问题的评价、态度、看法的总体趋势。随着我国进一步对外开放,大学生的性观念开放程度明显增加。

2. 树立健康的性观念

大学生健康的性心理有两个标准:一是能正确认识和处理自己的性行为带来的后果,并能有社会责任感;二是在婚姻前提下的性生活符合男女平等、科学、卫生的原则。面对性的问题,建议大学生仔细思考下面两个问题:

1)我是不是能认识到自己性行为带来的后果,比如怀孕、紧张、担心、性传播疾病、妇科疾病等?

2)对待性行为,我是不是能负起相应的责任?

3. 科学释放性冲动

对于处于青春期的大学生来说,尤其是男生需要学习如何科学地释放性冲动,大家可以从以下几个方面来选择适合自己的方法。

1)培养艺术爱好。艺术是性的能量释放的一个很好的升华,从音乐中可以歌唱爱情,从美术作品中可以欣赏人体的艺术美,从文学作品中可以感受主人公刻骨铭心的爱情经历。

2)通过劳动和运动释放性的能量,缓释性的冲动,缓解性压抑。

3)鼓励自己和异性交往,比如可以鼓励自己参加集体活动,学习交谊舞等,多与异性接触,习以为常,对异性的性冲动便会随之减少。

三、死守爱 VS 放手爱:学习面对恋爱失败

恋爱是两个人选择的结果,不是靠一方努力就一定能维持的,所以有恋爱就一定有失恋的风险。有的人在失恋后会出现自责、内疚,有的人则久久不能放手和释怀。

1. 如果自己主动提出分手,需要这样思考和行动

- 想清楚为什么要分手,分手有什么好处、坏处。
- 在谈分手前,先考虑对方的个性、两人交往的深度、对方可能做出的反应等,准备好自己提出分手的态度、方式、理由。
- 分手前尽量给对方一些准备的信号,让对方有充分的时间进行心理的适应,并参与决定。单方面就宣布决定,对对方是不公平的。
- 调整情绪再出发,态度温和而坚决。
- 慎选时间地点。最好是白天,因为晚上情绪比较难控制,地点最好选公开、安静、有旁人但不会干扰你们谈话的地方。
- 要勇敢面对,不要逃避责任,不要说"我们从未爱过"这种自欺欺人的话。
- 在顾及对方感受和尊严的情况下,真诚地、具体地说出为何分手。
- 多从自己的角度去讲。避免责备对方人不好、脾气不好等,强调自己的理由,是自己的选择。

- 分手后，保留一段感情的真空期，让彼此更清楚情感界限。做出决定后，不要出尔反尔，不要见面，行动不要拖泥带水。

2. 如果被动分手，需要这样思考和行动
- 在对方提出分手后要保持冷静，冲动会搞砸很多事，先听听对方怎么说，别从"我被甩"的角度看事情。
- 不要拒绝沟通，要勇敢地争取机会做坦诚的讨论。
- 不要死缠烂打，这会使自己更难受、痛苦。
- 痛苦别往自己肚里咽，这种哀伤是需要一定时间和措施去处理的。找亲近的人分担你的悲伤和压力，抒发自己内心的感受和找到感情定位。
- 不要急着再次恋爱，避免在混乱的情绪中让新恋人成为替代品，找不到自己真正要的感情归宿。
- 分手初期最好不要见面。
- 不要因此自卑，爱情是选择的结果，不是你的错。

3. 如果自己陷入失恋的痛苦中，需要这样思考和行动
- 正视现实。改变自己的认知，意识到感情是双方的事，不是一方的对与错，每个人都有爱或不爱的权利，应该尊重对方的选择，"命运在关闭一扇门的时候，必然会为你打开一扇窗。"
- 换位思考。不要把错误都归结于对方，要设身处地为别人着想；也不要过分自责，要总结自己的错，下次不再犯。
- 合理化。多想想恋人昔日的缺点，多罗列自己的优点。
- 情感宣泄。不要过分埋藏和压抑痛苦，可以找人倾诉，甚至大哭一场。
- 给自己一段时间。不要迅速再找一段恋情，因为个体的行为模式相对固定，其应对方式仍如往昔，应有一段时间来处理情绪，吸取经验。
- 如果你发现自己持续地情绪低落（持续超过两周）、不和周围的人联系、有轻生的念头、持续睡眠不好、对感情和生活感到绝望时，尤其需要重视，因为你很有可能因为失恋而陷入抑郁状态。这时应主动寻求专业的帮助，比如寻求心理咨询师或者精神科医生的帮助。

微课 8-2

活动体验

【心理活动体验三：爱的表达与拒绝】

1. 活动目的

通过角色扮演，学习爱的表达方式，并学会拒绝自己不爱的人。

2. 具体操作

这是一系列的角色扮演,包括如何表白爱情,如何拒绝自己不爱的人等。先由指导者做提示,再进行角色扮演,然后评价、讨论、交流。

（1）如何表白爱情

指导者提示：表达爱的方式多种多样,可以有以下方式：

1）用你的眼睛传达爱的信号。这是比较含蓄的方法,当对方注意到你的注视时,不要再逃避,镇定地、坦然地凝望着他,把你的爱意表现在眼睛里。

2）以你的关爱行动来表示。用实际行动来表示对倾慕对象的关心、帮助和亲昵,如下雨天送雨伞、在他生病时前去看望,或者投其所好。

3）用书信和写字条来传情。如果你无法用言语大胆地说出自己想说的话,写下你爱的誓言也是很好的方法。

4）送去代表相思之情的爱情信物,如红豆、亲手做的首饰、荷包、手工艺品等等,让对方睹物思人,知道你的心思。最经典的表达方式就是送上一支写着"我爱你"的红玫瑰。

请选择其中一种方式或独创一种方式进行角色扮演,之后评论、交流。

（2）如何拒绝一个我不爱的人

指导者提示：如何婉转而又坚定地拒绝一份不想要的感情确实是一件不容易的事。说"不"需要很大的勇气。在人际交往,尤其是密切交往的关系中,如果一方提出了某项请求是你不能接受也无法允诺的,尽管你十分想拒绝,但最后要说"不",仍不是件容易的事。因为他是你在意的人,你并不想伤害他。但如果你一时心软,说了声"是",则很可能在不久的将来既伤了自己,又伤了他,而且伤得更重。人的感情勉强不得,更何况这是一份揉不进一粒沙子的爱情。

不过,在拒绝之前,你一定要好好地问一下自己："我有没有真正弄清自己对他的感情？我是不是回答得太快了？我是不是还需要好好地想想？"

如果你确定不爱他,那么就坚持离开他,勇敢而温柔地说上一句："对不起！"爱是一份美好的感情,不论你是否想要,简单、粗暴乃至伤害性的拒绝是必须避免的："你可以拒绝一个爱你的人,但请你不要伤害一颗爱你的心！"

（3）小组进行角色扮演,之后评论、交流、分享。

3. 教师总结

爱情对于大学生来说,是不可避免的,但这却是一个既让人幸福又让人烦恼的事情,知道怎么表达爱、拒绝爱,有利于大学生在两性关系中拥有成熟理性的感情。

活动评价

评价内容		评价标准	是 / 否
活动完成情况	活动三	能够掌握表达爱和拒绝爱的能力	
		懂得如何谈恋爱及面对恋爱失败	

◆ **自主测试**

一、多选题。

1. 大学生恋爱的常见困惑有（　　　）。
   A. 单相思　　　　　　　　B. 失恋
   C. 多角恋　　　　　　　　D. 恋爱从众心理

2. 大学生失恋的正确应对方式是（　　　）。
   A. 正视现实，理智分析　　B. 宣泄情感，不去纠缠
   C. 积极转移，自强自立　　D. 沉溺情感，报复他人

二、判断题。正确的打"√"，错误的打"×"。

1. 恋爱对于大学生的心理发展的影响具有双重性。（　　　）
2. 人类的性爱只能钟情于某一特定的异性，并建立在相爱的基础上，这是人类性道德最本质最核心的原则。（　　　）
3. 根据性道德标准，适量的自慰不会影响自身的身心健康。（　　　）

◆ **复盘**

模块 8　话说最浪漫的事——大学生恋爱与性心理　复盘表				
任务类别：□个人任务　　□小组任务				
个人姓名		班级		
小组成员		班级		
复盘：总结本模块任务完成情况，掌握了哪些知识和技能，锻炼了哪些能力，活动体验中获得哪些感悟。				

◆ **课后巩固**

1. 课后拓展

小美恋爱了，对方是本系的师兄江南，对小美很好。可是好友小琪却不觉得小美是在谈恋爱。江南约小美吃饭，小美却总是喜欢和自己的同学或者话剧社的好友吃饭，经常拒绝江南。江南是个腼腆的人，不知道问题出在什么地方，久而久之就减少了和小美的联系。

小琪曾经问小美，她究竟喜不喜欢江南。小美觉得自己是喜欢江南的，但就是不知道该如何谈恋爱。小美也很想和江南在一起。江南很沉稳，对小美一心一意，和他在一起很有安全感，很踏实。但两人的生活基本上就是教室、食堂和宿舍三点一线，这个恋爱谈得很无趣。究竟该怎么谈恋爱？这让小美和江南都感到很困惑。

可以看到,在小美和江南的恋爱过程中,有恋爱的名,但无恋爱之实际行动。究竟有哪些爱的行动可以增进恋爱关系的质量,可以维持高质量而长久的亲密关系呢?

2. 影片赏析:《影子大地》(导演:理查德·阿腾伯勒,主演:安东尼·霍普金斯,德博拉·温格)

真爱是什么,不是简单几句话能说清楚。故事发生在1952年的英国,一次偶然中,作家杰克结识了名为乔伊的女子和她的儿子道格拉斯,很快三人便成为好友。独身多年的乔伊决定和杰克结婚,然而这段婚姻却并没能给乔伊带来幸福,她最终还是选择了离开。经过医生的诊断,乔伊患上了不治之症,得到了这个消息,杰克才猛然醒悟,原来自己的心底一直深爱着这个坚强的女人,杰克找到了乔伊,两人重新走到了一起。在往后的岁月里,杰克一直陪伴在病重的乔伊身边,虽然死亡步步逼近,但两人都找到了一生的挚爱。

模块 9
绽放生命之美——大学生生命教育与心理危机应对

学习目标

1. 能了解大学生生命教育、心理危机应对的相关知识。
2. 能敬畏生命珍爱生命,找到生命的意义与价值,学会运用知识有效地预防和应对心理危机,预防心理疾病。
3. 能在日常学习和生活中,尊重生命,热爱生命,学会自助与助人,让生命过得有意义有价值。

任务 9.1 认识生命及其意义

情境导入

有一次上哲学课,老师问大家:你究竟为什么而活?你的生命意义是什么?同学们的回答有:

为了明天生活得更好!

生命的意义就是好好活,好好活就得让自己做些有意义的事情,让生命绽放出光芒!

生命的意义也许是当你将要死的时候能够对自己说:"我没有什么遗憾,我可以安心快乐地去了。"

生命本来没有意义,是上天的召唤。

为了活着而活着,有吃,有穿,有住,有生命。

为了活得好些,吃住好,享乐好,心理满足。

每个人对生命的看法都不同，而我认为人活着是为了去做自己想做的事，是为了自己而活着，并不是为了别人。

我们是为了心中的期待而活着。

为爱我们的人而活着，为需要我们帮助的人而活着，为看见自己最灿烂的笑容而活着。

我的人生目标非常清晰，活着就是为了拥有一段真挚的爱情。

活着是为了追求，是为了拼搏，是为了证明自己，是为了诠释生命。

为了寻找我的山林小木屋以及陪伴我一生的另一半而存在。

为了活着而活着！

生命的意义就是将生命继续传递下去。

"生命的意义是什么？"很多人都曾在人生的某些阶段思考这个难以回答的问题，其中绝大部分人是在思考"生命有何目的"这个问题。大学阶段正是人对生命充满迷茫、好奇和探索的阶段。找到自己生命的意义，可以使自己的生活更为充实和丰盈。

知识准备

什么东西到处都是但却无比珍贵？什么东西一去不复返？什么东西是有限的，但能创造无限的可能性？那就是生命。生命给予我们机会去了解和探索这个世界，生命给予我们力量，生命也给了我们无限的可能性。究竟什么是生命？生命的意义何在？如何让自己拥有一个丰盈的人生？下面我们一起来探索这些问题的答案。

一、花开花落：什么是生命

从生物学上来看，生命泛指有机物和水构成的一个或多个细胞组成的一类具有稳定的物质和能量代谢现象（能够稳定地从外界获取物质和能量并将体内产生的废物和多余的热量排放到外界）、能回应刺激、能进行自我复制（繁殖）的半开放物质系统。生命个体通常都要经历出生、成长和死亡。

而心理学意义的生命的内涵比生物学意义的要丰富得多。人不是植物，也不是动物，人是一个复杂的生命体。动物的生存是为了繁衍，而人生存的目的和意义比繁衍后代要丰富得多，人有更多的心理需求。人生命的全过程就是由一次次的生命活动所组成，一次次生命活动的质量决定人生命全过程的质量，重视每一次生命活动的质量就是重视生命全过程的质量。

人的生命可以分为这样几种形态：首先是人的生物性生命，即人首先是作为自然生理性的肉体生命而存在的，这一点是和自然界的广大生物一样必须具有的基本属性。生命的自然活动主要包括：新陈代谢、生长、发育、遗传、变异、感应、运动等。其次是人的精神性生命，人之所以为人就在于人有高于动物的意识活动，有超越生物性生命的精神世界。人不但要思考如何活下来，还要思考如何更好地生活。只要人在世界上存在一天，大脑就不会停止思考，人类就要创造，就要超越，就要更好地认识世界、改造世界。最后是人的价值性生命，每个人在一生中都要思考诸如"为何活着"的问题，这就是人对于生命意义发自内心的追问，是人对价值生命的一种诉求。人的价值性生命为人的生存夯实了根基，加足了动力，以至于好好地生存在这世界上。

人类生命的特点包括以下内容。

1. 唯一性

生命唯一性是指生命的独特性。我们不可能在世界上发现同样的两片叶子，同样也不可能找到两个完全一模一样的人。唯一性不仅仅指外表和遗传的独一无二，也包括个人心理的独特性和人生经历的独特性。心理独特性指每个人的智力、才能、情感、态度、性格等都是不同的；人生经历独特性指每个人的人生道路和人生体验都是不同，这是由于个人的社会化或教育的不同形成的。在生活中，有人觉得自己就像茫茫大海里的一粒沙子，普通得不能再普通了，但是对于每个生命来说，它都是唯一的、独特的，在整个宇宙世界里都是独特的。

2. 不可逆性

生命的不可逆性是指生命不可重复，就如同流水，只能往前走，不可向后退。正如古希腊哲学家赫拉克利特所说："人不能两次踏入同一条河流。"因为生命的不可逆性，所以生命很宝贵，如何度过每一天都变得很有价值和意义。很多人会有一个习惯：等明天吧，等放暑假的时候我一定怎么样。有时候生命就在虚度中损耗，过去的只能成为过去，如何过好当下的每一天？不要因为年轻浪费自己的生命，也不要因为年老而抱怨生命的短暂，重要的是珍惜当下。

3. 有限性

人的生命是有限的。最终不可避免死亡，因为死亡也是生命的一部分。按照存在主义的观点，人类在潜意识中会有死亡的焦虑，正因为如此，人们才会进行生涯规划，让自己有限的生命过得更充实、更有价值。人不可能改变生命的长度，但可以改变生命的宽度。要改变生命的宽度，首先要知道自己最需要的是什么。许多时候，人们在经历大的灾难后才能意识到什么对自己最重要。比如，对曾经亲历过汶川大地震的人来说，生命中给彼此更多的温暖、真诚和关心，更加懂得珍惜生活的美好是最重要的。

4. 创造性

人的大脑功能是任何生物都不能比的，其他生命都是受制于本能，人的生命却具有选择性。人类最大的奇迹就在于它可以对限制其潜能发展的外在因素采取反应，可以主动改变这个世界，可以让这个世界发生变化，展示新的面貌。因而可以让个人有所成就，进而促进人类文明的进步和社会的发展。这也是人类生命最有价值之所在。

微课 9-1

二、花要到哪里去：大学生关于生命意义的困惑

美国临床心理学家维克多·弗兰克尔认为发现生命意义的途径如下。

1. 创造和工作

创造和工作会带来价值感，也是成就感的获得途径。职业的存在意义在失业时最容易表现出来。

2. 经验

经由体验某个事件和人物，如工作的本质或文化、爱情等来发现生命的意义。

3. 经历苦难

因为痛苦被发现有意义时便不再痛苦了，通过认识人生的悲剧性和处理困境，促使人深思，寻找自我，最终发现人生的意义，达到自我超越。

微课 9-2

三、丰盈人生的秘诀：幸福的五要素

在现代社会，随着人类科学和医学的进步，人类已经在很大程度上扩展了生命的长度，人类的平均寿命已达到 70 多岁。但是随着生命长度的扩展，人的生命质量是否得到提高？人的生命是否有意义？是否能够过一个幸福而丰盈的人生成了人们关注的问题。究竟幸福人生有哪些秘诀呢？在《持续的幸福》（*Flourish*）一书中，美国心理学家塞利格曼教授提出了幸福生活的五要素（PERMA）。

1. 积极情绪（Positive Emotion）

积极情绪就是我们的感受：愉悦、狂喜、入迷、温暖和舒适等。塞利格曼将以此为目标的人生称为"愉悦的人生"。如何能够体验更多积极的情绪呢？品味生活中的好事，可以提升我们的积极情绪。在生活中我们往往关注坏事多于好事，因而产生更多的消极情绪。

2. 投入（Engagement）

投入指的是完全沉浸在一项吸引人的活动中，时间好像停止，自我意识消失。塞利格曼将以此为目标的人生称为"投入的人生"。比如，"有没有感觉到时间停止？""你完全沉浸在任务中了吗？""你忘了自我吗？"虽然你在投入的过程中并不一定会体验到积极的情绪，但投入确实会让人感觉很忘我，生活很充实。

3. 人际关系（Relationship）

我上一次开怀大笑是什么时候？上一次喜不自禁是什么时候？上一次感觉到深刻的意义和目的是什么时候？上一次产生自豪感是什么时候？通常这都有一个特点——都与他人相关，比如，"我上一次开怀大笑是和好朋友在一起爬山，真的很开心。"好的人际关系意味着你在生活中真正关心别人，也有人真正关心你。有关科学家研究发现，帮助别人是提升幸福感的最可靠的方法。

4. 意义（Meaning）

有意义的人生意味着归属于某些超越你自身的东西，并为之奋斗，比如一个人的理想，为理想而奋斗就是一种意义。

5. 成就（Accomplishment）

短暂的形式是成就，长期的形式是"成就人生"，即把成就作为终极追求的目标。从这个角度看来，成就和幸福之间并不矛盾，并非获取成就就会用幸福人生作为代价。成就能够产生一种自我满足感，不管这种成就是否被社会所认可，但是这种满足感也会促进幸福的产生。

四、感恩生命：生命意义的绽放

感恩，《现代汉语词典》对它的解释是：对别人所给的帮助表示感激；英文为：thanks-giving，《牛津字典》对此给出的定义是：乐于把得到好处的感激呈现出来回馈他人，其中心意思都相同——给予感激。

感恩教育是教育者运用一定的教育方法与手段，创造一定的教育氛围，对受教育者实施的以"知恩图报"和"施恩不图报"为教育内容的人文教育。感恩教育既是道德教育，也是一种情感教育、人性教育。感恩教育的本质任务是完善人的生命，特别是完善人的精神生命。

感恩是中华民族的传统美德，如"羔羊跪乳，乌鸦反哺""滴水之恩，当涌泉相报""投我以木桃，报之以琼瑶""知恩不报非君子""谁知盘中餐，粒粒皆辛苦"等名言，都是中华传统文化崇尚感恩的典范。感恩意识是社会文明进步和人际关系和睦融洽的重要因素，是一个人具有健全人格和优秀品质的标志，是和谐社会要求公民尤其是大学生应该具有的基本素质。感恩也是一种社会责任。

活动体验

【心理活动体验一：生命线】

1. 活动目的

思考自己的人生轨迹，认识生命的价值，树立正确的人生观。

2. 具体操作

每个人准备纸和笔。在纸上画一条线，在右侧标出箭头，这一条线代表你的生命线，起点代表你出生的时候，在终点写上你预测死亡年龄。然后找出自己现在所处的位置。回忆过去发生在你生活中的事情，并将他们按事件顺序在生命线上列出来，根据感受，愉快的可以放线条上方，不愉快的可以放在线条下方。然后再想象未来想要做的事情及可能发生的事情，仍然按愉快或不愉快放在线条上下方。最后仔细看看你的生命线，它

就是你的心灵地图。你想到了什么？给你什么启示？

3. 教师总结

感受生命的神圣和美好，激发生命的潜能；用心呵护生命的尊严；学会感激爱与被爱；最大限度地实现生命的价值，提升生命的品质。

活动评价

评价内容		评价标准	是/否
活动完成情况	活动一	能感受到生命的顽强与美好	
		能够激发对生命的热爱、有价值	

任务 9.2　了解大学生心理危机

情境导入

小敏是小琪的同班同学。小敏是一个非常要强的女孩子，成绩在班级排名第一，又是学习委员，对班级活动非常热心，各方面都很优秀。但这个优秀的女孩子找了他们班上成绩最差的男生小斌做男朋友。小斌的成绩在班级几乎排名倒数第一，平时总是翘课，成天在宿舍玩网游，就连与小斌同宿舍的同学也纳闷，小敏怎么喜欢上了他？没想到几天前小琪接到小敏的电话，小敏在电话中告诉小琪，说她现在心情很不好，想离校出走。小琪劝说小敏遇事千万别冲动，想开些。后来从辅导员那儿才得知原来小敏前阵子竞选班长落选，男友又提出分手，在双重打击下，小敏觉得实在是没面子，没法在学校待下去了。一方面自己心里特别难受，另一方面又怕同学们嘲笑她居然被这么差劲的一个人抛弃了。

人的一生中总会遇到危机，不管是失恋、意外、疾病还是亲人去世，都有可能给人的心灵带来冲击。究竟什么是心理危机？大学生心理危机有哪些特点？大学生心理危机的产生机制是什么？我们一起来看一下本节的内容。

一、危险还是机遇：危机和心理危机概述

危机（crisis）是一个在很多领域都广泛使用的概念。《辞海》对危机的解释是："危机是一种紧急状态。"《韦伯词典》的解释是："决定性或至关紧要的时间、阶段或事件"。在心理学范畴，危机通常指人类个体或群体无法利用现有资源和惯常应对机制加以处理

的事件和遭遇。

心理危机则是强调危机事件给人的心理带来的巨大冲击。美国心理学家卡普兰1964年首次提出了心理危机干预的理论，1968年在其主编的心理学词典中将心理危机定义为"存在具有重大影响的心理事件，主要指一个人赖以生存和发展的基本需要和供给发生了改变，这种改变可能是负面的"。美国心理学家格拉斯进一步对心理危机进行了定义，他在卡普兰理论的基础上进一步强调了个体受到刺激或打击的时候所带来的心理伤害。心理危机的产生不但与激发的事件有关，还取决于个人解决事件的有效资源。

从汉语"危机"一词来看，其包含两方面的内容：一方面是"危"，代表威胁或者危险；另一方面是"机"，代表机遇。所以危机并不是一个负面的词，它一方面有危险，但另一方面暗藏着新的机遇。在危机过程中，当事人往往只看到了"危险"的一方面，而忽略了"机遇"，所以在遭遇心理危机时，不仅要看到"危险"，也要看到改变的"机遇"。

在上面的"情境导入"中，小敏遭受到双重打击，选班干落选，男友又提出分手，这些事件的改变对小敏来说都是很负面的，她的理解就是对自己的否定，所以可能会引发心理危机，这主要是"危险"的一方面。但另一方面，如果小敏能够接受这个"挑战"，并没有因为班干落选和男友提出分手而否定自己，而是不断去提升和改进自己，对小敏来说这个"危险"其实就是一个重新认识自己和自我成长的机会，这是一个新的机遇。人只有在不断地挑战自我的过程中才能完善自我。

二、突发 VS 累积：大学生心理危机的特点

1. 连续性

连续性是指大学生心理危机的发生并非是一个点，而是一条连续的线，往往与之前的许多问题相关。通常情况下，人们认为危机是突发的，具有爆发性，似乎是由一件事情而带来的，实际上心理危机的产生与之前的问题紧密相关。

2. 复杂性

心理危机的另一个特点就是复杂性，不管是产生原因还是表现方式都不是单一的。有的可能是因为失恋，有的可能是因为身体疾病，还有的可能是因为经济问题，这个在后面的内容中会详细阐述。从表现方式来看也是多样化的，有的危机表现为自杀，有的是离校出走，有的则是伤害别人。

3. 破坏性

心理危机还有一个特点就是破坏性，不管是自杀、杀人、伤人，还是离校出走，其引发的家长、老师和同学的担心、伤痛都是非常大的。据有关研究表明，一个人自杀，平均会对6个人产生影响，可见其破坏性是很大的。

三、心理危机如何发生：大学生心理危机的产生机制

心理危机的产生是一个复杂的过程，往往并非单一因素导致。从通常情况来看，心

理危机的产生是应激源因素和个体易感性因素共同作用的结果。

应激源即能引发应对反应的刺激或环境需求，也就是能引发心理危机的事件，比如失恋可以是一个应激源。但事件本身不一定会直接引发心理危机，还要通过个体的应对能力等因素发挥作用，即个体的易感性因素。个体易感性因素是指容易引发应对反应的个体因素，包括这个人的性格特征、应对方式等，例如特别敏感和内向的人在面对失恋的时候，比外向的人可能更容易产生心理危机。

同样的事件发生在不同的人身上，其结果会不一样。比如，A和B两个人同时失恋，A的朋友比较多，失恋后有很多人安慰他，同时A又是一个乐观的人，那么A因为失恋这件事情而产生心理危机的可能性就比较小。而B恰恰相反，B是一个性格孤僻的人，本身没什么朋友，对待社会和恋爱又比较消极，还有人嘲笑他，因此B产生心理危机的可能性就比A要大。详见图9-1。

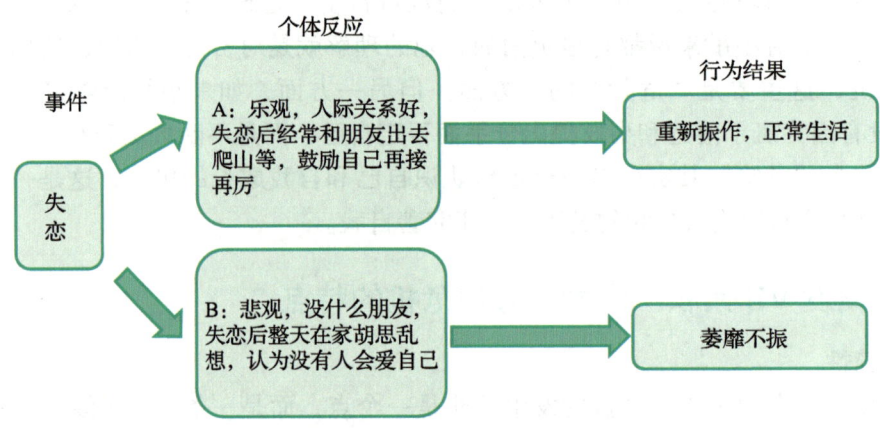

图9-1　心理危机产生举例

图9-2展示了大学生心理危机的应激源因素和个体易感性因素。

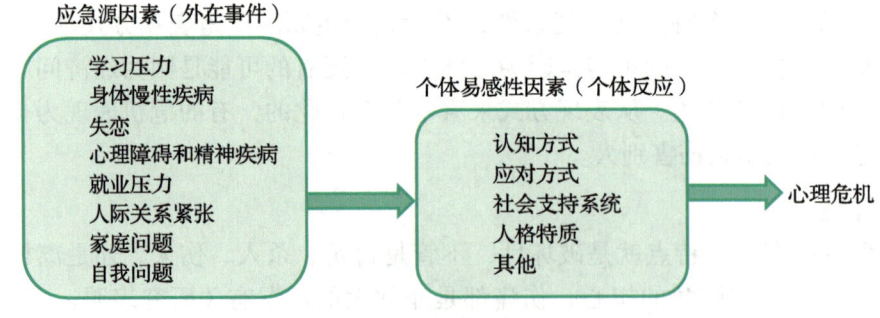

图9-2　心理危机的产生机制

1. 应激源因素

当前引发大学生产生心理危机的应急源因素有以下几个方面。

1）学习压力和对大学环境的不适应。

2）一些长期的、慢性的身体疾病，或者突发的严重身体疾病。
3）情感问题，如失恋的打击、三角恋的纠纷等。
4）心理障碍和精神疾病，典型的如抑郁症、焦虑症等。
5）就业形势的严峻，未进行生涯规划。
6）人际关系问题，如被孤立、与别人发生冲突等。
7）家庭问题，如丧亲、家庭经济条件突发改变等。
8）自我相关的问题，如自卑、存在危机等。

2. 个体易感性因素

通常情况下个体易感性因素主要有以下五种。

（1）**认知方式**　是个体对自我及周围环境的认识，对外在事件的认知在个体应对危机事件的过程中起着重要作用。例如归因风格，有的人习惯把失败归结为自己的原因，而把成功归因为运气，这类人就比较容易产生心理危机。还有的人习惯负性思维模式，看问题总看到消极的一面，在遇到问题和挫折的时候也易感心理危机。

（2）**应对方式**　又称应对策略，是个体在应激期间处理应激情境、保持心理平衡的一种手段。有的人遇到问题会积极想办法去解决问题，而有的人会回避问题，有的人会寻求他人的帮助和支持去解决问题，而有的人宁愿自己一个人去解决问题。相比较而言，回避问题和独自解决问题的人易感心理危机。

（3）**社会支持系统**　是指个人可用于整合以充实应对资源的社会联系。大学生的社会支持系统通常包括家人、同学、朋友、室友、老师和学校各级组织等。个体如果没有一个质量较高的社会支持系统，就容易陷入危机。

（4）**人格特质**　人格包含气质和性格两个部分。气质有四种类型：胆汁质、多血质、粘液质和抑郁质。胆汁质和抑郁质两种气质类型的人易感心理危机。胆汁质的人往往比较急躁，情绪易激动，做事冲动，容易走极端，欠思考。而抑郁质的人是另一个极端，他们比较敏感，不善与人交流，情感体验深刻，在困难面前常常怯懦、自卑，容易走进死胡同。对于性格来说，内倾型和顺从型性格的人易感心理危机。

（5）**其他**　包括过往经历、适应能力和生理条件等，如过去是否有过严重的精神创伤，身体是否残疾等。

活动体验

【心理活动体验二：人生倒计时】

1. 活动目的

这是一个想象的活动，通过这个活动可以帮助同学们更好地体会生命的意义，了解生命的真谛。

2. 具体操作

假如现在你得了一种疾病,没有药能够医治你的病,医生说你的生命只剩下一个月。你会在这一个月的时间里做什么?请将你要做的事情写下来。

5 分钟后继续:现在要告诉大家一个好消息,新研制出来一种药,可以延长你的生命时间,医生说你还可以活半年。如果你的生命只剩下半年时间,你会做什么?请将你要做的事情写下来。

5 分钟后继续:又要宣布一个好消息,新研制出来的药效果很好,可以将你的生命延长到两年,你会在这剩下的两年的时间里做些什么?请写下来。

3. 小组讨论分享

在生命剩下一个月、半年和两年的时候,你有些什么想法和感受?

4. 教师总结

人在觉得自己有大把时间的时候,通常会不惜时,也经常会为一些不重要的事情而烦恼,而在有限的生命时间里反而更能够了解自己生命的价值和意义。在整个过程中注意引导学生分享自己的感受,帮助同学探索自己生命的价值和意义。

活动评价

评价内容		评价标准	是/否
活动完成情况	活动二	能体会到生理生命的有限,激发精神生命的无限	
		能深层次理解生命的短暂,挖掘生命的意义	

任务 9.3　预防与干预大学生心理危机

情境导入

某高职大三学生,因为专升本成绩仅差一名而未被录取,心情低落,茶饭不思,时而哭泣,时而愤怒,并且有自杀的想法。该学生自述从进入大学起就努力学习,一心想专升本,但这次仅差一名而未被录取,这让她非常失望,觉得自己的努力都白费了,同时对考试录取学校有些愤怒,为什么不能多录取一名学生呢?

辅导员觉察到该学生的情绪变化,因此作为心理危机学生上报转介到学校心理中心。随后心理中心对该学生开展心理咨询与危机干预谈话,最终让学生明白:①专升本考试没被录取并不说明他就是个没用的人,目标没有实现并不能否定他的努力付出;②从一辈子来看,这件事就是一个生活插曲,人的一生还有很多其他的可能,还有很多事情要去做。心理中心还帮助该学生挖掘出他的很多优点和资源,最终帮助他确定毕业后选择参军,该学生心理危机解除。到部队后,该学生持续自主学习,两年后考上了一所本科院校的研究生,实现了更高的目标。

以上案例启示我们,自杀并非仅仅与那些具有严重心理疾病的人有关,相反,正常人在面临学习、情感、生活等压力事件时也可能会出现自杀。心理危机不可避免,但危机来了,如果我们能够及时识别并积极地面对,就可使危险转变为机遇,成为成长的契机。

大学生在生活中如何提高自身的心理免疫力,预防危机的发生?自己面临危机时该如何处理?怎么识别他人产生心理危机的信号?周围的人产生危机该怎么帮助他们?我们一起来了解心理危机的应对。

一、大学生心理危机的预防

1. 培养积极认知

认知对于人在应对危机事件的过程中起着非常重要的作用。奥地利著名心理学家弗兰克尔在《追寻生命的意义》一书中描述了他在奥斯维辛集中营的生活,他看到了三类不同的人:一类人会主动寻求死亡,一类人会主动寻求生存,另一类人被动地生存。这三类人面临的是同样的集中营生活:残酷、冷漠、随时对生命都会有威胁。他们其实一直处于危机中,但是他们的反应却不一样,在这里面起作用的就是认知,有的人拥有更积极的认知。

消极认知:我做什么都没有用,在这里太痛苦了,我还不如主动结束自己的生命。

积极认知:我要努力生存,就算环境再恶劣,我也要生存下去,这种日子总会结束的。

2. 建立良好的应对方式

应对方式是个体在应激期间处理应激情境、保持心理平衡的一种手段,它会直接影响到心理危机是否能够得到有效解决。通常情况人的应对方式主要有以下三种。

(1)"求助,成熟型" 这类人在面对应激事件或环境时,常能采取"解决问题"和"求助"等成熟的应对方式,而较少使用"退避""自责"和"幻想"等不成熟的应对方式,在生活中表现出一种成熟稳定的人格特征和行为方式。

(2)"自责,不成熟型" 这类人在生活中常以"退避""自责"和"幻想"等应对方式应对困难和挫折,而较少使用"解决问题"和"求助"这类积极的应对方式,表现出一种退缩的人格特点,其情绪和行为均缺乏稳定性。

(3)"合理化,混合型" "合理化"应对方式既与"解决问题""求助"等成熟应对因子呈正相关,也与"退避""幻想"等不成熟应对因子呈正相关,反映出这类人的应对行为集成熟与不成熟的应对方式于一体,在应对行为上表现出一种矛盾的心态和两面性

的人格特点。

需要记住的是"求助是强者的行为",成功人士往往更懂得求助,而不是事必躬亲。要认识到每个人都有自己的局限,也都有所长,你不能解决的问题,别人未必不能,你想不到的方法,别人也许能想到。

3. 构建社会支持系统

社会支持就是指人们感受到的来自他人的关心和支持。构建社会支持系统就是要构建一个来自他人关心和支持的系统,遇到心理危机之后,可以寻求他人的帮助,而不是独自解决。

人离不开别人的支持,那么一个人究竟需要哪些朋友呢?作家汤姆拉斯认为,有八种朋友必不可少。

(1)成就你的朋友　这类朋友也可称为导师型的朋友,他们往往会有丰富的经验,他们会不断地激励你,在家庭、人际交往和工作方面给你提供很好的建议。

(2)支持你的朋友　这类朋友会在你的人生路上不断地支持你、鼓励你,他们理解和信任你,并且会在别人面前称赞你。

(3)志同道合的朋友　他们和你志趣相投,也是你最有可能与之相处的人,和他们在一起,非常有默契,你的心灵经常会被他们触及。

(4)牵线搭桥的朋友　这类朋友是属于帮助型的朋友,他们会给你牵线搭桥,让你认识其他的朋友,在你的人生路上不断帮你获得机会。

(5)为你打气的朋友　这类朋友能让你放松,当有了烦恼的时候,第一个想到的就是这类朋友,他们是很好的倾听者。

(6)开阔眼界的朋友　他们能让你接触到新的观点和新的机会,能帮助你从不同的视角看待世界。

(7)给你引路的朋友　这类朋友是"灯塔",能够指引你前进的方向,最能够给你合适的建议。

(8)陪伴你的朋友　这类朋友让你觉得满足,可能很多时候并不需要太多的语言,只要他们默默地陪伴着你,就能抚平你的伤痛。

这些朋友你找到了吗?如果没有,你有什么计划?

二、学会求助

当自己遭遇心理危机时,最重要的就是要求助,求助主要分以下两种。

1. 寻求专业帮助

当遭遇心理危机后,往往会出现一些应激的症状,如失眠、情绪低落、胃口不好等,通常情况下这些应激反应都会在一周左右减少或者消失。如果这些症状持续两周以上,那就说明需要寻求专业帮助了,比如找心理咨询师或者精神科医生。

另一个需要注意的是创伤后应激障碍（Post Traumatic Stress Disorder，PTSD），它是指人在遭遇或对抗重大压力后，心理状态产生失调的后遗症。这些经验包括生命遭到威胁、严重物理性伤害、身体或心灵上的胁迫。这类事件包括战争、地震、严重灾害、严重事故、被强暴、受酷刑、被抢劫等。创伤后应激障碍（PTSD）发病多数在遭受创伤后数日至半年内出现。当出现创伤后应激障碍（PTSD）的症状时，也需要寻求专业帮助。

2. 寻求社会支持

当自己在生活中遭遇一些危机事件，如家庭重大变故、身体疾病、失恋等，要寻找必要的社会支持，如老师、同学的帮助等，集众人的力量帮助个体走出心理危机。这个时候需要注意的是，当我们在寻求他人帮助时都会担心是不是会给别人添麻烦，别人会不会不愿意帮助自己。要知道在有危机情况时，相信大多数人都会愿意伸出援助之手。

三、识别他人心理危机的信号

自杀理念系统以普遍存在的无望感为特征——"我的生活没有希望"，主要体现在以下四个方面：①不可爱：我不值得活着；②无助：我解决不了这个问题；③耐受痛苦能力差：我再也受不了这种痛苦了；④认为累赘他人：我走了大家会过得更好。详细来说，想自杀的人通常会留下一些线索。

1. 言语线索——直接和间接的表达

直接的言语线索：

"我不想活下去了。""我想自杀。""我真希望我死了。""如果不…我就自杀。"

间接的言语线索：

"活着没有意思。""我的问题根本解决不了。""死了比活着好。""没有我大家会更好。""我再也无法忍受了。""很快我的所有问题都结束了。""现在没有人能帮我。""我感到没有希望"

2. 情感线索——感受

最核心的感受是绝望，其他感受包括孤独、愤怒、内疚、难过、无望、无价值感、无助等都是可能产生心理危机的感受。

3. 行为线索——行动

行为线索包括学习成绩下降，注意力不集中；疏远家人和朋友，在学校表现出退缩和逃避；食欲减退；分发财物，道别；酒精或者药物滥用；不计后果的行为；极端的行为改变；冲动性；自我伤害；严重抑郁后突然的平静。

4. 情境线索——伴随丧失感的压力事件

情境线索包括突然被所爱的人拒绝，不情愿的分手等；失去重要的目标或梦想，如考研失败、找工作失败、作弊被开除等；感到被所爱的人背叛；所爱的人去世；得了绝症；与重要他人的近期冲突；突然失去自由，比如犯罪被捕；失去经济保障或者面临其他重大经济问题。

5. 生理线索——身体情况的改变

生理线索包括对什么事情都缺乏兴趣；睡眠障碍：失眠、多梦、早醒等；食欲/体重改变/减少；身体健康问题：心悸、头痛等；性欲改变/减退。

总之，任何对未来感到特别痛苦、绝望、无望或想要结束生命的警示信号都值得被关注。如果发现自己身边有人透露出想自杀的各种信号，一定要引起注意，没有什么比生命更重要，如果发现同学有潜在的危险，一定要及时和老师沟通，或者带领同学寻求专业帮助。

四、心理危机的应对

1. 当你发现别人正处于危机时

在一项对大学生求助行为的研究中发现，大学生的第一求助对象通常是身边的同学，发生心理危机的时候，可能第一个会打电话或者发短信给自己的同学和朋友。所以一旦身边的同学向我们发出求救的"信号"，我们要懂得识别这些信号，同时也要知道该如何初步应对身边的同学发生的危机。

当接到"求救"电话或者短信时，可以借鉴以下三个步骤。

第一步：保证安全。了解对方此刻在哪里，在做什么，是否安全。如果对方不安全，比如在窗台上或在天桥上，一定要将对方引导到安全的地方，用正向和具体的言语指导对方如何做，比如："你现在能从天桥上走下来吗？走到南门，我马上就过来陪你。"不要说："你不要在天桥上，这样危险。"

第二步：给予支持。这个时候最重要的是倾听对方，承认对方的想法和感受，不反驳对方，比如："珍珍，我知道你很痛苦，我知道你不想这样。"而不是否认对方的感受去劝说："你不应该这样想，你为他这样痛苦不值得。"另外，在这个阶段表达对对方的关心也是给予支持的一种形式。

第三步：寻求外界帮助。遇到有危机情况发生时，不要害怕求助。有的同学可能会担心被老师知道，给别人带来麻烦，千万不要有这种想法，这个时候求助于外界是最好的选择，告诉老师有助于大家一起想办法帮助处在危机中的同学解决问题。

2. 如何面对发生心理危机的同学

（1）**真诚表达关心** 真诚地对对方表示关心，比如对离校出走又返校的同学说："你回来了，我们这几天真的很担心你。""我想做点什么，但又不知道该做点什么，如果你需要我的帮助，请告诉我！"

（2）**给予支持** 支持可以是生活上和学习上的各种支持，比如给对方带饭，学习上帮助对方，情感上的倾听和理解等。

（3）**避免同情心泛滥和劝说** 避免过度同情对方，比如对对方说："你真可怜。"同时也要避免劝说和责备对方，比如："你真傻，你怎么就选择自杀呢，多好的生活，不懂得珍惜。""你知道吗，你这样做很不负责任，你给大家带来了多少麻烦啊！"

3. 危机事件影响群体的自我照顾

危机事件影响群体是指事件目击人，危机相关人（同学、室友）。在心理学上有替代创伤（Vicarious Trauma）或次级创伤（Secondary Trauma）这一概念，也就是说，与当事人有关联的人都有可能会受到影响。因此，危机事件发生时，被影响群体的自我照顾也很重要。

（1）接纳自己的感受　对于危机事件现场的目击人，或者与危机当事人的社会交往较多的人，都会有较为强烈的情绪体验，如震惊、不敢相信、悲痛、失眠和噩梦等，甚至有可能表现出创伤后应激障碍的一些症状等。因此，我们要尊重和接纳受到事件冲击而表现出来的一些情绪、举动。

（2）注重情绪疏导　过去的一切都无法改变，允许自己表达、宣泄由事件诱发的各种情绪。情绪得到充分疏导后，才能进行进一步的理性思考，比如接受逝者已逝的事实。如果自己处理不了，还可以求助于心理咨询中心的老师。

（3）相互支持　如果受危机事件的影响是同一个群体，比如同宿舍的室友、同学，可以和大家建立起相互支持的联盟，比如共同缅怀逝去的同学，在面对悲恸时相互给予支持，互相照顾彼此的生活等。

微课 9-3

活动体验

【心理活动体验三：小云与他的"云"计划】

1. 活动目的

帮助学生识别心理危机，识别自杀信号；发现异常立即报告给辅导员、心理指导老师，一起来帮助有心理危机的学生；生命不单单属于自己一个人，属于所有爱自己的人，要珍惜生命，任何时候不放弃生命。

2. 操作步骤

（1）情境：小云的父母很早就离婚了，他和父亲一起生活。他性格内向，由于学业成绩不佳，经常被父亲打骂。大二时，小云的好朋友小志因白血病不治去世。小志临去世前对小云说："我在天边等待你的到来！"小志的去世对小云打击很大，他一时难以走出丧友的痛苦，学习成绩下滑到班级最后一名，回家后被父亲暴打。于是，小云开始实施"天边的云"计划。他最近的表现如下：做什么事情都很消沉，没有精神，常常发呆；没有胃口，吃不下饭；将以前借的钱和东西归还同学；向同学赠送自己以前很珍爱的东西；向同学打听怎样死才是最安逸的；问同学一些奇怪的问题："天堂什么样子？你到时

会不会想我？";整理床铺、衣服，归整书桌；写信给同学，"悄悄的我走了，正如我悄悄的来，挥一挥衣袖，不带走半边云彩……"；让同学对自己的计划保密，"我要做一件惊天大事，我想去天堂！你要为我的计划保密哦！"购买药品，准备单独行动。

（2）从小云的行为中，你发现了哪些自杀信号？请列出来。

（3）学生分组讨论：死亡是否可以解脱一切问题？死亡是否仅仅是个人的事？发现身边同学有这样的自杀信号，如何处理？

（4）大组分享讨论结果。

3. 教师总结

挫折、逆境能锤炼我们的意志，有时也会对我们的身心健康构成严重的威胁。因此当代大学生要学会识别心理危机，预防和应对心理危机，要珍爱生命、积极生活、成就人生，让有限的生命实现最大的价值。

活动评价

评价内容		评价标准	是/否
活动完成情况	活动三	能识别自己和他人的心理危机	
		能自助和助人，发现异常及时上报，进行心理危机干预，珍惜生命	

◆ 自主测试

一、多选题。

1. 从生物学角度看，生命有哪些特点？（　　）
   A. 不可逆性　　　　B. 非再生性
   C. 非创造性　　　　D. 不可置换性

2. 从哲学角度看，生命有哪些特点？（　　）
   A. 共同性和独特性　　B. 有限性与无限性　　C. 规定性与自由性

3. 追寻生命意义的方法有（　　）。
   A. 在学习中思考　　B. 在生活中体验　　C. 在创造中开拓
   D. 在博爱中诠释　　E. 在痛苦中渗透　　F. 在死亡前领悟

二、单选题。

大学生面临心理危机时，可以寻求哪些方面的支持？（　　）
   A. 学校　　　　B. 家庭成员
   C. 社会机构　　D. 以上都是

三、判断题。正确的打"√"，错误的打"×"。

人生最大的价值与生命的意义，是追求不断的自我发展与自我成长。（　　）

◆ 复盘

模块9 绽放生命之美——大学生生命教育与心理危机应对 复盘表		
任务类别：□ 个人任务　　□ 小组任务		
个人姓名		班级	
小组成员		班级	
复盘：总结本模块任务完成情况，掌握了哪些知识和技能，锻炼了哪些能力，活动体验中获得哪些感悟。		

◆ 课后巩固

1. 课后拓展

体会生命：买一粒种子，用你的呵护让它发芽、生长，体会从一颗种子开始的生命的整个历程。

2. 课后作业

谈谈你从小到大曾经历过哪些心理危机？你是怎么度过的？这些危机对现在的你有何影响？

模块 10
人职匹配——大学生职业心理素质训练

学习目标

1. 了解生涯规划，能制订自己的大学学业生涯规划方案。
2. 了解职业与职业心理素质，能结合自己的专业，分析自己的职业心理困惑，培养良好的职业心理素质。
3. 能在日常学习、生活中，形成职业认同感，为未来岗位赋能。

任务 10.1　了解大学生生涯规划与发展

情境导入

最近，小薇发现有些大三的学生能获得很大的成功，顺利适应实习；而有些大三学生却表现平平，碌碌无为的混时度日。这是为什么呢？其实问题的关键在于有些大学生，从进入大学开始就没有生涯规划，没有培养良好的职业心理素质。不是说没有经过规划的生涯，不会成功或者不出色，而是说，经过精心策划的学生生涯，更容易成功或者出色，那么如何做好职业生涯规划，克服职业中的心理困惑，提升职业心理素质呢？

知识准备

一、生涯规划概述

1. 生涯的概念

美国生涯理论专家萨伯考虑了职业与其他生活如休闲、退休等发展的统一，将生涯定义为"生活中各种事件的演变方向和历程,包括人一生中的各种职业和生活角色,以及由此表现出个人独特的自我发展类型。"从生涯的角度看自己的职业发展,职业生涯是有意义的相关工作经验的系列组合,是指职业、职位的变动及工作理想实现的整个过程。由此可见,生涯更像是人一生的发展过程,正是因为工作占了我们大部分的时间,所以职业生涯是生涯的重要组成部分。大学时期我们不用被繁重的工作、复杂的关系和家庭的责任所累,是进行思考、探索的黄金期。萨伯的生涯发展理论把我们的生涯分为成长(4~14岁)、探索(15~24岁)、建立(25~44岁)、维持(45~64岁)和衰退(65岁以上)五个阶段,每个阶段具不同的发展任务。大学生正处于生涯的探索期,需要在学校、休闲活动甚至一些工作经验中,进行自我探索和职业探索,并做出最初的职业选择。

2. 生涯规划的概念

生涯规划有狭义与广义之分。狭义的生涯规划称为职业生涯设计,指一个人对一生职业发展道路的设想和规划。合理设计自己的职业生涯,是迈向成功的第一步。广义的生涯规划不仅仅局限于职业生涯规划,还包括人的生涯历程中其他角色规划。

总体来说,生涯规划有三个特点。第一,生涯规划不是一成不变的,它与不同时期个人角色变换、责任的不同、生活内容的不同密切相关。第二,生涯规划不是单一路径的,并不是让个人的发展按照单一路径前进,也并不保证规划的路径肯定通向成功,只是建议个人对未来的一切事物能够有长远的考虑,同时做好各项准备工作。第三,生涯规划注重的是对个人生涯的发展和对环境的适应。

生涯规划的内容包括知己、知彼、抉择、定目标、行动和评估。知己,就是了解自己的各个方面,包括兴趣爱好、能力、价值观、个性、性格,以及父母的管教态度、学校与社会教育对个人产生的影响等。知彼,就是探索外在的世界,包括行业与职业的特性、所需的能力、就业渠道、工作内容、工作发展前景、薪资待遇等。知己是了解自身的特性,知彼是了解工作舞台的特性。抉择,包括抉择技巧、抉择风格,以及抉择可能面临的冲突、阻力、助力等。抉择之后是为自己制定目标,然后采取行动,在行动中进行评估和调整。

二、大学生生涯规划的步骤

大学生想要进行生涯规划,首先要熟悉了解自己的生涯环境,从而做出恰当决策,生涯环境包括内部环境和外部环境,也就是自身条件以及职场现状。

1. 认识自己

大学生应该如何进行自我探索来真正认识自己呢?

(1) 认识自己的途径　大学生认识自己主要有5条途径。

一是通过与别人的比较来认识自己。

二是通过自我比较来认识自己。自我比较可以是与过去的自己相比,也可以是与理想中的自己相比。

三是通过分析他人对自己的评价来认识自己。他人的评价就像一面镜子,需要注意的是,由于受多种因素的影响,他人的评价不一定是完全正确的,所以不能把他人的评

价和态度作为唯一的衡量标准，还要充分结合其他有关信息进行综合评价。

四是通过内省来认识自己。内省是自我意识形成的重要途径之一，在认识自己的过程中，大学生一定要注意客观、全面、辩证地看待自己，形成正确的自我意识，真正了解自己，并以此来选择适合自己的发展道路。

五是通过心理测量法来认识自己。心理测量法是通过回答有关问题来认识自己、了解自己，这是一种简便易行的自我剖析方法。大学生应认真做潜能测评；也应以一颗平常心来看待测评结果。你只能把它当作工具来用，而不能仅凭测评结果决定你的命运。

（2）自我探索　生涯规划中的自我探索主要应探索自己的兴趣、人格、能力与能力倾向和价值观，以了解自己喜欢做什么、适合做什么、擅长做什么和应该做什么。

第一，兴趣：我喜欢做什么？

第二，性格：我适合做什么？

一个人的性格与其是否能适应某种职业生涯有很大的关系，如果从事的职业与人的性格相适应，工作起来就会得心应手，心情舒畅，也容易取得成绩。如果一个人与性格特点不相适应，就会阻碍这个人工作的完成，使其感到被动、缺乏兴趣并难以胜任，即使能够完成工作任务，也会常常感到倦怠或力不从心，精神紧张。每个人性格天生有自己擅长的一面，也有自己不擅长的一面，就如我们的左右手，它们没有好坏、对错之分。大学生要知晓自己性格中的"左右手"，并了解与之相适应的环境和职业，从而做出适合自己特点的生涯选择。

第三，能力与能力倾向：我擅长做什么？

能力是顺利、有效地完成某种活动所必须具备的心理条件。你目前具备什么能力？你置身的行业需要什么样的人才？只有在能力范围内，你的生涯规划才是可行的，才是符合社会发展的。每个人都有自己的能力结构和能力倾向，只有准确地掌握自身的能力和能力倾向，才能更好地发展自己，确定自己的人生方向。在对待自我能力时，要客观评价，既不要对自己的能力判断过高，也不要轻易低估自己的潜能。

第四，价值观：我应该做什么？

价值观是指个人对于人、事、物的看法或原则。凡是自己觉得重要的、想追求的就是自己的价值观，每个人都有一套独一无二的价值系统。价值观是一种内心尺度，体现了一个人对于事物重要性或者是否善恶的判断。价值观对人的行为和生涯选择有着不可估量的影响，就像"一只看不见的手"，它在不知不觉中就决定了我们选择以什么样的方式度过一生。

2. 了解职业世界

（1）职业的概念　我们在童年、少年时期，心中充满幻想，憧憬着将来要从事什么职业。可是到底什么是职业呢？对职业的概念有一个正确的认识是正确制订生涯规划的基础条件。职业是参与社会分工，利用专门的知识和技能为社会创造物质财富和精神财富，获取合理报酬作为物质生活来源，并满足精神需求的工作。

职业无所谓好坏，但是不同的职业却意味着不同的人生、不同的发展机会、不同的发展空间、不同的生活方式。因此大学生在选择职业时，需要下一番功夫。

（2）职业生涯的概念　　职业生涯即事业生涯，是指一个人一生中的所有与工作职业相联系的行为与活动，以及相关的态度、价值观、愿望等的连续性经历的过程。

它有以下四方面的含义：

第一，职业生涯只是表示一个人一生在各种职业岗位上所度过的整个经历，并不包含着成功与失败的含义，也没有进步快慢的含义。

第二，职业生涯由"外在职业生涯"和"内在职业生涯"两方面组成。"外在职业生涯"指一个人在工作时期进行的各种活动和表现的各种举止行为的连续体；"内在职业生涯"则表示职业生涯的主观特征，涉及一个人的价值观、态度、需要、动机、气质、能力、发展取向等。

第三，职业生涯是一种过程，是一生中所有的与工作相关的连续经历，而不仅仅是指一个工作阶段。

第四，职业生涯受各方面因素的影响，职业生涯在一定程度上可以认为是多方面相互作用的结果。

职业生涯在人生中占有十分重要的地位，有着十分重要的作用。所以只有在完整的职业生涯过程中，我们才有可能充分发挥潜能，实现人生最大价值，并从中获得高度满足感。

（3）职业生涯成功的标准　　严格地说，职业生涯成功标志着个人追求职业目标的实现。成功的职业生涯令人产生无可替代的满足感，但每个人对成功的定义各不相同。著名的人力资源研究专家德尔总结企业员工有5种不同的职业生涯成功方向。一是进取型。视成功为升入组织或职业的最高阶层。二是安全型。追求认可、稳定，视成功为长期的稳定和相应不变的工作认可。三是自由型。追求不被控制，视成功为经历的多样性，希望在工作中不受控制并能自由地发展自己的专长。四是攀登型。挑战、冒险，愿意做创新工作，视成功为蝶旋式不断上升、自我完善。五是平衡型。视成功为家庭、事业、自我事务等均衡协调发展。

虽然环境对一个人获得职业生涯成功有重要的影响，但并不是决定性因素。职业生涯的成功在很大程度上取决于个人的态度和行为。

3. 做出生涯决策

"生涯决策"概念最早源自英国经济学家凯恩斯的理论，它是指一个人选择目标或职业时，会选择使其获得最高的报酬，并将损失减至最低所用的方法。

（1）生涯决策的考虑因素　　在生涯决策的过程中，大学生需要考虑多方面的因素：

who（人）：要问自己"我是谁""我具备什么样的性格""我喜欢的生活方式是什么""我的专业何在""我父母对我的期望"等问题，考虑清楚这些之后，再做决定，对自己就有了充分认识的基础。

what（事）：做决定时，要问自己"我有哪些选择""我的问题在哪里""我每个决定可能产生的影响是什么"等问题。

when（时）：考虑时间的长短与急迫性，如"我的计划允许我搜集资料的时间有多长""我有多长的缓冲期""我预计完成的时间"等问题。

where（地）：考虑空间的因素，如"在我的生涯目标中，我向往什么样的工作环境与生活空间""居住的地点与工作场所之间的距离，我希望越近越好，还是我喜欢住在郊区"等问题，这些均与生活方式有关。

why（为什么）：探讨自己的原因、理由，思考"我为何偏好 A 而排斥 B""我生涯困境的原因是什么"等原因。

how（如何）：思考"做完决定，如何化技巧、概念、想法为行动""如何取舍""如何完成目标""如何找到工作"，以及"如何安排时间、运用时间"等问题。

（2）生涯决策的阻碍因素　并不是每个人都可以成功地做出生涯决策，有一些因素会不利于大学生做出决策，具体有以下 8 个因素：

意志薄弱：指个人的生涯选择容易受外在因素的影响。

犹豫行动：指对自己本身缺乏信心，充满担心，而迟迟未采取与生涯规划有关的行动。

信息探索：指未能积极去搜集相关产业或职业的信息，或不清楚取得这些信息的渠道。

性格表现：指个性方面的障碍，如被动、没有主见、习惯由他人为自己做决定或抗拒自己做规划等。

方向选择：指对自己曾做过的生涯决策感到怀疑，或是目前有多重选择不知如何着手。

专业选择：指自己所读的专业并非自己的期待，或认为是不适合自己的。

学习状况：指对自己的学习成果不满意而产生的负面效应。

人际困扰：指在学习上，与周围不良的互动关系所产生的负面效应。

这些生涯决策阻碍因素，有些是自身性格的原因，有些是心理上的问题，还有些则是认识和方法上的不足，如信息探索和方向选择等。大学生在做生涯选择和决策时，要避免武断、草率、绝对这三种倾向，实事求是、综合考虑，就能做出比较有效的生涯选择和决策，为自己定出一个满意的生涯目标。

4. 确立生涯目标

（1）目标的重要性　"目标"一词最早来源于体育界，最开始它的意思是指赛跑的终点。后来，目标泛指努力或奋斗所要达到的目的。目标对人生有巨大的导向性作用。只有树立明确的目标，才有成功的可能。

（2）确立生涯目标的方法　人生要确立一个什么样的生涯目标，这要根据每个人的主客观条件加以设计。每个人的条件不同，生涯目标也可能不同，但确定生涯目标的方法是相同的。下面就大学生确立生涯目标提出三个注意要点。

一是尽可能地高估一级。这样做有两个原因：其一，现有的测量方法不足以非常准确地评估一个人的潜能，通过拔高目标在某种意义上是为了矫枉过正；其二，目标也具有激励作用，适度高一些的目标对人们的激励作用也会大一些。

二是适当弹性化。目标弹性化有两种方式：一是把时间标志为一个点，把目标设定成一个区间；二是把目标设定为一个点，而把时间标志为一个区间。目标弹性化的内在逻辑是潜力评估的不准确性以及环境的不可控性，就环境而言，每一个人生涯目标的实现都是个人与环境相互作用的结果，而环境是我们个人所难以控制的。

三是组合化。生涯目标最好采用组合的方式，其内在逻辑是目标自身的多维度，因此只有采用组合化的目标，才能够更全面地反映目标的内涵。目标的组合首先表现为外生涯目标和内生涯目标的组合，在内外生涯目标组合的前提下，可再增加各自目标的维度。

5. 实施生涯规划

（1）**实施生涯规划的原则** 主要有以下 8 条原则：

按图索骥。这一原则要求大学生在对待规划和现实情境之间的互动关系上，不是让规划屈从于实际情境，而是在实际情境中按照生涯规划的要求，利用实际情境中的有利因素，克服实际情境中不利因素的影响，按照规划的步骤和进程行动，这是生涯规划实施的最基本原则。

持久。持久原则需要大学生以更长远的眼光来看待自己的职业生涯。持久原则的重要性不仅仅表现在理清事物本身的客观规律及变化趋势，更为重要的是，它提供了改变当前状况的广阔的回旋余地，使大学生不再拘泥于具体事件时的成败，从而有机会从根本上解决职业生涯中的难题。

藐视困难。人生往往会在不经意的情况下遇到一些不愿意去面对或是无法面对的困难。这时候要有轻视一切困难的气魄，为了保证生涯规划的实施，大学生应鼓足勇气去克服生涯发展过程中的各种困难。

集中力量。人的生命和精力都是有限的，所拥有的资源也是有限的，所以不能每一件事都追求面面俱到。每段时间专注一件事，或者以一件事为中心，把时间、精力以及资源集中于此，在一点上取得突破，然后扩大战果。掌握了这个原则，就能带领自己离开被困的泥沼。从一个局部的胜利到另一个局部的胜利，最终取得全面的胜利。

生存优先。一个人的生涯发展，有可能在某个或某些时期遇到生存危机，尤其是在就业初期。这时就非常需要大学生有处理好生存和发展关系的智慧和耐心。生存是必需的，只有首先让自己生存下来，才能谈得上追求发展。

争取支持。俗话说得好，"一个好汉三个帮"。大学生在实施自己的生涯规划过程中，不仅需要自己努力，也需要其他人（老师、家长、同学等）的帮助。

目的导向。在一个人的生涯发展过程中，难免会在某些阶段出现突发事件，出现意外。这时就需要灵活地采取一些措施，应机处理，化解危机，有时甚至要退一步，或者"绕道"行驶。只要处置措施有利于生涯目标的实现，倒退、绕道都没有关系。当然，倒退只是迫不得已的一种妥协，绕道也要讲求"最短原则"。

动态调整。规划建立在对未来高效预测的基础上，但任何预测都不可能完全准确，未来的情境总有"意外"发生，因此在预测不完全正确的前提下制订的生涯规划本身就

可能不合理，在实施中有时会遇到未曾预见的困难，有一些困难可能是无法克服的，在这样的情况下，适当地根据当时的情境对生涯规划进行微调甚至全面调整，不是偏离生涯规划，正是为了更好地实施生涯规划。

（2）计划行动是最快的成功　一些大学生认为在大学里只要把所有的时间用于学习就行，做不做计划一个样。"把所有的时间用于学习就行"应该也是一个目标。但这个目标不具体，第一，"所有时间"究竟有多少时间？第二，"用于学习"学什么呢？第三，"所有时间"是否能完成学习任务呢？如果对这些情况我们不清楚，就可能导致时间浪费，也不知道任务能否按期完成。

做计划是为了达到目标。一个完整的计划有四个要素：达成什么样的目标；达到目标的最后期限；应该完成的任务；完成任务的先后次序。

请回答下面三个问题，看看自己是否有行动计划。

我今天有多少学习、工作时间？

我今天要学习什么内容？

我今天的学习时间能否完成学习任务？

计划行动好处多。大学生做行动计划要注意精心规划、把握每分钟。短期计划比长期计划更重要。长期目标和短期目标的相对性，即长期目标中必定包含了许多短期目标。我们只有实现了一个个短期目标，才能谈得上去实现长期目标。

6. 评估生涯规划

俗话说："计划赶不上变化。"影响大学生涯成功的因素诸多，有的变化因素是可以预测的，而有的变化因素却是难以预测的。外界环境处于不断发展变化中，尽管从宏观上能基本预测发展的速度、规模，但由这些速度和规模带来的新兴职业、行业等微观层面上的东西却难以把握，这也决定了大学生对自己原有的生涯规划要不断进行新的评估与修正。

一个人若是看不到未来，就把握不住现在；一个人若是把握不住现在，就看不到未来。生涯规划的本质就是看到自己、相信未来，并且把握现在该做的事情。大森林的早上，狮子醒来的第一件事是奔跑，只有奔跑得快，才能抓到小鹿，才能保持生命的延续；小鹿醒来的第一件事也是奔跑，只有奔跑得快，才能生存，才不至于被狮子吃掉。不管你是狮子还是小鹿，都必须奔跑。将你的人生挥洒出来，奔跑起来，奔跑出成功的生涯！

微课 10-1

活动体验

【心理活动体验一：生涯幻游】

1. 活动目的

帮助学生了解生涯，更好地做好当下的职业生涯规划。

2. 具体操作

请跟着我开始一段时光穿梭的冥想，看看未来你的一天：请尽量想象 10 年后的情形，越仔细越好。

好，现在你正躺在床上。这时候是清晨，你是怎么醒来的？你仔细地看了一圈。这是什么地方？屋子里都有些什么？你周围有没有人？（停顿）梳洗一番后，你站在镜子前面，看到的自己穿的是什么样的衣服？（停顿）你会和谁，怎么样吃早饭？接着，你准备要去上学或者上班，你要出发了，搭乘的是什么样的交通工具？（停顿）在你走远之前回头看一眼你住的地方，看起来怎么样？（停顿）在你快到达上学或上班的地方，首先，注意一下，这个地方看起来怎么样？是一个什么样的地方？如果有名字的话，会是什么名字？（停顿）好，现在，你进入了这个地方，你和周围的人打招呼，他们怎么称呼你？你在这个地方的身份或者职位是什么？你注意到他们正在做什么？（停顿）你走到你工作的地方，是在室内还是室外？是你自己一个人还是很多人在一起？你办公的地方看起来怎么样？这一天你将做什么？上午你会做些什么？心情如何？（停顿）中午你会和谁吃饭？吃些什么？心情如何？（停顿）下午你会做些什么？心情如何？（停顿）终于到了傍晚的时间，该下班或者放学了，你会去哪里？和什么样的人在一起做些什么？到了睡觉的时间，你躺在床上回忆一下今天的生活，你感觉怎么样？对今天的生活满意吗？渐渐地进入了梦乡，睡吧！一分钟之后我会叫醒你。

3. 请大家与小组的同学分享自己的体验

- 分享 10 年后的自己，在幻游中看到或者听到了什么？有什么感受？
- 你最喜欢 10 年后生活的哪个部分？为什么？
- 在幻游中，你想到的可能是什么职业？跟你现在的学习有什么关系？你可以通过什么途径获得那样的生活？

4. 教师总结

在大学的舞台上，有些学生能获得成功，演绎出精彩的人生，有些学生却表现平平，碌碌无为地混时度日，问题的关键就在于有没有生涯规划。生涯规划的核心是达到人生目标的步骤、方法和时间安排，生涯规划让学生认识到自己喜欢做什么、适合做什么、擅长做什么、应该做什么，从而做出恰当的选择，拥有更出色的人生。

活动评价

评价内容		评价标准	是/否
活动完成情况	活动一	能正确认识生涯规划	
		能探索自我，探索职业，制定自己的生涯规划	

任务 10.2　训练职业心理素质

情境导入

小刚是风电系统运行与维护专业大三学生，目前在一家比较偏远的国企风电场进行顶岗实习。小刚是去年 11 月底来到这里从事风电场设备维护与检修实习的，在实习岗位经过一个月左右的培训，就开始经常爬 90 多米高的塔筒进行设备维修，而且经常加班，工作又苦又累。工作中小刚与同事及领导沟通又不畅，他对自己的职业未来感到非常迷茫，导致情绪很低落，觉得自己很孤独。风电场比较偏远，对于从小生活在城市里的小刚，新鲜感过后就开始感觉生活非常的不方便，各种困难导致小刚实习坚持不下去了。

很多大三学生面临工作岗位时，都会像小刚一样产生一些心理困惑及对职业岗位的迷茫。那么如何立足岗位，排解职业心理困惑，培养良好的职业心理素养，更好适应岗位需要呢？

知识准备

一、职业心理素质

职业心理素质是个体拥有的对职业活动起重要影响的心理品质，是与人所从事职业相匹配的心理素质的总和。它包括特定职业对其从业者所需心理素质的总和，是特定职业顺利高效完成的必要保证。同时是指个体已经具备的与特定职业有关的心理素质的总和，是评价特定从业者能否顺利完成相应职业的基础。

职业心理素质的结构包括职业意识和职业能力，其中职业需要、职业价值观、职业道德、职业气质都属于职业意识范畴，而职业能力包括知识结构和技能结构的内容。职业心理素质具有稳定性、基础性、综合性和发展性特征，对职业活动有制约、调节和鉴别功能。

职业心理素质培养是由学校、社区、家庭、社会共同完成的。高职学生的职业心理素质培养主要有三个方面，一是职业定向时期的职业心理素质培训，包括专业学习过程中培养的职业兴趣、职业意识和职业角色的强化；二是通过专门的职业心理素质训练课程，根据特定职业的要求，开展专门的心理测验活动、个别和团体心理训练或心理咨询等来优化个体的心理素质，提高个体对未来职业的适应程度；三是进行非职业定向的技能培训，如考取驾照、外语、第二专业的学习等，以拓宽自己的专业知识面，获取相关的职业技能。

微课 10-2

二、职业心理素质训练的内容与目的

1. 职业心理素质训练的内容

通过讲解,了解职业心理素质训练的目的及相关知识,通过与职业心理相关的个人气质类型、情绪类型、个性成熟度的测试,了解自己的气质类型、情绪特点、个性成熟度,从而更加全面地了解自我,并能清楚自己的优势和劣势,最后通过创造个人激励语,明确今后努力的方向。

2. 职业心理素质训练的目的

（1）帮助学生进行自我了解和认识职业环境　认识自我并对生活中的各种事物进行客观评价是良好心理素质的表现,也是学生接受并解释来自和职业有关各种信息的基本出发点。了解自我包括对职业心理素质中的心理调节系统和职业能力系统的充分认识,知道自己的职业兴趣、爱好、职业气质等与职业选择之间的关系,了解相应职业活动对专业知识、运动技能的要求。同时包括对特定职业现状和前景的了解,提高学生对未来职业的适应能力。

（2）培养良好的职业心理素质　良好的职业心理素质可以弥补自身能力、学识方面的某些不足,在职场中获得更多的机会。如正确的职业态度可以引导从业者积极乐观地接受工作中的挑战,良好的职业情商可以积极调动情绪,建立良好的人际环境等。根据高职学生就业存在的一些问题和用人单位对从业者的普遍要求,职业心理素质培养的目标是培养学生的创造性、团队合作精神、适应能力和沟通技巧,通过训练来强化职业心理、树立职业意识、提高职业能力、养成职业精神。

（3）引导对职业发展性的认识　职业心理素质虽然具有相对稳定性的特点,但也具有可持续发展的性质和自我衍生的功能,它贯穿于一个人的职业生涯,包括择业心理、就业心理、职业适应等,是在职业活动和实践活动中综合表现出来的心理品质,会随着职业活动的深入而产生变化。大学生在校的职业心理素质训练虽然只是一个阶段课程,但通过训练,能让学生对职业有了初步认识后,形成一种意识：职业是发展性的,需要不断丰富自己的能力结构、培养良好的职业心理品质,将人生的价值融入职业生涯中,达到自我实现的目的。

三、职业类型匹配理论与个性成熟度

美国职业指导专家约翰·L.霍兰德在20世纪60年代以自己从事的职业咨询为基础,通过对自己职业生涯和他人职业发展道路的深入研究,引入人格心理学的有关理论,经过多次补充和修订,形成了一套系统的职业设计理论,其内容包括个性和职业类型的划分、职业分类、类型鉴定表等。

约翰·L.霍兰德提出了四个基本假设：其一,人的个性大致可分为六种类型,即实际型、研究型、艺术型、社会型、企业型和常规型；其二,所有职业均可划分为相应的六种基本类型,任何一种职业大体都可以归属于六种基本类型中的一种或几种类型的组合；

其三，人们一般都倾向于寻找与其个性类型相一致的职业类型，追求充分施展其能力并符合其价值观的职业，承担令人愉快的工作和角色，职业也充分寻求与其类型相一致的人；其四，个人的行为取决于其个性与所处的职业类型，可以根据有关知识对人的行为进行预测，包括职业选择、工作转换、工作绩效以及教育和社会行为等。

在理论中，霍兰德还制定了两种类型的测定工具，帮助择业者进行职业决策。一种测定工具是职业选择量表（VPI）。该量表要求被测试者在一系列职业中做出选择，然后根据测定结果确定个人的职业倾向领域。另一种测试是自我指导探索（SDS）。在测试感兴趣的活动、能力和喜欢的职业的基础上，进而找到比较适合自身特性的职业。霍氏理论由于其较强的操作性，成为20世纪60年代后较为有影响的职业设计理论。

社会心理学家对个性成熟度与职业的关系进行了广泛的调查和研究，他们比较一致地认为：具有成熟个性的人能够最大限度地发挥自己的精神力量，并与环境建立起和谐的关系。美国心理学家马斯洛挑选了一些可称为"最充分发挥作用"的人进行研究，他发现这些人的个性特征虽然各不相同，但却有着某些共同的心理特征。主要有以下12项。

1）在对现实的客观知觉方面，能明确区别已知和未知、事实和对这些事实的意见、事物的本质和表象。
2）非利己主义者追求目标高远，不搞内部摩擦，经常考虑"我对单位有什么贡献""企业对社会能有什么贡献"。
3）不仅能正确认识自己、主宰自己，还能正确地看待别人和世界。
4）能忍受孤单和寂寞。
5）富有创新精神。
6）行为自然，但不因为矛盾而简单地破坏常规。
7）对部分人常有深情的依恋，不无端地敌视别人。
8）看人重实际而不重表面，对那些有优良性格的人抱友好态度，无出身、门第、地位的偏见。
9）道德上是明确的，能清楚地辨别善恶，其实际行动与其道德认识表现出一致性。
10）具有相对摆脱现实环境的独立性。
11）能明确意识到目的与手段的区别，既注重目的，也不忽视手段。
12）超然于琐碎事物之上，具有广阔的视野与远见，其活动以是否有价值为指南。

这些特点又可分成三个方面：主体内部特征、主客体关系特征和人与人之间关系特征。能客观地观察事物，有较强的工作能力等都属于主客体关系范畴的个性特征；行为自然，正确看待自己，有独立自由精神等，属于主体内部个性特征；道德明确，非利己主义，不无端地敌视别人，无出身、门第、地位的偏见，属于人与人之间关系范畴的个性特征。这三方面的恰当结合，就形成了成熟的个性。

还有一些心理学家通过相反的观察和研究，归纳了一些不成熟的个性特征。其表现主要有以下10项。

1）残留着对双亲的依从。
2）行为出于利己的动机。
3）通常由于胆小而不愿走向社会。
4）缺乏独立性、自觉性。
5）情绪不稳定,攻击性和逃避性行为偏多。
6）为人不可靠,没有责任感,不宽容。
7）生活图一时快乐。
8）劳动不认真。
9）不能正确认识自己与世界。
10）不能同别人建立和谐的关系。

这些也可以归结为主体内部、主客体关系、人与人关系这三个方面的特征。不成熟个性在人生道路上往往会成为巨大的障碍,甚至使人终生平庸,碌碌无为。

活动体验

【心理活动体验二:了解个人气质类型特征和气质与职业的关系】

1. 活动目的

了解个人气质类型、气质与职业的关系。

2. 具体操作

（1）完成气质类型测验（陈会昌修订）

如表10-1所示的60道题可以帮助你大致确定自己的气质类型。

表10-1 气质类型测试题

题目	很符合	比较符合	不确定	比较不符合	完全不符合
1. 做事力求稳妥,一般不做无把握的事					
2. 遇到可气的事情就怒不可遏,想把心里话全说出来才痛快					
3. 宁可一个人做事,也不愿很多人在一起					
4. 到一个新环境很快就能适应					
5. 厌恶那些强烈的刺激,比如尖叫、噪音、危险镜头等等					
6. 和人争吵时,总是先发制人,喜欢威胁人					
7. 喜欢安静的环境					
8. 善于和人交往					
9. 羡慕那种善于克制自己感情的人					
10. 生活有规律,很少违反作息制度					

（续）

题目	很符合	比较符合	不确定	比较不符合	完全不符合
11. 在多数情况下情绪是乐观的					
12. 碰到陌生人觉得很拘束					
13. 遇到令人气愤的事，能很好地自我克制					
14. 做事总是有旺盛的精力					
15. 遇到问题总是举棋不定、优柔寡断					
16. 在人群中从不觉得过于拘束					
17. 情绪高昂时，觉得干什么都有趣；情绪低落时，觉得干什么都没劲					
18. 当注意力集中于某一事物时，别的事很难分心					
19. 理解问题比别人快					
20. 遇到危险情景，常有一种极度恐怖感					
21. 对学习、工作、事业均有很高的热情					
22. 能长时间的做枯燥、单调的工作					
23. 符合自己兴趣的事，干起来劲头十足，否则就不想干					
24. 一点小事就能引起情绪波动					
25. 讨厌做那种需要耐心、要求细致的工作					
26. 与人交往时不卑不亢					
27. 喜欢参加热烈的活动					
28. 爱看感情细腻、描写人物内心活动的文学作品					
29. 工作、学习时间久了，常感到厌倦					
30. 不喜欢长时间谈论一个问题，愿意实际动手干					
31. 宁愿侃侃而谈，不愿窃窃私语					
32. 别人说我总是闷闷不乐					
33. 理解问题常比别人慢些					
34. 疲倦时只要短暂休息，就能精神抖擞地重新投入工作					
35. 心中有话，宁愿自己闷想，也不愿讲出来					
36. 认准一个目标就希望尽快实现，不达目的誓不罢休					
37. 同样和别人学习、工作一段时间后，常比别人更感疲倦					
38. 做事有些莽撞，常常不考虑后果					
39. 当老师或师傅讲授新知识或新技术时，总是希望他们能够讲慢些，多重复几遍					
40. 能很快地忘记不愉快的事情					
41. 做作业或完成一件工作，总比别人花费的时间多					
42. 喜欢运动量大而剧烈的体育活动，或参加各种文艺活动					

(续)

题目	很符合	比较符合	不确定	比较不符合	完全不符合
43. 不能很快地把注意力从一件事转移到另一件事情上去					
44. 接受一个任务后,就希望把它迅速地解决					
45. 认为墨守成规要比冒险强些					
46. 能够同时注意几件事					
47. 当烦闷的时候,别人很难使我高兴起来					
48. 喜爱看情节起伏跌宕、激动人心的小说					
49. 对工作持认真严谨、始终一贯的态度					
50. 和周围人的关系总是相处不好					
51. 喜欢复习已学过的知识,重复做已经掌握的工作					
52. 希望做变化大、花样多的工作					
53. 小时候会背诗歌,似乎比别人记得更清楚					
54. 别人说我"出口伤人",可我自己不觉得如此					
55. 在体育活动中,常因反应慢而落后					
56. 反应敏捷,头脑机智					
57. 喜欢条理而不甚麻烦的工作					
58. 老师讲新概念,常常听不懂,但一旦弄懂以后就很难忘记					
59. 兴奋的事常常使自己失眠					
60. 假如工作枯燥无味,情绪马上就出现低落					

（2）计分方法

很符合自己情况的记 2 分,比较符合的记 1 分,不确定的记 0 分,比较不符合的记 -1 分,完全不符合的记 -2 分,将每一题的得分填入表 10-2 中,并计算各单项得分。

表 10-2 气质类型测验答卷

	题号/得分															
胆汁质	题号	2	6	9	14	17	21	27	31	36	38	42	48	50	54	58	总分
	得分																
多血质	题号	4	8	11	16	19	23	25	29	34	40	44	46	52	56	60	总分
	得分																
粘液质	题号	1	7	10	13	18	22	26	30	33	39	43	45	49	55	57	总分
	得分																
抑郁质	题号	3	5	12	15	20	24	28	32	35	37	41	47	51	53	59	总分
	得分																

（3）结果解释

1）如果某一项或某两项的得分超过 20 分，则为典型的该气质，例如胆汁质项超过 20 分，则为典型的胆汁质；如果粘液质和抑郁质项得分都超过 20 分，则为典型粘液质与抑郁质混合型。

2）如果某一项或某两项以上得分在 20 分以下、10 分以上，其他各项得分较低，则为该项一般气质。例如，一般多血质、一般胆汁质或多血质混合型。

3）若各项得分都在 10 分以下，但某项或某几项得分较其余项略高（相差 5 分以上），则为略倾向于该项气质（或几项混合）。例如，略偏粘液质型，多血质型或胆汁质混合型。

多数人的气质是一般型气质或两种气质的混合型，典型气质和三种气质混合型的人较少。

讨论气质与职业的关系

气质主要是由遗传决定的。通常心理学家认为，人的气质类型可分为胆汁质、多血质、粘液质和抑郁质 4 种。人们了解自己的气质，对选择专业、性格培养、提高学习与工作效率、处理好同事间关系等，都有着重要的意义。

气质没有好坏之分，但气质却能影响一个人的工作效率。特别是在一些身心需要承受高度紧张的职业中，气质不仅关系到工作的效率，还关系到事业的成败。如果在职业的选择过程中，能考虑到自己的气质类型而选择与其相适应的职业（表 10-3 所示），就更能发挥优势与特长，取得更大的成就。

表 10-3　气质类型与适宜的工作

气质类型	适宜的工作
多血质	适宜从事社交工作、外交工作、管理人员、律师、记者、演员、侦探等需要有表达力、活动力、组织力的工作
胆汁质	适宜从事社交、政治、经济、军事、地质勘探、推销、节目主持人、演说家等工作
粘液质	适宜从事自然科学研究、教育、医生、财务会计等需要安静、独处、有条不紊以及思辨力较强的工作
抑郁质	适宜从事研究工作、机要秘书、检查员等无须过多与人交往但需较强分析与观察力以及耐心细致的工作

思考：你的气质类型特点：
_____
_____
_____

在学习和生活中，你认为自己需要提升的地方有哪些？
_____
_____
_____

【心理活动体验三：了解个人情绪类型特征和情绪与职业的关系】

1. 活动目的

了解个人情绪类型特征、情绪与职业的关系。

2. 具体操作

（1）情绪类型测验

下面有 30 道情绪自测题，每题有 A、B、C 三个选项，请仔细审读，弄清楚每一道题的意思，然后以最快的速度诚实作答，每题只选一项。

1）你在看电影时会哭或觉得想要哭吗？（　　　）

  A. 经常   B. 有时   C. 从不

2）你在咖啡店里要了杯咖啡，这时发现邻座有一位姑娘在哭泣，你会怎样？（　　　）

  A. 想说些安慰的话，却羞于启口

  B. 问她是否需要帮助

  C. 换个座位远离她

3）一个刚相识的人对你说了一些恭维话，你的反应如何？（　　　）

  A. 感到窘迫

  B. 谨慎地观察对方

  C. 非常喜欢听，并开始喜欢对方

4）遇到朋友时，你经常怎样做？（　　　）

  A. 点头问好   B. 微笑、握手和问候   C. 拥抱他们

5）对于信件或纪念品，你会如何处理？（　　　）

  A. 刚刚收到就无情地扔掉

  B. 保存多年

  C. 两年清理一次

6）在朋友家聚餐之后，朋友和其爱人激烈地吵了起来，你会怎样做？（　　　）

  A. 觉得不快，但无能为力

  B. 立即离开

  C. 尽力劝和

7）如果让你选择，你更愿意（　　　）。

  A. 同许多人一起工作并亲密接触

  B. 和少许人一起工作

  C. 独自工作

8）同一个很羞怯或紧张的人说话时，你会（　　　）。

  A. 因此感到不安   B. 觉得逗他说话很有趣   C. 有点生气

9）在一场特别好的演出结束后，你会（　　　）。

  A. 用力鼓掌   B. 勉强地鼓掌

  C. 虽然鼓掌，但觉得很不自然

10）一位朋友误解了你的行为，并且正在生你的气，你会怎样？（　　）
    A. 尽快联系，做出解释
    B. 等朋友自己清醒过来
    C. 等待一个好机会再联系，但对误解的事不做解释

11）你曾毫无理由地感到害怕吗？（　　）
    A. 经常　　　　　　　　B. 偶尔　　　　　　　C. 从不

12）你喜欢的孩子是下列哪一种？（　　）
    A. 很小而且有些可怜巴巴的
    B. 长大了些的
    C. 能同你谈话，并且形成了自己个性的

13）当你为解闷而读书时，你喜欢（　　）。
    A. 读史书、秘闻、传记类
    B. 读历史小说、社会问题小说
    C. 读幻想小说、荒诞小说

14）去外地时，你会（　　）。
    A. 为亲戚们的平安感到高兴
    B. 陶醉于自然风光
    C. 希望去更多的地方

15）如果在车上有陌生人要你听他讲自己的经历，你会（　　）。
    A. 显示你颇有兴趣
    B. 真的很感兴趣
    C. 打断他，做自己的事

16）你是否因内疚或痛苦而后悔？（　　）
    A. 是的，一直很久
    B. 偶尔后悔
    C. 从不后悔

17）你是否想过给报纸的问题专栏写稿？（　　）
    A. 绝对没想到
    B. 或许想过
    C. 想过

18）当被问及私人问题时，你会怎样？（　　）
    A. 感到不快和气愤，拒绝回答
    B. 平静地说你不愿意回答
    C. 虽然不快，但还是回答了

19）你怎样处置不喜欢的礼物？（　　）
    A. 立即扔掉

B. 热情地保存起来

C. 藏起来，仅在礼物赠送者来访时才摆出来

20）你对示威游行、宗教仪式的态度如何？（　　）

　　A. 冷淡

　　B. 感动得流泪

　　C. 感到窘迫

21）一只迷路的小猫闯进你家，你会怎么办？（　　）

　　A. 收养并照顾它

　　B. 扔出去

　　C. 想给它找个主人，找不到就让它安乐死

22）你在怎样的情况下会给朋友送礼物？（　　）

　　A. 仅仅在新年和过生日时

　　B. 全凭兴趣

　　C. 你觉得有愧或有求于他们时

23）如果你因家事不快，上班时你会（　　）。

　　A. 继续不快，并显露出来

　　B. 工作起来就把烦恼丢在一边

　　C. 尽量理智，但仍因压不住怒火而乱发脾气

24）你对恐怖影片态度如何？（　　）

　　A. 不能忍受　　　　　　　B. 害怕　　　　　　　C. 很喜欢

25）爱人抱怨你花在工作上的时间太长了，你会怎么办？（　　）

　　A. 解释说这是为了两人的共同利益，然后仍像以前那样去做

　　B. 试图把时间更多地花在家庭上

　　C. 对两方面的要求感到矛盾，并试图使两方面都让人满意

26）生活中的一个重要关系破裂了，你会（　　）。

　　A. 感到伤心，但尽可能正常生活

　　B. 至少在短时间内感到心痛

　　C. 无法摆脱忧伤的心情

27）以下哪种情况与你相符？（　　）

　　A. 很少关心他人的事

　　B. 关心熟人的生活

　　C. 爱听新闻，关心别人的生活细节

28）下面哪种情况与你最相符？（　　）

　　A. 十分留心自己的感情

　　B. 总是凭感情办事

　　C. 感情没什么要紧，结局才最重要

29）看到路对面有一个熟人时，你会（　　）。

　　A. 走开

　　B. 招手，如果对方没有反应就走开

　　C. 走过去问好

30）当拿到母校的一份刊物时，你会（　　）。

　　A. 通读一遍后扔掉

　　B. 仔细阅读，并保存起来

　　C. 不看就扔进垃圾筒

（2）计分方法

将你的答案填入表 10-4 中，并对应表 10-5 中各题的分值，统计你的得分。

表 10-4　情绪类型测试题答题卡

题号	答案	得分	题号	答案	得分	题号	答案	得分	题号	答案	得分
1			9			17			25		
2			10			18			26		
3			11			19			27		
4			12			20			28		
5			13			21			29		
6			14			22			30		
7			15			23			合计得分：		
8			16			24					

表 10-5　情绪类型测试题分值卡

题号	A	B	C	题号	A	B	C	题号	A	B	C
1	3	2	1	11	3	2	1	21	3	1	2
2	2	3	1	12	3	1	2	22	1	3	2
3	2	1	3	13	1	2	3	23	2	1	3
4	1	2	3	14	1	2	3	24	1	3	2
5	1	3	2	15	2	3	1	25	1	3	2
6	2	1	3	16	3	2	1	26	2	3	1
7	3	2	1	17	1	2	3	27	1	2	3
8	2	3	1	18	3	1	2	28	2	3	1
9	3	1	2	19	1	2	3	29	1	2	3
10	3	1	2	20	1	3	2	30	2	3	1

（3）结果解释

1）30~50 分：理智型。很少因什么事而激动，表现出很强的克制力甚至冷漠；对他人的情绪缺乏反应,感情生活平淡而拘谨,因此常会听到别人在背后说你是"冷血动物"。你需要放松自己。

2)51~69分:平衡型。情绪基本保持在有感情但不感情用事、克制但不过于冷漠的状态;即使在很恶劣的情绪下握起拳头,也仍能从冲动情绪中摆脱出来。因此,很少与人争吵,感情生活十分愉快、轻松。

3)70~90分:冲动型。非常情绪化,易激动,反应强烈;往往十分随和、热情,或者感情脆弱、多愁善感;可能常会陷入那种短暂的风暴似的感情纠纷中。因此,麻烦百出,别人若想劝你冷静是件很难的事。这里有必要提醒你,一定要克制自己。

3.讨论情绪与职业关系

情绪是人与生俱来的一种心理反应,如喜、怒、哀、乐,易随情境变化。人在日常生活中难免会出现积极情绪和消极情绪,情绪在人性中是最具"变数"的因素,积极情绪能传染人,这是一种心理暗示,积极情绪有助于形成良好的工作氛围,提高生产效率。消极的情绪有碍工作效率的提高,甚至产生负面作用。

对于管理者来说,有必要进行情绪管理。对情绪的识别、情绪的控制、情绪的唤醒和情绪的互动称为情商,是人自我情绪理解和管理的能力,以及体察别人的情绪、与别人沟通和相处的能力。

认清自己情绪的力量,发挥理性的控制作用,才能实现情绪反应与表现的均衡适度,以确保情绪与环境相适应。在职场中,保证睡眠、亲近自然、经常运动、合理饮食等良好习惯都有助于好情绪的形成,你还有更好的建议吗?

思考:

你的情绪特点:
_____
_____
_____

调整自我情绪的办法:
_____
_____
_____

【心理活动体验四:了解个人个性成熟度和个性成熟度与职业的关系】

1.活动目的

了解个人个性成熟度和个性成熟度与职业的关系。

2.具体操作

(1)个性成熟度测试题

下面有25道题,每道题都有5个备选答案。请根据自己的实际情况,仔细审题,每

道题只能选择一个答案。请注意这是测验你的实际想法和做法,而不是问你哪个答案最正确。因此请不要猜测"正确的"答案,以免测验结果失真。

1)所在单位的领导(或学校的老师)对待我的态度是(　　)。

    A. 老是吹毛求疵地批评我

    B. 我一做错什么事,马上就批评我,从不表扬我

    C. 只要我不犯错误,他们就不会指责我

    D. 他们说我工作和学习还是勤恳的

    E. 我有错误他们就批评,我有成绩他们就会表扬

2)如果在比赛中我或我所在的团队输了,我通常的做法是(　　)。

    A. 研究输的原因,提高技术,争取以后赢

    B. 对获得胜利的一方表示赞赏

    C. 认为对方没啥了不起,在别的方面自己(或自己一方)比对方强

    D. 认为对方这次赢的原因微不足道,很快就忘了

    E. 认为对方这次赢的原因是运气好,下次自己运气好的话也会赢对方

3)当生活中遇到重大挫折(如高考落榜、失恋)时,便会感到(　　)。

    A. 自己这辈子肯定不会幸福

    B. 我可以在其他方面获得成功,加以补偿

    C. 我决心不惜任何代价,一定要实现自己的愿望

    D. 没关系,我可以更改自己的计划或目标

    E. 我认为自己本来就不应当抱有这样高的期望或抱负

4)别人喜欢我的程度是(　　)。

    A. 有些人很喜欢我,其他人一点儿也不喜欢我

    B. 一般都有点儿喜欢我,但都不以我为知己

    C. 没有人喜欢我

    D. 许多人都在一定程度上喜欢我

    E. 我不知道

5)我对谈论自己受挫折经历的态度是(　　)。

    A. 只要有人对我受挫折的经历感兴趣,我就告诉他

    B. 如果在谈话中涉及,我就无所顾忌地说出来

    C. 我不想让别人怜悯自己,因此很少谈到自己受挫的经历

    D. 为了维护自尊,我从不谈自己受挫折的经历

    E. 我感到自己似乎没有遇到过什么挫折

6)通常情况下,与我意见不相同的人都是(　　)。

    A. 想法古怪,难以理解的人

    B. 缺乏文化知识修养的人

    C. 有正当理由坚持自己看法的人

D. 生活背景和我不同的人

E. 知识比我丰富的人

7）我在游戏或竞赛中喜欢遇到的对手是（　　）。

A. 技术很高超的人，让我有机会向他学习

B. 比我技术略高些的人，这样玩起来兴趣更高

C. 显然技术比我差的人，这样我就可以轻松地赢他，显示自己的实力

D. 和我技术不相上下的人，这样可以在平等的基础上展开竞争

E. 一个有比赛道德的人，不管他的技术水平如何

8）我喜欢的社会环境是（　　）。

A. 比现在更简单、更平静的社会环境

B. 就像现在这样的社会环境

C. 稳步向好的方面发展的社会环境

D. 变化很大的社会环境，使我能利用这机会发展自己

E. 比现在更富裕的社会环境

9）我对待争论的态度是（　　）。

A. 随时准备进行激烈争论

B. 只对自己有兴趣的问题，才喜欢争论

C. 我很少与人争论，喜欢自己独立思考各种观点正确与否

D. 我不喜欢争论，尽量避免之

E. 我不讨厌争论

10）受到别人批评时，我通常的反应是（　　）。

A. 分析别人为什么批评我，自己在哪些地方有错

B. 保持沉默，对他记恨在心

C. 也对他进行批评

D. 保持沉默，毫不在意，过后置之脑后

E. 如果我认为自己是对的，就为自己辩护

11）我认为亲属的帮助对一个人事业成功的影响是（　　）。

A. 总是有害的，这会使他在无人帮助的时候面对困难一筹莫展

B. 通常是利大于弊，常常帮倒忙

C. 有时会有帮助，但这不是必需的

D. 为了获得事业成功，这是必需的

E. 在一个人刚从事某一职业时有帮助

12）我认为对待社会生活环境的正确态度是（　　）。

A. 使自己适应周围的社会生活环境

B. 尽量利用生活环境中的积极因素发展自己

C. 改造生活的不良因素，使生活环境变好

D. 遇到不良的社会生活环境，就下决心脱离这个环境，争取到别的地方去

E. 自顾生活，不管周围生活环境是好是坏

13）我对死亡的态度（　　）。

A. 从来不考虑死的问题

B. 经常想到死，但对死不十分惧怕

C. 把死看作是自然现象，但平时很少想到

D. 每次想到死就毛骨悚然

E. 不但不怕，反而认为自己死了是解脱

14）为了让别人对自己有好的印象，我的做法是（　　）。

A. 在未见面时就做准备

B. 虽很少预先准备，但在见面时提醒自己应给人留下一种好的印象

C. 懒得考虑给人一个好的印象

D. 我从来不做预先准备，也讨厌别人掩盖自己的本来面目

E. 为了工作和生活上的特殊需要，有时应认真考虑如何给人以良好的印象

15）我认为要使自己生活得愉快而有意义，就必须生活在（　　）。

A. 关系融洽的亲友们中间

B. 有学识的人们中间

C. 志同道合的同志们中间

D. 人数众多的亲戚、同学和同事们中间

E. 生活在什么人中间都一样

16）在工作或学习中遇到困难时，我通常是（　　）。

A. 向比我懂得多的人请教

B. 只向我的亲密朋友请教

C. 我总是尽自己的最大努力去独立解决，实在不行，才去请求别人的帮助

D. 我只是咬紧牙关不请求别人来帮助

E. 我没发现可以请教的人

17）当自己的亲人错误地责怪我时，我通常是（　　）。

A. 心里憋气，但不吱声

B. 为了家庭和睦，违心地承认自己做错了事

C. 当即发火，并进行争论，以维护自己的自尊

D. 克制自己、耐心地解释和说明

E. 一笑了之，从不放在心上

18）在与别人的交往中，我通常是（　　）。

A. 喜欢故意引起别人对自己的注意

B. 希望别人注意我，但又想不明显地表示出来

C. 喜欢别人注意我，但并不刻意去追求这一点

D. 不喜欢别人注意我

E. 对于是否会引人注意,我从不在乎

19)外表对我来说( )。

A. 非常重要,常花很多时间修饰自己的外表

B. 比较重要,常花不多的时间作修饰

C. 不重要,只要让人看得过去就行了

D. 完全没有意义,我从不修饰自己的外表

E. 重要是重要,但实际上花时间不多

20)我喜欢与之经常交往的人通常是( )。

A. 异性,因为他们(或她们)与我更合得来

B. 同性,因为我和他们(或她们)更容易相处

C. 和我合得来的人,不管他们与我的性别是否相同

D. 我不喜欢与家庭以外的人多交往

E. 我只喜欢与少数合得来的同性朋友交往

21)当我必须在大庭广众中讲话时,我总是( )。

A. 因为紧张发窘而讲不清话

B. 尽管不习惯,但还是竭力保持神态自如的样子

C. 我把这看成是一次经验,精神抖擞地去讲

D. 我喜欢出头露面,这时讲话更出色

E. 无论如何也要推辞,不敢去讲话

22)我对用看手相、测八字来算命的看法是( )。

A. 我发现算命能了解过去和未来,而且很准

B. 算命人多数是骗子

C. 我不清楚算命到底是胡说,还是确有道理

D. 我不相信算命能预测人的过去和未来

E. 尽管我知道算命是迷信,但还是时常一试

23)在参加几个人的讨论会时,我通常是( )。

A. 第一个发表意见

B. 我对自己了解的问题才发表看法

C. 我从来不在小组会上发言

D. 在别人发言时,我只时而插话

E. 我虽然不带头发言,但总是要说上几句

24)我对社会的看法是( )。

A. 社会上到处都有丑恶的东西,我希望能逃避现实

B. 在社会上生活,要想永远保持正直、清白是很难的

C. 社会是复杂而迷人的大舞台,我很喜欢研究社会现象

D. 不管社会如何，我只希望自己能生活得愉快

E. 不管生活环境如何，我都要努力奋斗，无愧于自己的一生

25）当我在人生道路上遇到考验（如参加高考、竞选职位）时，我总是（　　）。

A. 很兴奋，因为这是表现自己的机会

D. 视作平常之事，因为我已经习惯了

C. 感到有些害怕，但仍硬着头皮去做

D. 非常害怕失败，宁愿放弃尝试

E. 听天由命吧

（2）计分方法

将你的答案填入表10-6中，并对应表10-7中各题的分值，统计你的得分。计分过程中负分数与绝对值相等的正分数可以相互抵消。这个合计得分就是你的个性成熟度指数。

表10-6　个性成熟度测试题答题卡

题号	答案	得分	题号	答案	得分	题号	答案	得分	题号	答案	得分
1			8			15			22		
2			9			16			23		
3			10			17			24		
4			11			18			25		
5			12			19			合计得分：		
6			13			20					
7			14			21					

表10-7　个性成熟度测试题分值卡

题号	选项					题号	选项				
	A	B	C	D	E		A	B	C	D	E
1	−3	−2	+4	0	+6	11	−2	0	+8	−4	+6
2	+4	0	−3	+8	−4	12	−2	+4	+8	−4	+6
3	−4	+10	0	+5	−3	13	0	+2	+10	−4	−3
4	0	+3	−3	+8	−2	14	−1	+8	0	−3	+4
5	−3	+8	+4	−2	0	15	0	+6	+4	−2	−4
6	−3	−2	+8	+4	0	16	+8	0	+4	−2	−4
7	−2	+6	−3	0	+8	17	−1	0	−4	+8	+4
8	−5	0	+6	+4	−3	18	−2	0	+8	−3	+4
9	−4	+8	0	−2	+3	19	−2	+6	0	−3	+4
10	+8	−4	−4	0	+4	20	−2	0	+8	−3	+4

(续)

题号	选项					题号	选项				
	A	B	C	D	E		A	B	C	D	E
21	−1	+4	+8	+2	−4	24	−3	−2	+6	0	+10
22	−5	+3	−2	+10	0	25	+4	+8	0	−4	−1
23	0	+8	−1	−4	+4						

（3）结果解释

表上每道题目的5个答案中，得分为正值的答案代表处理该问题时的合理做法。得分越高，反映个性越成熟。相反，得分为负值的答案代表不妥当或幼稚的做法，反映了个性的不成熟。因此，你可以观察一下自己在每道题目上的得分，看看自己在哪些题目上的得分较高，则表明自己在处理那些问题时较为成熟；自己在哪些题目上得了负分数，则表明自己在处理那些问题时还不成熟。经过这样仔细的分析，你可以看出自己处理社会生活问题的长处和短处，使自己尽快地成熟起来。

总分可以用来判断一个人整体的个性成熟程度。总分越高，说明你的个性越成熟；总分越低，说明个性越不成熟，具体的个性成熟程度的划分，可参考以下几条。

1）测验总分在150分以上，这说明你是个很成熟的人。生活中凡个性成熟的人，都掌握一套行之有效的适应社会的方法。他们知道怎样妥善地处理个人所遇到的各种社会问题。他们能准确地判断、处理一个问题，哪些方式是有效的，哪些方式会造成不良的后果，从而选择一种最佳的处理方法。他们常常成为别人讨教和仿效的对象。个性成熟的人大多有丰富的经历，有大量过去失败的教训或成功的经验可供参考。但是，个性成熟的程度并不一定与人的年龄成正比。

2）测验总分在100～149分，这说明你是个较为成熟的人。在大部分事情的处理上你是很得体的。你能够很好地适应社会，建立起良好的人际关系。

3）测验总分在50～99分，这说明你的个性成熟程度属于中等水平。你的个性具有两重性，一半是成熟的，另一半是幼稚的，还需要在社会生活实践中成熟起来。

4）测验总分在0～49分，这说明你的个性还欠成熟。你还不善于处理社会生活中的各种问题和矛盾，不善于观察影响问题的各种复杂因素，不能准确地预见自己行为的结果，还不能很好地适应复杂的社会生活。

如果你的测验总得分是负数，说明你还十分幼稚，处理社会生活问题很不成熟。你喜欢单凭个人粗浅的直觉印象和一时的感情行事，好冲动、莽撞、不识大体；或者相反，即遇事退缩不前，生怕出头露面，孤独而自卑。这样很容易得罪人，也容易被人欺骗，在社会生活中到处碰壁，无法实现自己的理想和目标。这种状况与现代社会生活的要求很不适应，你必须使自己尽快地成熟起来。

3. 讨论个性成熟度与职业的关系

个性是指一个人在其生活、实践活动中经常表现出来的、比较稳定的、带有一定倾

向性的个体心理特征的总和，是一个人区别于其他人的独特的精神面貌和心理特征。个性对于一个人的活动、生活具有直接的影响。个性与职业的匹配程度在职业发展过程中有着重要的作用。成熟是一个常常与时间、年龄联系在一起的词，但是人的个性却不一定随着人年龄的增长而自然成熟。相反，有时年龄的增长可能给个性的成熟造成难度，或者导致个性的变化。相对来讲，个性成熟的人比较善于妥善地处理个人所遇到的各种社会问题。

思考：

你的个性成熟度描述：
_____
_____
_____

在学习和生活中需要提升的地方：
_____
_____
_____

【心理活动体验五：了解自我】

1. 活动目的

通过以上的测试与分析，帮助学生形成一个清晰的自我概念。

2. 具体操作

通过以上的测试与分析，你应该在一定程度上形成了一个自我概念。需要说明的是：我们使用心理测评时，不同结果所提供的对应解释可能会有些差异，这与问卷编制中选取的样本人群、文化背景和时代变迁有关。因此，心理测评辅导部分内容更多地作为一个参考，不是绝对的、唯一的标准。为了更多地了解自我，还可以从以下三个方面进行理性思考，并做出记录。

（1）对现状的思考：如学习成绩在全专业中的名次，自己的兴趣、特长、爱好，自己有何出众的能力等。

（2）分析自我的思考：是喜欢与事情打交道，还是喜欢与人打交道？是喜欢挑战性强的工作，还是安稳的工作？

（3）对未来的思考：自己在择业过程中有哪些优势，哪些劣势，该如何扬长避短；自己究竟想做什么，即自己想在哪一方面有所发展，想成为什么样的人才；是否考虑你求职中最关心的是些什么？思考这些问题是希望你能清楚自己求职时到底应注重些什么，哪些是主要的，哪些是次要的；你更看重的是自身的发展机会，还是工作报酬、工作环境或其他方面等。

请列出自己的优势和自己还须努力提升的地方，同学间可以相互讨论。

你的优势：
1）＿＿＿＿＿＿＿＿＿＿＿＿＿＿＿＿＿＿＿＿＿＿＿＿＿＿＿＿＿＿＿＿＿＿＿＿＿＿
2）＿＿＿＿＿＿＿＿＿＿＿＿＿＿＿＿＿＿＿＿＿＿＿＿＿＿＿＿＿＿＿＿＿＿＿＿＿＿
3）＿＿＿＿＿＿＿＿＿＿＿＿＿＿＿＿＿＿＿＿＿＿＿＿＿＿＿＿＿＿＿＿＿＿＿＿＿＿
4）＿＿＿＿＿＿＿＿＿＿＿＿＿＿＿＿＿＿＿＿＿＿＿＿＿＿＿＿＿＿＿＿＿＿＿＿＿＿

还需努力提升的地方：
1）＿＿＿＿＿＿＿＿＿＿＿＿＿＿＿＿＿＿＿＿＿＿＿＿＿＿＿＿＿＿＿＿＿＿＿＿＿＿
2）＿＿＿＿＿＿＿＿＿＿＿＿＿＿＿＿＿＿＿＿＿＿＿＿＿＿＿＿＿＿＿＿＿＿＿＿＿＿
3）＿＿＿＿＿＿＿＿＿＿＿＿＿＿＿＿＿＿＿＿＿＿＿＿＿＿＿＿＿＿＿＿＿＿＿＿＿＿
4）＿＿＿＿＿＿＿＿＿＿＿＿＿＿＿＿＿＿＿＿＿＿＿＿＿＿＿＿＿＿＿＿＿＿＿＿＿＿

活动评价

评价内容		评价标准	是/否
活动完成情况	活动二	能了解自己的个性气质类型是哪一类型	
		能说出自己的个性气质类型与哪些职业匹配	
	活动三	能了解自己的个性情绪	
		能说出自己的个性情绪与职业的关系	
	活动四	能了解自己的个性成熟度	
		能说出自己的个性成熟度与职业的关系	
	活动五	能对自己有个清晰的自我概念	
		能找出自己的优势，提升自己的劣势	

任务 10.3　培养工程制造类岗位职业心理素质

情境导入

以下是一建筑公司的两名职员的对话。

A 对 B 说："我要离开这个公司，我不喜欢这个公司！"

B 建议道："我举双手赞成！一定要给它点颜色看看。不过你现在离开，还不是最好的时机。"

A 问："为什么？"

B 说："如果你现在走，公司的损失并不大。你应该趁着现在的机会拼命去为自己拉一些客户，成为公司独当一面的人物，然后带着这些客户突然离开公司，公司受到重大损失，非常被动。"

A 觉得 B 的话非常在理，于是努力工作。经过半年多的努力，他有了许多忠实的客户。

再见面时 B 问 A："现在时机成熟了，你要跳槽，赶快行动哦！"

A 淡然笑道："老总跟我长谈过，准备提拔我做总经理助理，我暂时没有离开的打算了。"

其实这也正是 B 的初衷。一个人只有付出大于得到，让老板真正看到你的能力大于位置，才会给你更多的机会。

很多学生面临工作岗位时，会产生眼高手低现象及对职业岗位的迷茫、困惑。那么如何立足岗位，排解职业心理困惑，培养良好的职业心理素养，更好适应岗位需要呢？

知识准备

一、工程制造类专业对应的主要职业岗位

（一）工程制造类主要学科专业

随着现代工业的快速发展，社会对工程制造类人才的需求越来越大，工程类以及制造类专业人才日益受到市场关注。一些大企业、大公司迫切需要一大批既能够在生产一线工作，又具备专业技术的人才，因此，他们对高职的人才培养提出了更高的要求。目前，高职院校工程制造类专业主要有风电系统运行与维护、智能控制技术、城市轨道交通机电、模具设计与制造、电气自动化技术、电梯工程技术、城市轨道交通机电技术、机电一体化等。

（二）工程制造类主要专业对应的目标岗位

1. 风电系统运行与维护专业的主要就业目标岗位

本专业主要就业岗位有风电场或风电企业的风电机组安装员、风电场维护检修员、风电场运行和管理员等，亦可从事相关的机电设备制造安装与调试、电气控制设备的运行维护和管理等工作。

2. 智能控制技术专业的主要就业目标岗位

本专业主要就业岗位有智能产品制造、安装、调试（工业机器人、无人机等）；智能控制设备集成调试、维护（物联网等）；智能控制系统集成应用、调试、维护（工厂智能自动化、智能家居等）；智能风力发电电气设备安装、调试和风电场智能电气设备的维护与检修等岗位。

3. 城市轨道交通机电专业的主要就业目标岗位

本专业主要就业岗位有城市轨道交通机电检修工程师、城市轨道交通车站机电设备维护工程师、城市轨道交通机电设备施工技术员等。面向城市轨道交通行业，主要从事城市轨道交通车站机电设备包含无障碍电梯和自动扶梯、自动人行道、自动屏蔽门、检票系统等机电设备的安装调试、运行、维护与检修工作，亦可从事相关的轨道交通机电设备管理、维护、保养、安装、改造升级等技术和管理工作。

4. 模具设计与制造专业的主要就业目标岗位

本专业主要培养从事模具加工工艺与制作、模具维修工作的高级技术应用型专业人才。

5. 电气自动化技术专业的主要就业目标岗位

本专业主要就业岗位有自动化制造类企业，从事电气柜的安装与调试、电气控制设备运行与维护、自动化生产线的安装与调试、维护检修和管理，亦可面向风电产业链中风电设备制造业，可从事风电现场安装、风电控制设备检修、风电场电气运行维护等，主要就业岗位电气装配员、自动化设备装调维修员、自动化设备运行维护员、风电检修工程师等。

6. 电梯工程技术专业的主要就业目标岗位

本专业主要就业岗位有电梯安装员、电梯维修员、电梯调试员和电梯检验检测员等，亦可从事相关的机电设备制造安装、电气控制设备的维护检修和管理工作。

7. 机电一体化专业的主要就业目标岗位

本专业主要就业岗位有机电产品生产现场操作人员、机电设备的管理与维护人员、机电设备安装与调试人员、机电设备的检测人员等。

二、工程制造类职业岗位常见的心理困惑

总体来说，工程制造类岗位的工作人员容易出现如下心理问题：

1. 疲劳心理

疲劳又称疲乏，是一种主观的不适感觉，但客观上会使人在同等条件下失去完成原来所从事的正常活动或工作的能力。工程制造类从业人员的工作强度很大，加上没有像其他工作那样的规律性，很容易产生疲劳心理。

2. 单调心理

在工程制造类的岗位上，单调的劳动作业往往使劳动者感觉很乏味，容易失去兴趣，注意力分散，引起心理疲劳，影响工作效率与工作安全。

3. 紧张心理

紧张是人体在精神及肉体两方面对外界事物的反应，紧张的程度常与生活变化的大小成比例。紧张使人睡眠不安、思考力及注意力不能集中，引发头痛、心悸、腹背疼痛、疲

累。工程制造类行业的从业人员由于工作单一，工作压力大，很容易出现紧张情绪。

4. 性向与兴趣相互矛盾

性向即个性适合做的事情，而兴趣是个体对特定的事物、活动及人所产生的带有倾向性、选择性的态度和情绪。兴趣是一种无形的动力，当我们对某件事情或某项活动感兴趣时，就会很投入，而且印象深刻。工程制造类行业的从业人员在工作的过程当中，往往会出现这种性向与兴趣相矛盾的现象。

三、工程制造类职业岗位应具备的主要职业心理素质

工程制造类岗位的工作人员除了具备一般的心理知识之外，还必须具备如下职业心理素质。

1. 创新意识和品质

创新意识和品质是人们进行创造活动的出发点和内在动力，是人类意识活动中的一种积极的、富有成果性的表现形式，是创造性思维和创造力的前提。很多职业都需要创新意识与品质，尤其是对于工程制造类岗位而言，要求从业人员应具备良好的创新品质，才能设计出好的作品。

2. 开放性思维

开放性思维是指突破传统思维定式和狭隘眼界，多视角、全方位看问题的思维。它与那种把事物彼此割裂、孤立、封闭，使思维具有保守性、被动性和消极性的形而上学思维方式是根本对立的。工程制造类从业人员在工作过程中尤其需要这种思维。

3. 竞争意识

竞争意识是指个人或团体力求压倒或胜过对方的一种心理状态。它能使人精神振奋，努力进取，促进事业的发展。它是现代社会中个人、团体乃至国家发展过程中不可缺少的心态。在树立竞争意识的时候要防止不择手段，要用集体主义思想作指导，克服竞争中的消极面。这是工程制造类岗位所必备的。

4. 团队协作精神

团队协作精神是指团队成员共同认可的一种集体意识，能显现团队所有成员的工作心理状态和士气，是团队成员共同价值观和理想信念的体现，是凝聚团队力量、推动团队发展的精神力量。工程制造类从业人员所从事的工作不是一个人能够做得好的，一些重大工程的实施尤其需要这种精神。

5. 抗挫折能力

抗挫折能力是指个体遭遇挫折情境时，能摆脱困扰，避免心理和行为失常的能力。工程制造类从业人员要面对很多挫折，为了保证工程的正常进行、设计的顺利完成，都需要具备这种能力。

6. 沟通能力

人际沟通的能力是指一个人与他人进行有效的信息沟通的能力，它包括外在技巧和内在因素，主要是通过言语、表情、手势、体态以及社会距离等来实现。工程制造类专业从业人员也很需要具备这种能力。

7. 敬业精神

敬业精神是人们基于对一件事情、一种职业的热爱而产生的一种全身心投入的精神，它的核心是无私奉献意识。低层次的敬业是以功利为目的的，而高层次的敬业是发自内心的，把职业当作事业来对待。

敬业精神是一种基于对工作、对事业的挚爱，全身心忘我投入的精神境界，其本质就是奉献，也是一种工匠精神。具体地说，敬业精神就是在职业活动领域，树立主人翁形象，追求崇高的职业理想；培养认真踏实、恪尽职守、精益求精的工作态度；力求干一行爱一行专一行，努力成为本行业的行家里手；摆脱单纯追求个人和小集团利益的狭隘眼界，具有积极向上的工作态度和艰苦奋斗的精神；保持高昂的工作热情和务实苦干的精神，以对社会的奉献和付出为荣，自觉抵制腐朽思想的侵蚀，以正确的人生观和价值观指导和调控职业行为。

8. 责任心

责任心是指个人对自己和他人，对家庭和集体，对国家和社会所负责任的认识、情感和信念，以及与之相应的遵守规范、承担责任和履行义务的自觉态度。它是一个人应该具备的基本素养，是健全人格的基础，是家庭和睦、社会安定的保障。具有责任心的员工，会认识到自己的工作在组织中的重要性，把实现组织的目标当成自己的目标。

9. 诚信

从道德范畴来讲，诚信就是待人处事真诚、老实、讲信誉，言必信，行必果，一言九鼎，一诺千金。在《说文解字》中的解释是："诚，信也""信，诚也"。可见，诚信的本义就是要诚实、诚恳、守信，反对隐瞒欺诈、伪劣假冒、弄虚作假。对于工程制造类行业的从业人员而言，不仅仅是自己诚信，别人良好的评价也是诚信的最佳体现。

四、工程制造类岗位职业心理素质培养

根据工程制造类岗位出现的主要职业心理问题，可以从以下几个方面开展职业心理素质培养。

1. 根据学生的兴趣与性格特点制订相应的职业计划

职业生涯目标的设定是职业生涯规划的核心。一个人事业的成败，很大程度上取决于有无适当的目标。没有目标如同驶入大海的孤舟，四野茫茫，没有方向，不知道自己走向何方。只有树立了目标，才能明确奋斗方向，犹如海洋中的灯塔，引导你避开险礁暗石，走向成功。

目标的设定是在对职业选择、职业生涯路线选择后，对人生目标做出的抉择，它以

自己的最佳才能、最优性格、最大兴趣、最有利的环境等信息为依据。通常情况下目标分为短期目标、中期目标、长期目标。短期目标一般为 1～2 年，又可进一步分为日目标、周目标、月目标、年目标；中期目标一般为 3～5 年；长期目标一般为 5～10 年。

在学习过程中，根据学生的职业兴趣与不同的性格特点，帮助他们制订职业计划，能够给他们确定一个努力的方向，对他们身心的健康发展是很有好处的。

2. 培养学生正确处理生活事件的能力，提高对挫折的耐受力

面对生活中的种种不如意的事件，要学会从以下几个方面进行调节：

一是对挫折要有正确认识，真正理解人生不可能事事都如意。俗话说，不如意事十常八九。挫折与缺憾是人生应有的内涵，一些遭遇挫折不幸的人们，恰恰因为挫折和不幸成为他们人生的一种助力，促使他们成就了人生。

二是学会进行心理调节，走出挫折带来的心理低谷。例如，意外地考了一个糟糕的分数，因老师不太了解情况而受了一次批评，因人数有限没能第一批入党……对于这些挫折，你可以进行下列心理调节：①宣泄疏导，②情绪转移，这两步的作用在于减缓情绪压力，③激励信心，④优势诱导，这两步的作用在于认知调节，让自己知道挫折难免，并看准自己的优势。⑤反馈调节，⑥前景吸引，这两步的作用在于用已有的成绩和渴望的前景激励意志。

三是顽强进取，勇敢地迎接挫折的考验。这是培养自己挫折耐受力的关键。挫折犹如清醒剂，在我们偏离航向或脱离实际时亮出了红牌警告，使我们清醒过来，重新认识环境和困难，重新调整自我的人生坐标。挫折犹如一座加压泵，使我们调集全身心的力量去面对现实，努力奋斗，使我们的心理受到锤炼，逐渐成熟，进而走向成功的人生。

微课 10-3

活动体验

【心理活动体验六：挫折耐受力拓展】

1. 活动目的

（1）体验挫折情绪，正确面对失败，引发积极向上的心态。

（2）调整认知，消除不良情绪，提高情绪管理能力。

（3）充分体验挫折，承受压力，提高应激能力。

（4）直面挫折，抗逆压力，学习应对挫折的方法。

2. 辅导计划

（1）分成 4 组，每组 10 人。

（2）辅导次数、频率：3 次，每周 1 次。

（3）活动场所为学院团体辅导室。

（4）活动时间为每周团体辅导课时间。
（5）可将该项活动纳入心理健康课外活动考核。

3. 小组成员的选择

对象为大二在校工程类专业学生。

4. 基本过程

（1）导入阶段。目的是让组员相互熟悉、相互了解、消除紧张，初步建立一种安全、信任的气氛，为以后的活动奠定一个良好的基础。（第1次辅导）

（2）实施阶段。在前一阶段组员之间形成相互信任、相互坦诚关系的基础上，利用小组内人际互动反应，采用角色扮演、启发讨论、想象脱敏练习等形式，让小组成员把小组当成一个安全的实验场所，练习改善自己的心理与行为，以期能扩展到现实生活中，达到活动目标。（第2次辅导）

（3）巩固终结阶段。目的是巩固小组辅导的成果，做好分别的心理准备。（第3次辅导）

5. 效果评价

（1）心理测验（重测 SCL-90）。
（2）针对活动感受、建议的问卷调查。

【心理活动体验七：案例分析"为什么别人成功，我不成功？"】

1. 活动目的

帮助学生澄清职业心理困惑，培养良好职业心理素质。

2. 案例情境

小赵大学毕业后做过好多份工作，分别在国有企业、民营企业、外资企业从事人事管理、家电销售、广告策划、房地产营销等工作。

做人事管理时，他觉得人际关系太复杂，自己夹在老板和员工中间太难做。他感觉自己不适合从事这种低层次的人力资源管理。

做销售时，小赵要经常去拉关系，跟别人套近乎，他感觉这不是自己所擅长的，收入也很不稳定。做了两年销售，有时业绩还不如一个刚来公司的新手。

小赵后来改行做广告策划，他认为自己做的广告方案比别人都做得好，但上司就是不赞成，所以他不时与上司争论。

小赵感到无论是在国内广告公司，还是在跨国广告公司，自己都不能充分施展才华和能力。所以小赵决定自己当老板，开广告公司。但公司营业了不到一年，就亏损了几十万元。

小赵又不得不去打工，他发现房地产业很红火，便到一家著名的房地产策划代理公司做营销策划。他认为自己做策划上手很快，但与开发商打交道却很困难。半年后，他又跳槽去了另一家房地产公司，做起了甲方。他满以为做了甲方就不用再跟别人套近乎、迎合别人的喜好，就可以大展宏图了，没想到每天要处理大量的事情，而事情又太多、太杂，他感到有些应接不暇。他还受不了老板的官架子，也不喜欢像其他同事那样阿谀

 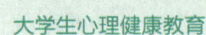

奉承。在这种状态下,要想被老板重用,要想成功,太难啦!

3.组织学生讨论思考

(1)你对上述案例的主人公有什么建议?

(2)结合自己的实际情况,谈谈工程制造类专业的学生在工作中应该如何养成良好的职业心理素质。

活动评价

评价内容		评价标准	是/否
活动完成情况	活动六	能充分体验挫折,承受压力	
		能找出适合自己的解压抗挫的好方法	
	活动七	能找出案例主人公在职场工作中存在的问题	
		能提升职业心理素质有效应对职场心理困惑	

任务 10.4　培养商务贸易类岗位职业心理素质

情境导入

两个同龄的年轻人阿诺德和布鲁诺同时受雇于一家店铺,并且拿同样的薪水。

过了一段时间,阿诺德的薪水节节攀升,布鲁诺的薪水却一直原地踏步。布鲁诺很不满意,终于有一天他去老板那儿发起了牢骚。老板一边耐心地听他的抱怨,一边心里盘算着如何向他解释。

"布鲁诺先生,"老板开口说话了,"您现在到集市上去看一下,看看今天早上有卖什么的。"

布鲁诺从集市上回来向老板汇报说,今早集市上只有一个农民拉了一车土豆在卖。

"有多少?"老板问。

布鲁诺赶快戴上帽子又跑到集市上,然后回来告诉老板一共有40袋土豆。接着,布鲁诺再一次跑到集市上去问价格。

"好吧,布鲁诺,"老板对他说:"现在请您坐到这把椅子上一句话也不要说,看看阿诺德是怎么做的。"

阿诺德很快从集市上回来了,向老板汇报说:"到现在为止集市上只有一个农民在卖土豆，一共有40袋，价格是100元，土豆质量很不错。"并带回来一个样品让老板看看。阿诺德告诉老板，这个农民一小时后还会弄来几箱西红柿，并且价格非常便宜。昨天老板店铺里的西红柿卖得很快，库存已经不多了。阿诺德想这么便宜的西红柿老板肯定会要进一些的，所以他不仅带回了一个西红柿做样品，而且把那个农民也带来了，现在正在外面等回话呢。

此时，老板转向布鲁诺说："现在您肯定知道为什么阿诺德的薪水比您高了吧？"

这些事看似简单，但都要求员工必须具备一种脚踏实地的务实态度，一种主动的责任心，一种为工作细心考虑的忠诚。

作为商务贸易类专业的大学生，工作上更需要一种积极主动的精神，一定要时时处处磨炼自己、发展自己，使自己在校期间就能够成为符合用人单位要求的"准职业人"。

知识准备

一、商务贸易类专业对应的主要职业岗位

（一）商务贸易类对应的主要专业

在我国市场经济快速发展的今天，各类工商业对商务贸易类人才的需求急剧增加，商务贸易类专业成为热门专业之一。同时，市场对商务贸易类人才也提出了更高的要求。商务贸易类专业人才不仅要具备系统的专业知识，还需要具备良好的职业心理素质。

就目前高职院校的专业设置来看，商务贸易类主要的专业包括市场营销专业、国际贸易专业、证券投资专业、电子商务专业、物流管理专业、会计专业等。

（二）商务贸易类主要专业对应的目标岗位

1. 市场营销专业主要就业目标岗位

高职市场营销专业目前的就业岗位主要包括两大方向。

一是零售管理方向，包括：

1）商场、超市营销、管理相关岗位，如商品采购员/经理、商场促销及策划专员/经理、客服专员/经理、商场运营管理人员、零售专业店店长等。

2）奢侈品零售及管理相关岗位，如房产置业顾问、汽车销售代表、珠宝零售销售员/客服专员等。

3）自主创业，如零售连锁加盟创业、合伙创办连锁机构或其他零售机构等。

4）其他商贸零售及营销管理相关岗位。

二是市场开发与管理方向，包括：

1）区域销售代表、区域经理、大客户营销专员、经理。

2）市场开拓员、渠道维护员、市场督导。

3）市场企划专员/经理、市场调研与分析专员/经理。

4）品牌专员/经理。

5）自主创业、区域代理商等。

6）其他市场开发与管理相关岗位。

2. 国际贸易专业就业目标岗位

国际贸易专业目前的就业岗位主要包括两大方向。

一是外贸业务方向，包括：

1）在各类外贸企业从事外贸业务员、跟单员、单证员、报检员等。

2）在外经贸管理部门、海关、出入境检验检疫部门从事相关进出口管理工作。

二是国际货代方向，包括国际货运代理公司、报关行、报检行、国际物流企业、贸易公司中的相关岗位。

3. 证券投资专业就业目标岗位

证券投资专业就业岗位主要包括金融岗位（群）、银行柜员、证券经纪人、理财经理、保险代理人。

4. 电子商务专业就业目标岗位

电子商务专业目前的就业岗位包括：

1）企事业单位网站的网页设计、网站建设和维护、网络编辑、网站内容的维护和网络营销（包括国家贸易）、企业商品和服务的营销策划等专业工作。

2）从事客户关系管理、电子商务项目管理、电子商务活动的策划与运作、电子商务系统开发与维护工作、在各级学校从事电子商务教学等工作。

3）在呼叫中心从事电话营销的工作。

5. 物流管理专业就业目标岗位

物流管理专业就业岗位主要包括：

1）第三方物流方面的企业，如运输企业、仓储企业、货运代理企业、快递企业（保管养护、配载、揽货、送货、报关、报检、运输协调、业务查询）。

2）企业物流管理部门，如制造企业的采购、仓储和销售部门，连锁零售企业的物流部门（采购、订单管理、拣选、配载、线路调度、保管、物流加工管理）。

6. 会计专业就业目标岗位

会计专业毕业生的主要就业岗位包括：中小企业的出纳、会计核算、审计和财务管理等岗位，会计师事务所、税务师事务所等社会中介机构的会计代理、会计咨询和审计鉴证等岗位，财务软件的推广、培训和维护等岗位。

二、商务贸易类职业岗位常见的心理困惑

随着社会竞争的加剧和工作节奏的不断加快，商务贸易类从业人员中也存在工作繁忙、心理压力大的现象，他们的心理健康问题也应该引起高度关注。

对于商务贸易类人员来说，由于他们的工作更多是面对复杂的市场环境、人际环境

等，需要承受更多的压力、经历更多的挫折、面临更大的挑战，所以他们不可避免地会处于各种矛盾之中，出现一些心理健康问题，这些问题反映了商务贸易类人员心理健康问题的主要类型及其成因。

1. 心理压力过重导致职业倦怠

商务贸易类人员工作繁忙、心理压力大，特别是有着业绩考核的岗位，让他们面临着很大的压力。有的人能将压力转化为动力，但一些心理本身就比较脆弱的人员则往往因压力过大而导致职业倦怠，主要表现为精力不济、自我效能感下降、烦躁易怒等。而这些又会影响工作状态，影响业绩。业绩不好，又会加重职业倦怠症状，造成恶性循环。

2. 工作的挑战性导致自信心丧失

商务贸易类人员的工作具有一定挑战性。面对挑战性的工作，要求从业人员对各种挑战充满信心，积极承担新的任务，面对拒绝和失败不放弃，不懈怠，以积极乐观的态度面对。但是一些从业人员经历几次失败后便对自己失去信心，不敢主动去争取具有挑战性的任务和工作，比如一些销售人员遭到客户几次拒绝后，就对公司的产品失去了信心，一旦面对客户紧张，不能向客户清楚地介绍产品。长此以往，就会丧失信心，将上班看成一种负担。

3. 心理失调

商务贸易类人员在"获得"与付出不相称时，容易产生心理不平衡，对公司、对企业、对客户产生不满。在面对人际问题、情绪问题、感情问题、性格问题等困扰时，如果不愿意和亲戚、朋友诉说，当事人就容易产生心理失调。这时最好的选择方式就是改变自己，改变自己的思维方式，少一些抱怨，多一些进取，或者找专业心理医生聊聊。

三、商务贸易类职业岗位需具备的主要职业心理素质

不同的职业对从业者的职业心理素质要求不同。同时，职业心理素质也制约着职业活动的各个层面，对职业活动具有调节和导向的作用。根据商务贸易类专业的特点，重点是培养学生的自信心、意志力、自我控制力、创造力、人际影响力、团队合作精神 6 个方面的职业心理素质。

1. 自信心

自信心是一个人相信自己的能力的心理状态，是一个人相信自己有能力采用有效的手段完成某项任务、处理困难情境或解决问题的信念，是一个人心理健康的一种表现，是一个人学习、事业成功的必要心理条件。商务贸易类专业的毕业生主要从事与人打交道的工作，与人交往时应做到：要有信心能给他人留下深刻印象；适当的时候，能够突破他人明确要求遵守的传统和标准；必要时，即使别人反对，自己也能独立行动并对后果承担责任；当与上级管理人员、客户或其他权威人士产生意见分歧时，能直截了当而又彬彬有礼地表明自己的看法；相信自己的能力和判断，敢于挑战冲突，坚持己见。

2. 意志力

意志力是指一个人自觉地确定目标,并根据目标来支配、调节自己的行动,克服各种困难,从而实现目标的品质。哲学家罗伊斯这样说:"从某种意义上说,意志力通常是指我们全部的精神生活,正是这种精神生活在引导着我们行为的方方面面。"商务贸易类从业人员在面对错综复杂的市场环境和人际环境时,难免会有压力与挫折,这就要求我们具备良好的意志力,主要表现在:遇到困难时不放弃,能尝试多种方法去克服困难、坚定信念;追求目标的过程中能不断地激励自己,使自己的精神振作起来,从而使自己保持良好的心态,激发自身的潜能,努力去实现预定的目标。

3. 自我控制力

自我控制力是人们对自身心理与行为的主动掌握,自觉地选择目标,在没有外界监督的情况下,适当地控制、调节自己的行为,抑制冲动,抵制诱惑,延迟满足,坚持不懈地保证目标实现的一种综合能力。商务贸易类从业人员在长期重复性的烦琐工作和压力环境下,要保持冷静,控制负面情绪和消极行为,有能力抵制可能的诱惑,不会采取不恰当和冲动的行为。同时,还要学会自我缓解压力,适当宣泄自己的消极情绪。譬如多找一些朋友谈心,多找一些有乐趣的事去干,多参与社会活动,多出一点成绩,从中去寻找自己的精神安慰和精神寄托,在持续的压力状况下以一贯的正常状态推进工作。

4. 创造力

创造力是指产生新思想、研制新产品、开拓新市场、制定新战略、开发新技术、推出新产品的能力,它是人们成功地完成某项创造性活动所必须具备的心理品质。具有创新能力的人适合从事管理工作或其他需要与人打交道的工作。

在商务贸易类从业人员中,创造力主要表现在:能提出实用的新思路并运用到工作中,改进现有的方案,挑战传统的工作方法和思维方式;对本职工作的改善有自己的见解,不断引入其他领域的观念和方法来指导工作;敢于制定新政策、采取新措施或尝试新方法,并勇于承担风险。

5. 人际影响力

人际影响力是指与可能有助于完成工作相关目标的人建立或维持友善、和谐关系的能力。人际影响力对于商务贸易类从业人员显得尤为重要,它表现在能够接受他人邀请参加社交活动,从而建立工作关系;能积极创造与他人接触的机会,主动联络对方,利用非正式接触建立融洽的关系;在社交场合,能够调动大家的交流情绪,营造使大家可以轻松交流的气氛;经常在工作以外的集会活动中,继续与同事、客户及其他相关人员保持友善的关系;能利用他人间接的关系,扩大人际网络范围;能敏感地把握他人的性格特点和利益需求,为今后的交往奠定基础。

6. 团队合作精神

团队合作精神是指团队成员为了团队的利益与目标而相互协作、尽心尽力的意愿与作风。团队精神是任何一家企业和单位都十分强调的。团队合作精神表现在作为团队的一员，在团队中主动征求他人意见，与他人互享信息、互相鼓励，为了团队共同的目标与大家通力合作完成任务；愿意与他人合作开展工作，自愿参与和支持团队的决定；能与群体中的其他成员共同交流，分享有用的信息和资源；在做决策时，诚恳地征求团队成员的意见、创意和经验；不会隐藏和回避团队中的冲突，开诚布公地处理团队内部矛盾，并积极寻求有利的解决方案。

微课 10-4

活动体验

【心理活动体验八：自我肯定练习】

1. 活动目的

练习坚定的原则与温和的表达。

2. 具体操作

（1）教师在白色屏幕上打出了一个黑色的圆点，然后问："你们看见了什么？"如有的学生回答说："一个黑点。"这种回答只说对了极少一部分，屏幕中最大的部分是空白。只见小，不见大，就会束缚我们的思考力，很多人不能突破自己的原因就在这里。这个黑点恰似人的缺点，盯着自己的缺点不放，你会成为一个自卑而怯懦的人；盯着别人的缺点不放，你则会失去周围所有的朋友。

（2）请对照以下条目，在自己能做到的项目后面写"是否能够"。

① 停止对自己的批评。
② 不要自己吓自己。
③ 保持温柔、善良和忍耐。
④ 好好对待自己。
⑤ 悦纳自己、称赞自己、支持自己。
⑥ 保重身体。
⑦ 注重自己的感受。
⑧ 现在就做。

3. 讨论

（1）自责自悔不能改变任何事情。当你批评自己时，只会带来负面的影响，至少是心情的沮丧；但当你接受了自己，任何事情都会朝着积极的方向发展。所以人要宽容别人，体谅自己。

（2）停止那些糟糕之极的恐怖想法，否则只会令你的生活充满痛苦，想一些令你开心的事情，可以帮助你驱走那些可怕的意念。

（3）对自己也要温柔一点，善待自己，爱自己如爱你喜欢的人一样。

（4）憎恨自己有时只是表明厌恶自己，应理解自己也是会犯错误的正常人。

（5）称赞会让你感受到鼓励，尽量激励自己，告诉自己其实已做得很好。

（6）注意营养，你的身体需要什么才能发挥活力？保持运动，你喜欢哪些类型的活动？身体好，心情才会好。

（7）每天清晨起来，我们都是一个全新的人。站在镜子前，把对自己的爱和宽恕表达出来，不要忘记说"我爱你，你真棒。"

（8）不要等到将来你闲下来时才开始计划，现在就开始，尽己所能去实践。

（9）现在闭上眼睛，从小声到大声地反复背诵这句话："无论你怎样待我或说什么，我仍然是个有价值的人！"

（10）提高练习效果的方法：两人一组，其中一个人先说一句指责、挑剔的话，另一个人听完别人的批评与指责，延缓数秒钟，平静自己的恼怒心情，然后用平和沉稳的语气说："无论你怎样待我或说什么，我仍然是个有价值的人！"

（11）几分钟后，角色互换，进行同样的操练，相互强化。

4.活动总结

这看来简单，但反复练习，会有很大的影响。它可以去掉深植于心中的悲观念头，重建乐观的信念。对于缺乏自信与行为勇气的人，行为训练非常有效。在人际交往中不敢表达自我，不敢坚持自己的立场，往往是由于缺乏自信，生怕拒绝或坚持自己的立场会使他人弃己而去，结果人际关系反而不佳。因此，自信训练主要包括坚持自己的立场和学会表达自己的感觉。

活动评价

评价内容		评价标准	是/否
活动完成情况	活动八	能悦纳自我、宽待他人	
		能自信乐观的面对一切，艰苦奋斗	

◆ 自主测试

多选题。

1.大学生职业生涯规划的步骤包括（　　）。

　　A.认识自己　　　　B.了解职业世界　　　C.做出生涯决策

　　D.确立生涯目标　　E.行动实施　　　　　F.评估

2.生涯规划实施的原则有（　　）。

　　A.按图索骥　　　　B.持久　　　　　　　C.藐视困难

　　D.生存优先　　　　E.目的导向　　　　　F.动态调整

3. 职业心理素质的结构包括（　　　）。
   A. 职业需要　　　　　B. 职业价值观　　　　C. 职业道德
   D. 职业气质　　　　　E. 职业能力
4. 大学生常见的职业心理困惑包括（　　　）。
   A. 所学专业非自己喜欢　　　　　B. 工作场所在农村偏远地方
   C. 工资不符合自己期望值　　　　D. 人际困扰
5. 提升大学生职业心理素质的方法有（　　　）。
   A. 探索自我提高入职的自信心
   B. 探索职业形成一定的职业认同
   C. 培养积极乐观的情绪情感
   D. 培养耐压抗挫的意志品质

◆ 复盘

模块 10　人职匹配——大学生职业心理素质训练　复盘表			
任务类别：□ 个人任务　　□ 小组任务			
个人姓名		班级	
小组成员		班级	
复盘：总结本模块任务完成情况，掌握了哪些知识和技能，锻炼了哪些能力，活动体验中获得哪些感悟。			

◆ 课后巩固

1. 课后拓展一：通过三种阅读了解专业

根据自己所选的专业，依照以下三个方面编写简单的行业分析报告，了解你未来从事职业的要求。

（1）收藏 10 个专业网站，查看业内文章，通过上网查询，收集不少于 5000 字的行业、重点企业的有效资料，在算机中进行资料分析、分类、汇总。

（2）查找 10 册本行业的专业杂志，对当期的热点进行整理，分析专业发展趋势。

（3）查找 15 本专业书籍，系统学习书籍的理论框架，拟写专业知识提纲，培养文字表达能力和逻辑能力，并形成对未来职业的整体认识。

2. 课后拓展二：个人行动计划表

根据个人特点和专业特点，结合表 10-8 提供的信息，试着制订一个适合自己的行动计划表。

表 10-8　行动计划样表

希望达到的目标	可以求助的人或信息资源	活动的先后顺序	时间	活动完成则打"√"
与咨询员交谈，确定自己的问题所在	职业指导中心	1	6月20日前	
学习有效的制定决策的方法	职业指导中心	2	6月25日前	
了解专业特点	在网上或图书馆查阅专业信息	3	6月28日前	
了解学习某专业后可能从事的职业	职业指导中心、各院系网站信息、该专业已经毕业工作的人	4	7月1日前	
与从事某职业的人进行交流	通过老师、朋友介绍相关的人员；主动拜访有关人员	5	7月10日前	
与专业有关的专家进行交流，深入了解专业	专业老师、教授等	6	7月15日前	
确定自己目前的学习目标	专业老师、职业指导中心老师等	7	7月17日前	

参 考 文 献

[1] 胡凯.大学生心理健康教育教程[M].长沙：湖南人民出版社，2018.
[2] 李斌.高职大学生心理健康教育[M].北京：高等教育出版社，2014.
[3] 夏翠翠.大学生心理健康教育[M].北京：人民邮电出版社，2017.
[4] 林崇德，杨治良，黄希庭.心理学大辞典[M].上海：上海教育出版社，2004.
[5] 林崇德，申继亮.大学生心理健康读本[M].北京：教育科学出版社，2005.
[6] 王登峰，崔红.心理卫生学[M].北京：高等教育出版社，2003.
[7] 叶浩生.西方心理学研究新进展[M].北京：人民教育出版社，2003.
[8] 龚耀先.心理评估[M].北京：高等教育出版社，2003.
[9] 樊富珉，王建中.当代大学生心理健康教程[M].武汉：武汉大学出版社，2006.
[10] 黄希庭.大学生心理健康教育[M].上海：华东师范大学出版社，2004.
[11] 郑日昌.大学生心理卫生[M].济南：山东教育出版社，1997.
[12] 张厚粲.大学心理学[M].北京：北京师范大学出版社，2000.
[13] 张大均，冯正直.学校心理素质教育概论[M].重庆：西南师范大学出版社，2004.
[14] 马建青.大学生心理危机干预的理论与实务[M].杭州：杭州出版社，2011.
[15] 谢炳炎.大学生心理健康教育与指导[M].长沙：湖南大学出版社，2006.
[16] 伍新春.高等教育心理学[M].北京：高等教育出版社，1999.
[17] 郑希付.健康心理学[M].上海：华东师范大学出版社，2003.
[18] 齐力.大学生心理健康素质教程[M].北京：五洲传播出版社，2005.
[19] 陈选华.大学生心理学基础[M].合肥：中国科学技术大学出版社，2004.
[20] 何彬生，刘波，吴检方.大学生心理健康与教育[M].北京：人民出版社，2006.
[21] 贾晓明.大学生心理健康——走向和谐与适应[M].北京：北京理工大学出版社，2005.
[22] 陈力.心理障碍与精神卫生[M].北京：人民卫生出版社，2001.
[23] 格里格.心理学与生活[M].王垒，等译.北京：人民邮电出版社，2003.
[24] 西蒙诺维兹.人格的发展[M].唐蕴玉，译.上海：上海社会科学院出版社，2006.
[25] 柏文.人格科学[M].周榕，等译.上海：华东师范大学出版社，2004.
[26] 斯腾伯格.成功智力[M].吴日宏，钱文，译.上海：华东师范大学出版社，1999.
[27] 龚晓路.员工职业素养培训[M].北京：中国发展出版社，2005.
[28] 刘兰明.安身立命之本——职业基本素养[M].北京：高等教育出版社，2009.
[29] 燕良轼，唐海波.大学生心理健康教程[M].长沙：中南大学出版社，2006.

［30］赵晋湘，吴霞.大学生卫生与健康［M］.长沙：湖南大学出版社，2006.

［31］布罗菲.激发学习动机［M］.陆怡如，译.上海：华东师范大学出版社，2005.

［32］申克.学习理论：教育的视角［M］.3版.韦小满，等译.南京：江苏教育出版社，2003.

［33］迈尔斯.社会心理学［M］.8版.侯玉波，等译.北京：人民邮电出版社，2006.

［34］李振荣，彭志宏.大学生心理健康教育与训练［M］.郑州：黄河水利出版社，2006.

［35］胡凯.大学生发展型团体心理辅导［M］.北京：人民出版社，2007.

［36］丁茂芬.职业心理素质训练［M］.北京：清华大学出版社，2014.

［37］肖永春，齐亚丽.成功心理素质训练［M］.上海：复旦大学出版社，2004.

［38］陈社育.大学生职业心理辅导［M］.北京：北京出版社，2003.

［39］叶林菊.心理素质的养成与能力训练［M］.天津：南开大学出版社，2009.